# 問卷就是要這樣編

（第二版）

張芳全　著

# 作者簡介

## 張芳全

現　　職：國立臺北教育大學教育經營與管理學系教授（2011.02～）

學　　歷：國立政治大學教育學系博士

經　　歷：1996.06～2002.01 行政院經建會從事教育政策規劃、分析與評估

2002.02～2006.07 國立臺北師範學院國民教育學系助理教授

2005.08～2006.12 中國測驗學會秘書長

2006.08～2011.01 國立臺北教育大學教育經營與管理學系副教授

考　　試：1993 年及 1994 年教育行政高考及格

學術獎勵：2003～2007、2009～2012、2014、2016 及 2018 年均獲得行政院科技部專案研究獎助

2012～2014 年獲得行政院科技部大專校院獎勵特殊優秀人才

2021～2023 年獲得教育部補助大專校院實施特殊優秀人才彈性薪資獎勵

著　　作：教育問題與教育改革：理論與實際（1996，商鼎，四版）

教育政策（2000，師大書苑）

教育政策立法（2000，五南）

教育政策導論（2000，五南）

教育政策分析（2004，心理）

國家發展指標研究（2004，五南）

教育議題的思考（2005，心理）

教育政策指標研究（2006，五南）

教育在國家發展的貢獻（2006，五南）

教育政策規劃（2006，心理）

教育知識管理（2007，心理）

新移民子女的教育（2007，心理）（主編）

新移民的家庭、親職教育與教學（2009，心理）（主編）

教育與知識經濟（2009，麗文）

新移民新教育（2009，麗文）

多層次模型在學習成就之研究（2010，心理）

邁向科學化的國際比較教育（2012，心理）

問卷就是要這樣編（2014，心理，二版）

高等教育：理論與實證（2017，高等教育）

新移民子女教育的實證（2017，五南）

校務研究：觀念與實務（2018，五南）

論文就是要這樣寫（2021，心理，五版）

統計就是要這樣跑（2022，心理，五版）

並於 TSSCI 發表十多篇論文，學術論文發表超過百篇

學位論文指導：2002～2023 年指導 162 篇碩士論文以及 3 篇博士論文

專　　長：教育政策分析、教育經濟學、多變量統計、SEM、HLM、論文寫作、校務研究、教育行政

Email：fcchang@tea.ntue.edu.tw

# 二版序

　　時間過得很快，本書出版至今已近六年，這些年來收到很多讀者的回響，加以個人指導學生及參與國內外論文審查的經驗，獲得不少新的問卷設計觀念。近年來，政府對於以人體為研究對象的計畫需要接受倫理審查的規範，使得問卷調查也受到規範，因此，在設計問卷及從事調查時更應掌握研究的倫理規範。筆者期待讀者在閱讀本書之後，不僅有效率，而且在不會違反研究倫理的前提下，能設計一份優質問卷。基於上述信念，本書即進行第二版之修訂。

　　本次修訂的主要內容有三項：第一，每一章最後加上「問題與討論」，讓讀者對於問卷設計有更完整的學習；第二，增加第十章「類型問卷編製」，來說明類型式與風格問卷的編製方式；由於社會現象複雜，個體、組織及團體反應出的行為，或組織類型、組織文化、領導方式、學習風格等都是存在的事實，然而這類問卷究竟如何編製呢？此問題頗值得探究，故本次改版在這方面有深入說明，對讀者應有所啟發；第三，將本書的版面重新調整，一方面讓書本的內容、圖表更為精美、細緻、易讀，另一方面對於各章文字也加以潤飾，並將段落編排調整修正，讓讀者可以很快就學到問卷設計觀念與編製技巧。最後，配合行政院科技部推動的「人類行為研究倫理」計畫，本書在第一章納入研究倫理規範的相關論述，使得編製問卷者更能掌握研究倫理。

　　坊間這方面的書不多，本書以淺顯易懂的文字、觀念、例子，讓讀者易學、易懂，可以很快學習好問卷設計的方式。本書完成修訂，非常感謝心理出版社的同仁之協助，尤其是林敬堯總編輯的鼓勵，讓本書可以快速修訂出版。亦感謝桃園縣中壢市興國國小黃叔建老師提供第十章的調查數據，以做為第十章的範例依據。並感謝雙親、內人及兩位可愛女兒全心全力支持，讓我在工作繁忙之餘，又能寫作，家人的關心體諒，感激不盡。最後，謝謝來自各界讀者提供本書的建議，讓本書有修正機會。本書若有疏漏，懇請方家指正，感恩不盡。

張芳全
謹識於臺北市內湖
2014 年 5 月 15 日

# 初版序

## 一、緣起

生活周遭常可以看到問卷調查，但是您可瞭解，一份問卷是如何形成的嗎？一份好的問卷需要具備哪些內容及條件呢？有很多研究生，為了撰寫一篇問卷調查研究的論文，因不曉得如何設計問卷，感到苦惱。縱使，研究生有論文方向，但也常不曉得應從哪個角度切入，來設計問卷搭配研究比較好；更有很多研究生選擇問卷調查法，卻不曉得如何將問卷設計得更有信度及效度。筆者以指導學生的經驗，深深地瞭解研究生在問卷設計的困難，特別以研究者需求撰寫此書。

問卷編製除了要有良好的信效度之外，問卷的內容、指導語、文字應用、問題的撰寫原則，以及與指導老師的討論都是重要課題。研究生沒有經驗豐富的問卷編製詢問對象，任意編製一份問卷，就對受訪者進行施測，接著就進行資料分析，並對研究結果進行推論，這並不是正確的研究過程。有鑑於此，筆者將在大學任教指導撰寫論文的經驗，並把問卷設計的經驗統整，撰寫本書與讀者分享。

研究生如果能掌握正確的問卷設計觀念、掌握問卷設計的流程、掌握問卷的主要內容、能分析問卷的信度及效度，與掌握問卷編擬的原則，遵照指導老師的指導，通常都可以設計出具信效度的問卷，進行資料蒐集，很快的就可以對問卷回收的資料進行分析，順利畢業；但是很多研究生並非如此。筆者常詢問未能畢業的學生在論文寫作上的困擾，從交談中瞭解，他們很想畢業，也很想用問卷調查法做為研究論文的方法，只是無法掌握問卷設計的方向及技巧，在還沒有跨進論文寫作及問卷設計的門檻就手足無措，到後來無法畢業，浪費了求學時光。

## 二、分享

筆者從 2002 年任教至今（2008 年），指導四十六篇已畢業的碩士論文，也參與過數十篇的論文口試，更參與了許多知名學術期刊的論文審查，也有數十篇的學術研究報告發表於專業學術期刊及學術研討會之中。這幾年來，筆者不管在

指導學生也好，參與論文口試也好，或是審查學術論文或投稿，從眾多經驗發現，許多研究者對於問卷編製有些草率、不切實際、不符合問卷設計原理，就將問卷進行施測，最後就進行資料結果分析。筆者一直在思考，如果研究者不瞭解問卷設計的內涵、原理及其特性，就將所設計的問卷進行施測，接著將問卷分析的結果放在全國博碩士論文網站，或在學術期刊流通，這是非常危險的事。因為問卷設計有問題，資料蒐集之後的分析更有問題，所形成的知識將會有爭議。

　　筆者撰寫本書之前，找遍坊間有關這方面作品，但都付之闕如。一些社會科學研究法或教育研究法的書籍並沒有完整介紹問卷設計。因此，常有研究生來詢問筆者，問卷如何編製？如何設計問卷比較好？這種問題相信存在許多校園之中。簡單的說，要以問卷調查法進行資料蒐集，應好好面對問卷設計的問題。問卷設計並不困難，它有其技巧與觀念。這些觀念、技巧及例子都在本書中介紹。

## 三、題材

　　本書共有十章，第一章為問卷設計觀念，讓讀者對於問卷設計有初步觀念；第二章為問卷經驗分享，筆者瞭解讀者需求，專為讀者找尋幾位完成論文者的問卷設計經驗，透過經驗分享交流，讓讀者更能體會問卷設計的困難、經驗及啟發；第三章為問卷設計流程，說明問卷設計的過程應注意的事項；第四章為問卷主要內容，說明一份良好的問卷應具有哪些內容；第五章為撰擬題目原則，主要說明問卷擬題的注意事項；第六章為專家評定問卷，說明問卷編製不可以僅是研究者個人思維，應邀請專家學者參與評定，提高問卷品質；第七章為信效度的原理、第八章為 SEM 檢定問卷，這兩章在說明如何檢定問卷的信效度，尤其是研究者自編問卷更需要這方面的檢定；第九章為問卷設計實例，筆者提供一份完整篇章讓讀者在閱讀完本書之後，有一個完整的問卷編製輪廓；第十章為問卷設計反思，它主要提供一些問卷設計的重要性問題，讓讀者可以在閱讀完本書之後，對問卷編製或問卷設計有更多啟發。最後，附錄也提供一些已編製好的問卷例子，供讀者參考。

　　本書對於問卷設計的原理與實際的解說兼備，各章節均運用淺顯易懂的文字與例子來說明，讀者對於各章的閱讀可以不用依章節順序，只要依據您的需求直

接切入，就可以從書中瞭解到要如何進行問卷編製的技巧與經驗。相信只要您用心的閱讀，就可以解答您心中的疑惑。本書這樣的安排，一方面是讓讀者可以在家自行閱讀，讓讀者很快就會設計問卷、編寫題目，也會產生想要更快完成學位論文的念頭；另一方面，讓讀者自行閱讀之後，可以避免浪費問卷設計及撰寫論文時間，它具有事半功倍之效。

## 四、感謝

　　本書的出版非常感謝莊楷薆老師、那昇華老師、洪毓玥老師、張樹閔老師、柯淑慧老師、陳冠蓉老師、黃慶化老師、沈詩閔老師、姜禮琪老師、許文耀老師、林信言老師、陳妍樺小姐、林立紘小姐、詹沛綸小姐、趙珮晴小姐等，提供問卷編製的經驗與讀者分享，尤其是楷薆老師，提供本書第九章的內容做為問卷編製實例，它讓讀者可以完整的掌握問卷編製的實況。而心理出版社同仁的協助，尤其是林敬堯總編輯一再地鼓勵，讓本書有調整機會；在他們的督促下，本書會讓讀者在閱讀之後，有樂在其中的感受。而就讀政治大學教育研究所的趙珮晴小姐細心校稿、用心核對書中的文字錯誤，讓書中錯誤更少，尤其她以第一位閱讀本書讀者的心態，提供了修改及調整本書的機會，讓本書可讀性提高、錯誤的機會減少，在此也要謝謝她對於本書的貢獻。當然，也要感謝家人讓我有時間寫作，在繁忙研究之餘，又要寫作是相當困難的，在此也謝謝他們。最後，如果本書有疏漏或觀念交代不清，尚請專家斧正，不勝感激。

張芳全

謹識於臺北市內湖

2008 年 5 月 15 日

# 目錄

# CHAPTER 1 問卷設計觀念

☑ 編製一份好的問卷不容易，編製問卷要考量的細節不少，如果每個環節都出了問題，編出來的問卷，還會具有信度及效度嗎？未來調查之後所得的資料分析，怎會有正確性呢？研究結果的推論又怎麼會有可信度？本章說明問卷設計的基本觀念。

## 壹 誰使用問卷調查呢？

　　要使用到問卷調查的人員很多，在實務面及研究層面需要的情形不少，怎麼說呢？

### 一、各行業實務的需求

　　各行各業的人員與機構，在研究資料的蒐集時，少不了要透過問卷調查法進行，例如：一位公司的業務員為了要進行市場調查，可能就需要設計問卷，對於消費者的消費傾向、消費意願，以及產品的滿意度等進行資料蒐集；一位服務於部隊的軍官，為了要瞭解部隊官士兵的休假滿意度，也可能需要透過問卷調查，來掌握士官兵的休假滿意度情形；一位公務員為了要瞭解行政機關人員的工作壓力及其工作士氣的情形，也需要透過設計問卷，來掌握他們的工作壓力及士氣的情形；一名教授在職進修課程的老師，為了要瞭解教師在職進修與教師專業成長之間的關係，也可能需要透過問卷設計，來調查受訪教師中進行在職進修之後，他們的專業成長是否有關聯；一名銀行的行員要瞭解客戶對於該銀行業務的滿意度，也需要透過問卷調查，來蒐集資料，以瞭解客戶對於業務的滿意度情形；一位從事農業研發的人員，想要瞭解消費者對於所研發的農業產品是否具有需求，

此時也需要設計問卷對消費者進行調查。上述情形都需要運用問卷調查來進行。

## 二、各研究領域的需求

在研究層面上需要問卷或測驗量表者不少。一位要取得碩士或博士學位的研究生（包括了經濟、社會、教育、心理、文化、大眾傳播、財政、國防、保險、建築、行政、政策、外交、政治、藝術、音樂、管理、法律、體育、旅遊觀光、農林漁牧、工程、水土保持、交通運輸、醫藥衛生……等），如果要以問卷調查法來蒐集資料，此時可能就需要設計問卷，來完成研究，以取得論文，例如：有一位研究者要研究國民的休閒情形，擬透過問卷調查法來進行資料蒐集。他的論點如下：「由於臺灣的國民平均所得逐年提高，國人的生活方式及休閒的觀念也隨之改變。如何追求更高層次的休閒活動，以平衡身心，開創優質的休閒生活，為今日社會十分重要課題。尤其在服務型的社會逐漸來臨之後，國民的休閒態度與休閒行為之課題，值得深究。因此，本研究擬針對國民的休閒態度加以探討，研究著重於國民的休閒喜好、休閒參與、休閒認知、休閒滿足與休閒條件等五個面向，分析其中的關係。研究的測量工具將自編問卷，整合修訂成封閉式問卷。」

上述來看，不管是各行各業，或是從事各個領域研究的人員，如果要進行問卷調查，其前提需要設計問卷，接著對於所要瞭解的母群體或樣本進行問卷調查，蒐集資料，最後再分析資料，以獲得研究啟示。由此可以看出，問卷對於社會科學研究的重要性。

# 貳 問卷的研究倫理規範

## 一、問卷調查不應違反研究倫理

問卷調查的對象是人，因而可能涉及到研究倫理。問卷調查涉及到受試者填問卷，而所填寫的問卷內容是否符合研究倫理規範、是否會傷害到受試者、受試者是否為主動願意參與調查，甚至是研究者對受試者的知情同意書與獲得調查資

料的保密問題等，都受到很大的關注，因此問卷編製的研究倫理亦相當重要。近年來，國內外的研究機構以人類為對象的研究均有倫理規範，如行政院科技部推動的「人類行為研究倫理」計畫，就不斷地強調以人為研究對象的倫理。

許多大學因而也制定辦法來因應，例如：《國立成功大學人類研究倫理治理架構暫行辦法》（2011 年 11 月 23 日）就規範對人類研究的規定，其中在第二條提到：「本辦法所稱人類研究，係指以個人或群體為對象，使用觀察、介入、互動之方法，或使用未經個人同意去除其識別連結之個人資料，而進行與該個人或群體有關之系統性調查或專業學科之知識探索活動。」並設立倫理委員會進行相關研究審查。

問卷調查法所運用的問卷涉及到介入與人互動的情形，因此無可避免地需要受到規範。《教育學門保護研究對象倫理信條》（2012 年 1 月 19 日）就規範：「使用問卷調查法時，應在問卷公開信中敘明研究目的、用途、保密承諾及研究者身份等重要訊息」（2.1.5-3）、「研究者應使用研究對象所能理解的語文和方式，並確定研究對象能完整且適當地理解所提供的研究資訊」（2.1.6-1）。此外，「研究者調查研究對象個人資料時，如涉及其性別、特徵、出生年月日、婚姻、家庭、教育、職業、聯絡方式、財務狀況等資訊時，應遵循我國《個人資料保護法》的相關規定」（2.3.7-1）。

## 二、國內外的研究倫理規範很多

國內對於研究倫理規範相當多，例如：《人體研究法》（2011.12.28）、《個人資料保護法》（2010.5.26）、《個人資料保護法施行細則》（2012.9.26）、《原住民族基本法》（2005.2.5）、《兒童及少年福利與權益保障法》（2011.11.30）、《兒童及少年福利與權益保障法施行細則》（2012.7.9）、《兒童及少年保護通報及處理辦法》（2012.5.30）、《人體生物資料庫管理條例》（2012.8.8）、《人體試驗管理辦法》（2009.12.14）、《醫療法》（2012.12.12）、《醫療法施行細則》（2010.3.12）、《研究用人體檢體採集與使用注意事項》（2006.8.18）、《特殊教育法》（2013.1.23）、《特殊教育法施行細則》（2013.7.12）。行政院衛生署也公告以人為研究規範，例如：《得免倫理審查委

員會審查之人體研究案件範圍》（2012.7.5）、《倫理審查委員會得簡易程序審查之人體研究案件範圍》（2012.7.5）、《得免取得研究對象同意之人體研究案件範圍》（2012.7.5）、《人體研究倫理審查委員會組織及運作管理辦法》（2012.8.17）（國立成功大學人類研究倫理治理架構，2014）。

為落實研究倫理，國內各學會亦制定倫理守則來規範以人為研究對象的條件，例如：《臺灣人類學與民族學學會倫理規範》（2011.10.8）、《臺灣語言學學會語言學研究學術倫理準則》（2011.11.15）、《社會工作研究倫理守則建議版》（2011.11.18）、《教育學門保護研究對象倫理信條》（2012.1.19）、《臺灣社會學會研究倫理守則》（2012.3.1）、《政治學專業倫理守則》（2012.5.21）、《中華民國管理科學學會人類研究倫理守則》（2012.11.13）、《中華民國犯罪學學會研究倫理規範》（2013.1.1）、《臺灣人口學的倫理規範草稿大綱》（2013.4.10）、《地理學專業倫理守則》（2013.4.13）、《傳播學門出版與發表倫理守則》（2013.8.8）、《中華傳播學會傳播研究倫理守則》（2013.9.1）、《臺灣心理學會心理學專業人員倫理守則》（2013.10.4）。也有社群提出了研究倫理，例如：《南洋台灣姊妹會給研究者的一封信》、《蘭嶼部落文化基金會：民族教育委員會之學術研究倫理審查機制》（2011.12.17）（國立成功大學人類研究倫理治理架構，2014）。

國外也有不少研究倫理規範約束著研究者，例如：《紐倫堡公約》（The Nuremberg Code）、世界醫學會的《赫爾辛基宣言》（Declaration of Helsinki）、聯合國的《世界生命倫理與人權宣言》（Universal Declaration on Bioethics and Human Rights）、《兒童權利公約》（Convention on the Rights of the Child）、美國的《貝爾蒙特報告》（The Belmont report）、《聯邦法規第 45 條第 46 節》（Code of Federal Regulations Title 45 Part 46）、加拿大的《三理事會政策宣言：涉及人類研究之倫理指導》（Tri-Council Policy Statement Ethical Conduct for Research Involving Humans）、英國的《經濟與社會委員會之研究倫理架構》（Framework for Research Ethics by The Economic and Social Research Council）、歐盟的《社經研究應用於研究的倫理信條》（An EU Code of Ethics for Socio-Economic Research by The Institute for Employment Studies）等（國立成功大學人類研究倫

理治理架構，2014）。

## 三、問卷調查研究應審慎

　　基於上述，在從事研究中所運用的問卷、量表、學業成就測驗（如果僅是學校教學需要的評量則不用），若涉及到研究對象需要透過大學或研究機構設置的機構審查委員會（Institutional Review Boards, IRBs）對其研究工具審查時，則在審查合格之後才能進行研究。我國的「人類行為研究倫理與人體研究倫理治理架構建置計畫」正積極執行之中，目前國立臺灣大學、中國醫藥大學、國立成功大學等，均有設置研究倫理審查委員會擔負這個工作。

　　以問卷調查研究來說，目前對於哪些項目不宜做為編製問卷的題目，機構審查委員會並沒有具體列出細項。然而可以確定的是，以下幾項原則絕對不能違反：

　　1. 基於保護受試者，只要是會讓受試者感到困擾、身心恐懼、存有偏見、歧視、不尊重個人、違反社會道德、侵犯個人隱私資料、違反個人自主權、身心福祉等，都不宜編製在問卷之中。

　　2. 基於研究倫理，研究者不可以竄改、造假、捏造受試者資料或任意運用於營利活動，也就是應對受試者的風險利益加以權衡，以避免受試者受到傷害。

　　3. 問卷調查應有受試者配合意願同意書函，以及未成年者的監護人之同意才可以加以施測。

　　4. 基於個人資料保密原則，以受試者資料為研究成果的公開性，應不涉及受試者的損害為宜，並承擔社會義務、追求公共福祉與恪遵專業倫理為原則。

## 參　名詞釋義

　　在編製問卷之前，宜對幾個名詞加以釐清。與問卷相類似的名詞，包括：測驗、量表、研究工具等，究竟這些名詞與問卷有何不同呢？它們的範圍又是如何？說明如下。

## 一、測驗

就狹義來說，測驗（measurement）是指測量的工具，也就是在蒐集個體於某些心理與行為特徵的一組標準化刺激之工具，例如：「父母管教態度測驗」、「加州心理成熟測驗」等。而廣義的則是指，對行為樣本所做的一種客觀和標準化的測量，或者是採用數字量尺或分類系統，來客觀描述個人特質的一種有系統程序；簡言之，它是採用一套標準的刺激，對個人的特質做客觀測量的有系統程序（郭生玉，1997）。狹義的例子就如：學習成就測驗就是依據教學目標或特定目標，對個體施以標準化測量所獲得客觀資料的一種工具；就廣義來看，學習成就測驗就是依據教學目標或特定目標，對個體施以標準化測量所獲得客觀資料的一種程序。

## 二、量表

量表（scale）是指一種心理特質的測量工具，也是一種資料蒐集的工具，它採用客觀化與標準化刺激的測量題目，對於行為樣本（如個體）的認知能力（如性向、思考能力、智力或創造力），以及情感特質（如學習動機、學習抱負、人格特質、態度、興趣、情緒、心理壓力、心理健康、價值觀、挫折容忍力等），有系統的獲得客觀資料的一種工具，例如：「艾德華個人偏好量表」（Edwards Personal Preference Schedule）、「學習適應量表」、「生涯發展量表」等。量表所測量的內容以個人的心理特質居多，因而有時也稱為測驗量表或心理量表。不管是量表、心理量表或測驗量表，它所偏重的是測量個體的心理層面特質，就如上述所列內容，而不是社會層面特徵的資料蒐集之工具。

## 三、問卷

問卷（questionnaire）是在問卷調查法中，研究者所設計的標準化刺激工具，透過它對行為樣本加以施測，且通常是由樣本的自陳（self-report）方式來反應出工具內容所列的問題，以獲得受試者相關資訊的一種資料蒐集工具。它的題目編擬偏向於個人在社會層面反應的資料，也就是說，它所調查、蒐集的資料偏向於

個體在人力資源、學校與行政組織發展、社會文化發展、行政管理議題、公共政策議題、教育政策與行政議題、地區發展議題、財政與經濟發展，以及政府施政政策的反應之滿意度、喜好度、感受度及符應度等。

## 四、研究工具

　　研究工具（research instrument）泛指在研究過程中，所運用來獲得研究期待結果的相關器具、設備或工具。研究過程所需的器材會隨著研究類型及研究需求而有異，例如：有些研究需要運用藥物、水、碼錶、天平等，有些研究需要使用化學色素、錄音機、照相機等，而有些研究則需要運用問卷、量表、學習成就測驗等。社會科學研究，如公共政策、管理學或行政學等，若要運用問卷調查法，常運用的工具就是問卷，而在心理與教育研究常運用的工具則是心理量表或心理測驗。換句話說，研究工具僅是通稱而已，只是在許多社會科學研究中運用問卷調查法時，把問卷或心理測驗、量表視為研究工具之一。

## 五、概念的釐清

　　基於上述，問卷、量表與測驗均為研究工具之一。測驗有時與量表一詞互用，例如：美國在 1986 年出版的「斯比量表」（第四版）（Stanford-Binet Intelligence Scale, Fourth Edition），就是一種成就（普通能力）測驗，然而它也稱為量表，它是在測量受試者的普通能力（包括語文推理、數量推理、抽象／視覺推理、短期記憶）。而這種例子在心理學研究中，常見到對於測驗與量表交互使用的情形。然而，在學校中的學生成就評量就常稱為成就測驗，例如：國文、數學、英文、社會科的學習成就測驗，而較少以量表或問卷來呈現。

　　必須說明的是，問卷與量表都是標準化刺激對受試者施測的一種工具。在實務上，除了許多業務單位在業務需求進行調查問卷（如市場調查、工作滿意度、瞭解員工問題調查等）時，較不強調問卷編製的嚴謹度與信效度要求外，它與心理量表一樣，在學術型研究的問卷中仍需要有系統與嚴謹的編製過程，尤其是信度與效度更是不可或缺。然而，問卷則偏向於社會現象層面的測量，而量表偏向於對於個體心理特質的測量。至於研究工具，則是上述項目的一種通稱，也就是

說，問卷、量表與測驗都是研究工具的一環。

# 肆 設計問卷之前

## 一、研究資料的蒐集方式

問卷是一種調查的研究工具，研究者可以透過問卷來進行資料的蒐集，接著可以將所蒐集到的資料，做有意義的分析，來瞭解研究者所預期的研究結果。一般說來，研究者進行研究，需要研究資料來佐證所提出的研究問題，以瞭解這些蒐集到的資料是否可以解釋研究者所提出的問題。研究過程需要蒐集資料，社會科學的蒐集資料方式包括了實驗、觀察、調查，或是運用次級資料，包括了大型資料庫等，都可以進行後續的分析。上述都是社會科學常見的資料蒐集方式。怎麼說呢？

### （一）實驗研究

在研究者設計實驗組或控制組之後進行實驗，經過一段時間之後，研究者可能透過觀察被實驗者或被控制者（控制組）來瞭解實驗處理的效果是否已有明顯差異，也有可能在實驗處理之後，請參與實驗組及控制組的人員，填寫一份問卷、量表或成就測驗等，研究者就可以經由這些施測後的結果，獲得研究資料。

### （二）觀察研究

研究者在一個研究的場域，透過事先設計的結構式問卷或非結構式問卷，對被觀察者進行長時間的觀察，以獲得研究資料。過程中，研究者雖然是進行一種觀察，但可能運用了照相機、錄影機，或者是研究者設計好的問卷，也可能是他人設計好的標準化測驗，進行資料的蒐集，這種觀察研究也常常脫離不了以問卷來蒐集資料的情形。

## （三）問卷調查

　　社會科學常見的研究是以問卷調查法來蒐集資料。在研究者已經將研究目的及問題釐清之後，接著建構出研究架構，並依研究架構設計讓受試者來反應的題目，此時研究者會將所設計的問卷題目做有意義的編排處理，最後再進行調查工作。研究者期望透過問卷蒐集資料，來瞭解受訪者在某一項議題或問題或概念的反應及其樣本屬性的分配，或者對於蒐集的資料進行有意義的統計推論。

　　而大型資料庫是在問卷調查蒐集資料之後，所建置的資料檔案；這種資料檔案相當龐大，就蒐集資料的年度來說，可以是跨年度或縱貫性追蹤；就蒐集資料的地域來說，可以是跨國性及跨地區性的，例如：國際教育成就調查委員會（The International Association for the Education Achievement, IEA）在 1990 年進行「國際數學與科學教育成就趨勢研究」（Trend International Mathematics and Science Study, TIMSS），在 1995、1999、2003、2007；2011 年從全球四十餘個國家及地區至七十個國家及地區，蒐集小四生及國二生的數學及科學成就的資料，就是一例。簡言之，大型資料庫的資料蒐集與建置是問卷調查的一種延伸。

## 二、問卷資料的屬性——研究者的那一把尺

　　問卷調查一定要有一份測量受訪者的工具，這份工具常稱為問卷或量表，要讓問卷的題目在反應之後，能有意義的反應出其數量的分配、型態、趨向及價值。為了要讓調查的現象有意義的呈現出來，此時在問卷中的每一個題目要有「選項」，如此才可以讓受訪者填答。就某種程度來說，選項就是研究者所設計的問卷，猶如一把完整的尺，問卷的選項，就如同該把尺上的刻度一樣；所以，在選項設計的類型就可以看出問卷蒐集資料的屬性。研究者設計的選項愈有「刻度」，或者該「刻度」愈精細，愈能將研究者所要蒐集的資料反應出來（關於這部分可見第四章），在後續的統計資料處理愈能精細的分析。以問卷蒐集資料來說，研究者要蒐集受訪者的資料可能有很多種類型，事實性及構念性的資料就是一種方法，它的內容說明如下。

## （一）事實性的資料

事實性的資料是研究者在研究過程中，有很明確的問卷題目，也就是事實性的題目，期待受訪者反應出他們的情境，例如：「請問您的家庭成員有幾位？請問您目前的宗教信仰、政黨傾向、教育程度、職業、家庭中有幾位小孩……等」，這些問卷的項目都是要受訪者回答一些事實性的問題。又如：「請問您服務的學校規模有多大（例如：有多少學生、幾位專任的教師、有多少間教室）？學校有多少部電腦？一年度學校有多少經費在經營？一年度有多少畢業生？一年度有多少畢業學生可以找到工作……等」。類似這些問題，就是事實性的問題，受訪者如果真實的填答或回應，研究者應該可以獲得現象真實的數據及資料。

## （二）構念性的資料

在社會科學中，受訪者資料還有一些是構念性的（construct），它是一種由過去研究者所建構出來的概念、原則或理論，例如：在教育與心理研究中，人格、性向、態度、學業成就、自尊等，往往是從過去許多研究所累積而形成的。如果研究者所要進行的研究傾向於研究構念形式，此時所設計的問卷，一開始就要在題目內容上，以比較抽象式、概念式，以及以受訪者的一些感受性、知覺性、敏感性，或是認知性的問題詢問受訪者。研究者是以研究構念所設計出來的問卷，此時所蒐集到的資料，在準確度就有很大的討論空間。在研究中，研究者所探討的研究構念，往往是經由過往很多的專家、學者或研究者所建構的，例如：態度、智力、人格、興趣、性向、價值觀念、學習風格、情緒智商、認知風格、組織文化、組織氣氛、領導型態、課程領導、學業成就、學習態度、人力資本、文化資本、社會資本、社會支持、工作壓力、工作倦怠、知識管理等。這些研究構念具有抽象性，其內涵及意義較不易完整掌握，研究者比較無法讓它們如同反應事實性的問題來得客觀。研究者要對這些研究構念有效掌握，並進行後續的研究分析，此時研究者需要將這些研究構念予以具體化、客觀化及數量化或可觀察化，很重要的方式就需要透過測量。測量的前提，需要設計具體與可操作的題目，這些題目不僅要對研究構念有完整的內涵掌握，而且要將掌握的研究構念

轉化為問卷或量表的題目，再透過問卷對受訪者施測，受訪者將心中的情境或所感受的與研究構念進行程度比對（也就是研究者在題目後的選項勾選），此時研究者就可以用數據對應出受訪者在該研究構念的程度。

## 三、問卷資料的屬性——社會科學的那一把尺

上述是以事實性及構念性的資料來說明資料的類型。為了讓資料尺度更精確，社會科學對於資料尺度的類型有其客觀性認定，區分為以下四種。

### （一）類別尺度

類別尺度（nominal variable）主要在區分資料的類別、資料類別所代表的符號，並可以進行加總，但是加總之後並沒有實質的意義，例如：在問卷資料蒐集之後，要登錄在電腦中，做為後續的統計分析，因此在性別上，男生以 1 為代表，女生就以 0 為代表，0 與 1 的符號，僅是代表一種類別而已，加、減、乘、除之後，都沒有實質意義。社會現象的類別尺度很多，例如：政黨、宗教、學校、職棒球團、縣市別、國別、地區別等。

### （二）等級尺度

等級尺度（ordinal variable）的資料屬性可以比較大小、高低、優劣、先後、等級。然而，如果研究者要對該筆資料進行加、減、乘、除，是沒有意義的，主因是該筆資料的尺度，其資料的單位不一樣，例如：某一次考試，班上的排名第一名、第二名、第三名及第四名平均成績各為 95 分、82 分、80 分、60 分，雖然第一名加第四名的名次加起來等於第二名加第三名，但是平均分數兩者卻不相等。

### （三）等距尺度

等距尺度（interval variable）的資料屬性可以說出名稱、排出順序，還具有單位相等的特性，同時等距尺度沒有絕對零點，例如：溫度、濕度屬之。因為資料的單位一致，所以進行資料數據的加、減、乘、除，就有其意義，例如：攝氏

零下十度與攝氏零下四十度，兩者相差攝氏三十度。

## （四）比率尺度

　　比率尺度（ratio variable）的資料特徵是可以指出名稱、對資料排出順序，同時也可以進行數據的加、減、乘、除，其資料尺度單位一致，且有絕對零點（absolute zero），也就是該資料的數值須從自然原點開始計算；它並沒有負值的情形，長度、身高、體重屬之，例如：甲生的體重為五十公斤，乙生為七十公斤，兩者的單位都是公斤，所以兩位學生的體重加起來為一百二十公斤。

　　在此要強調三個重要觀念：

　　第一，事實性及構念性資料也可能被歸類在四種資料尺度之中，例如：甲生的身高為一百七十公分，它是一種事實性資料，但是身高也可以被歸類為等距尺度；乙生的性別為女性，「乙生的性別」也是一種事實性資料，性別也被歸納為類別尺度。而構念性資料也可以被歸類為上述的四個類型之一，例如：研究者對受訪者詢問：「您感受到的工作壓力很大？□非常符合　□符合　□不符合　□非常不符合」，如果以 1、2、3、4 來計分，它就被歸為等級尺度。

　　第二，上述第一及第二種資料尺度，在資料處理時，僅可運用「無母數統計」，例如：卡方考驗、ψ 相關、等級相關等進行分析；第三及第四種資料尺度則可以運用「母數統計」，因為其資料特性是單位一致，資料可以進行加減，這方面的統計處理可以運用積差相關係數、多元迴歸分析、典型相關、因素分析等進行分析。

　　第三，設計問卷之前宜先掌握要運用哪一種統計方法進行分析。研究者要蒐集哪一類型資料，例如：事實性或構念性資料；若是構念性資料，其題目的選項（刻度）要用二等第、三等第、四等第、五等第或更多等第呢？或者以社會科學的四種變項尺度：類別尺度、等級尺度、等距尺度或比率尺度呢？因為不同變項屬性所運用的統計方法不同，這部分可以參閱張芳全（2013a）或其他統計書籍。因此，研究者在設計問卷時就應思考：當蒐集資料回來之後，要使用何種統計方法；而不要在資料回收之後，卻仍不知要運用何種統計方法分析。若回收問卷之

後，仍不知回收資料的資料處理方法，就失去問卷設計的意義及價值了。

## 四、問卷的準確度——測量誤差的大小

### （一）有測量就有誤差

　　凡是存在的人、事、物都可以測量，而測量一定都會有誤差，這種誤差大小就需視測量工具的準確度而定。測量準確度可以從研究工具是否具有信度（reliability）及效度（validity）來看，信度是指測驗分數的穩定性或一致性；而效度是指問卷的內涵是否代表了讓研究構念可以測量得到的程度，也就是研究者期待要測量的特質是否真的測量到了。就以吾人要測量一塊桌子的長寬，如果測量者所拿的尺沒有標準化，也就是沒有依據公定標準劃出來的刻度，此時拿「該把尺」來衡量桌子的長寬一定會受到質疑。然而有些已經是標準化的尺，可是該把尺可能年代久遠，尺上刻度已不明顯；縱然該把尺的刻度是準確，但是因為測量者無法精確的判讀所測量到的長寬單位，因而錯誤地判讀尺的刻度，這也是一種測量的誤差，不是尺的刻度不正確，而是測量者測量錯誤，以及尺的刻度不明顯所致。

　　研究者可以模擬以下情境：邀請五位人員，各拿一把具有明確刻度的尺來測量一件物品（如書桌、課本、電腦螢幕、鉛筆等）的長度，請這五位人員在測量該物品之後，各自寫下長度，接著再把測量的長度公開，其結果一定會有五位人員測量長度不同的情況，例如：0.1、0.5、0.8 或 10 公分的差異，這即是代表有個別差異。這也說明了凡是測量都會有誤差，縱然是五位人員用同一把尺，但是每位測量到的長度，卻是不同的。

　　上述例子是請五位人員運用同樣的一把尺，測量一件具體的事物（如書桌長度），都會有個別差異，何況研究者使用的是問卷或量表，而這些工具是由相關抽象性構念（如智商、態度、興趣、人格特質、認知型態、價值觀、學習氣氛、文化內涵等）所組成的題目。受試者對研究構念的解讀不一定相同，加以這些概念、構念或變項具抽象性，不能類比成桌子有固定的尺寸，所以受試者對研究者所要測量的特質、構念與變項，就難以掌握確切數值，這時就會產生誤差了。

### （二）問卷的測量誤差

　　問卷或測驗量表與上述的情形一樣，很可能會因為年代久遠，問卷採用的觀點與內容不符現在所需，降低了它的信度及效度，研究者不察就直接使用，就易產生測量誤差。這種情形是受到環境變遷，或是有新的研究發現，使得原先研究以某一理論所建構的問卷或測驗量表，因為新的觀念出現、理論受到修正、新的研究發現產生，使得原本的問卷及測驗量表，無法適用於現在的社會情境。此時如果研究者未能掌握時代變遷，就將過去的問卷或測驗量表直接用來蒐集資料，可以想見的是，研究者所得到的資料勢必無法反應目前樣本的特徵。簡言之，因為問卷或測驗量表的年代久遠，使得其問卷題目無法反應目前行為樣本的特性，因而信度與效度降低，研究者若再以這些過時的問卷或測驗量表進行施測，其測量誤差將會提高，這是研究者應避免的。有很多的研究者喜歡延用他人的問卷，但是卻不仔細查明問卷的編製年代、沒有掌握問卷的信度及效度、沒有仔細瞭解該問卷適用的施測對象，就盲目的施測，其測量誤差將會提高。

### （三）測量誤差的產生

　　測量誤差的產生有系統因素及非系統因素。系統因素是指受訪者在一份問卷或測驗量表施測之後，會有一致性的高估或低估分數的一切因素，例如：一個磅秤測量出的重量會比每位學生的真實體重都增加兩公斤；或者在一次成就測驗施測的時間，原本為四十分鐘，但是監考者給每位學生多給五分鐘時間作答，這對於每位學生的分數會有高估情形。類似這種測量誤差為一致性的，又稱為固定誤差（constant error）。測量誤差產生的因素包括：個體的學習（如每位學生多一次學習機會）、練習或訓練（如每位受訪者都有一次練習或訓練的機會）、遺忘（它假定受訪者會遺忘）、生長（它假設每位受訪者均會依時間而會有成長）等。而非系統因素是指受訪者在隨機、無法預測及沒有規律的情境下，所產生的測量誤差，又稱為機率誤差；產生非系統因素的原因，包括：問卷的試題（如計分方式不當、題數太多、題目品質不佳）、測驗情境（如空間太熱、太冷、空間安排不當等）、受訪者的身心狀況（如意願不高、疲勞、情緒不穩）等。

## （四）避免測量誤差產生

　　研究者應該避免測量誤差的產生；當然測量的誤差愈小愈好，如果愈小，代表測量者所測量的準確度是值得信賴的。以上述的事實性問題，研究者只要將題目設計好，除非受訪者亂填，否則事實應該僅有一個，不會有例外，例如：研究者問的「家庭成員中有幾人？教育程度為何？目前參與的政黨？家中的小孩數」等，可能僅有一個答案，除非受訪者造假的填答，這樣蒐集資料的測量誤差相對來說會比較小。然而，以構念性所設計出來的問卷題目，就很容易有較大測量誤差的可能，例如：

1. 您感受到的學校文化組織氣氛屬於民主式的溝通？□非常同意　□同意　□不同意　□非常不同意
2. 您認為小明的人格特質屬於外向型？□非常符合　□符合　□不符合　□非常不符合

　　上述的問卷題目所要測量的是研究構念（如組織氣氛、人格特質）所衍生出來的，在研究構念轉化過程中，就可能將部分的「內涵」、「價值」、「意義」、「觀點」給扭曲，或者說無法百分之百掌握研究構念的完整性；接著受訪者有可能是亂填，也有可能是受訪者心中的「那一把尺」，在度量該題目有一些偏誤，因而產生誤差。就如在第一題中，受訪者感受到的可能是在同意與不同意之間，但是沒有刻度可選；而第二題中，受訪者可能是在非常支持與支持之間，或者「不知道」。像這樣的問卷題目，研究者將理論轉化為構念，再由構念轉化為研究向度，接著再由研究向度轉化為問卷的題目，再由幾個題目共同組成一個研究向度，幾個研究向度組成一個研究構念，這種轉換過程往往無法直接萃取到重要的核心概念。何況，研究工具的題目如果太多、受訪者的填答意願、高度疲勞及當時填答情境都可能影響到問卷的測量，也會增加測量的誤差。

# 伍 為何要使用問卷進行研究？

撰寫研究論文或學位論文，有很多人喜歡用問卷調查法來蒐集資料，以讓論文寫作可以完成；但是在研究過程中，有很多的研究生不瞭解為何要使用問卷調查法，更不瞭解何謂問卷調查法，甚至不知道究竟該如何編製一份具有信度與效度的問卷。就一位研究者而言，問卷是研究工具之一，也是蒐集資料的重要依據。研究者使用問卷做為研究工具時，會有以下的期待。

## 一、期待較快完成論文

有很多研究者認為，透過問卷調查可以很快速地蒐集到資料，接著就可以進行資料的統計分析，如果把這些資料運用統計方法有效地整理，就可以很快地完成論文，這是多數人的期待；而這看起來又比實驗研究及訪談研究還可行。實驗研究要進行一段時間的實驗處理才可以瞭解其實驗效果，尤其要找到實驗組及控制組並不容易，同時要找到願意接受實驗的人少之又少；所以，問卷調查不需要實驗者，僅有受訪者填答問卷就可以，看來算是簡便、經濟與廣布性大。而訪談法也是一樣的困難，要考量是否有受訪者願意長時間的受訪，訪問過程中受訪者可能會因精神無法負擔而中途退場者，當然如果受訪者為孩童，還有需要家長及監護人同意的問題，不一定比問卷調查法還容易。然而，研究者要設計一份具有信度及效度的問卷，並非易事，它需要提出所要的調查架構藍圖，也需要研究者擬題，當然這樣的擬題尚應考量問題的適切性、題數及題目是否可以掌握受試者的特質等，所以要較快的完成論文，是不容易的事。

## 二、運用數據資料佐證論文內容

問卷調查法是屬於量化研究之一。研究者運用問卷調查蒐集的資料，常被認為較為客觀、具體及可信的，因此很容易就將資料來驗證過去的研究結果及相關的理論，這也是過去常見到，也是研究者喜歡以問卷調查來取代其他研究方法的考量之一。透過資料的數據來說話，讓資料可以呼應於理論與過去研究，這是它

的優點；可是，如果問卷調查資料有問題，例如：並沒有依據隨機取樣、取樣的樣本不足、取樣沒有代表性、取樣過程有瑕疵，以及受訪者亂填，也將造成問卷回收的資料有問題，此時，要以研究結果與過去的研究及理論對話會受到質疑。

　　社會科學的研究區分為質化研究與量化研究，前者是觀點的尋求者（perspec-tive-seeker），他們主要是在瞭解人的思考、人的價值及個體的完整性，如果僅以片面的問卷資料，無法瞭解個體的全貌。因此他們認為經由訪談、觀察、舊報紙與檔案文件，或其他資料所提供的訊息，來分析社會現象比較有意義，他們進行研究是期望從所獲得的資料，有意義地解釋資料的價值。後者是真實的尋求者（truth-seeker），他們喜歡運用數學公式、數量方法、研究假設、統計數字來協助解釋社會現象，並回答研究者所提出的研究問題，他們研究的過程，期待避免各種干擾因素的產生，而影響研究發現；研究者所關心的是如何將研究結果做更大範圍的推論，因此如何選取受試的樣本、如何設計可信的研究工具，以及如何讓研究結果可以在後來的不同情境中複製，是很重要的。

## 三、數字會說話易說服讀者

　　研究的目的包含對社會現象的描述、解釋、預測及控制。研究者要能達到這四項目的，很重要的就是要讓蒐集到的資料可以做有效的描述及解釋，當然最後可以透過所蒐集到的資料進行社會現象的預測與控制；這也就是說，讓研究者所蒐集到的資料，可以將數據反應出有意義及價值的內涵，如此可以讓研究者更有力及有意義的說服讀者，若研究發現是可靠的，讀者可以接受研究的結果，不會質疑研究者的研究內容。試想，如果研究者以訪談方式對於受訪者研究，一方面研究可能受訪者的人數不足，研究取樣及人數不足，無法代表母群體；另一方面，除少數樣本無法代表母群體之外，受訪者的主觀見解也無法讓社會現象有較具共識的呈現，所以無法運用數字來說明社會現象及研究的問題，後續的研究發現較無法說服讀者。

## 四、較易建立學術理論

　　問卷調查在研究中較為占優勢的是可以大規模的調查，甚至可以跨文化、跨

區域、跨時間及跨世代的調查。研究者可以運用這方法蒐集資料，使得對問題的解釋研究結果，更具說服力。有很多研究以問卷調查法來驗證理論及修改理論，也就是研究者為了驗證一項理論，試著以長時間及大規模的樣本來掌握社會現象是否真如理論上所描述的；此時，研究者較好的工具是透過問卷來掌握。研究者設計問卷，接著對於母群的樣本進行調查，歸納分析結果，最後可以形成研究結果；如果研究者多次的對於研究問題進行相同的分析，可以累積更多的研究發現及研究問題，如果在多次調查中都呈現相同的研究結果，研究者驗證的理論就這樣成立了。

## 五、驗證後來的研究發現

問卷調查的分析結果最重要的是，可以做為後來研究者參考的重要依據。後來的研究者如果要掌握過去的研究，與研究者所進行的研究發現是否相同，此時研究者可以找相近或相同的研究進行比較，如果從研究中找到這些研究，研究者就可以進行研究發現比對及比較。這樣的過程除了讓研究者可以瞭解，所得到的研究結果是否可靠，或是所得到的研究結果是否與過去的研究發現一致，此時如果過去也有類似問卷調查的發現，就可以支持研究者的論點。社會科學研究是一種知識的累積，往往研究者的發現或許僅是一個時間點、一群樣本特性，或一種地域發現現象而已，它需要以問卷調查法的研究發現進行比較，以瞭解目前研究與先前研究的異同，這是問卷調查的功能之一。

## 陸 運用問卷的問題釐清

以問卷調查法蒐集資料，也有一些問題需要釐清。當研究者釐清這些問題後，再來思考是否要運用問卷調查法來蒐集資料，這更能掌握問卷調查法在研究中所扮演的角色。以下提供幾項值得思考的問題。

## 一、瞭解問卷設計的流程嗎？

問卷設計有其一定的流程，並非研究者拿起紙與筆就可以編製問卷。研究者

設計問卷需要包括幾項重要的流程，它包括研究架構、擬題與專業（或指導老師討論）、專家評定、預試及正式施測等。研究架構要呈現本次調查的重點及內容，在擬題時需要掌握究竟本次調查需要多少題目、每一個題目的敘述及用語、是否與專業人士對話，而非閉門造車。初學問卷設計通常對於問卷流程無法掌握，因而導致問卷的內容及其題目與用語過於艱澀，造成受訪者無法填答，所以問卷在發放之後並無法有效率回收。當然，一份問卷的設計不可以僅有一位專家來評定就好，最好有六至十位專家來進行評定，專家會提供建議及修改的方向，而這需要時間。最後研究者需要對於專家評定的問卷進行調整，接著進行樣本的預試，以瞭解該問卷的性能及是否具有信度及效度。過程中對於問卷題目的刪題、增題或是調整內容，都需要專業的能力來判斷。

## 二、瞭解問卷設計的原理嗎？

問卷設計的原理包括：問卷的內容掌握、問卷的擬題技巧、問卷的信效度分析、問卷的專家評定。問卷的內容需要依據研究問題及所要調查的重點而定，但往往包括了幾項重點，例如：基本的問候語欄、基本資料、正式問卷的題目，以及提出一、二個開放型題目供受訪者填寫對該議題的看法；這些問卷的內容都是必備的。然而，在擬題技巧上，包括研究者使用的用語是否太過困難、問卷題目敘述是否過長、問卷題數是否過多等；實務上，正式問卷約三、四十題，約為三十分鐘以內可以填完為宜。問卷的信度是對於問卷可靠程度的分析，效度是對於研究中的研究構念進行分析，它在掌握問卷的構念效度。這些都需要統計基礎，研究者需要因素分析及信度分析的統計能力。專家評定是將問卷請專家評定其可靠度及問卷修改的建議，至於研究者在蒐集完專家意見之後，如何整理各位專家的意見，並整合為具體可行的建議重點，最為困難，因為它需要有一些專業的判斷及能力。

## 三、掌握了問卷設計架構嗎？

研究架構是問卷設計的重要藍圖，也是在研究中重要的依據。研究者能否歸納出研究架構，是問卷設計的重要課題之一。研究架構為問卷設計的指引，問卷

究竟要包括哪些向度？向度與向度之關係為何？乃至於背景變項與向度之關係？都需要研究架構來釐清。一份完整的研究架構需要從文獻探討的歸納而來，研究者需要對於過去研究及相關理論大量的蒐集、整理及分析，最後歸納出研究者所要研究的方向及藍圖。一份調查研究如果沒有研究架構，就好像一艘船沒有指南針一樣，無法在大海中掌握方向的航行。研究架構包括了問卷要有哪些的向度及哪些的背景變項，以及向度之間的關聯性及差異性。

然而有一些研究的問卷設計，並不需要有太多過去的研究及相關理論，而需要一些事實性的現況，此時在歸納研究架構上，就不需要太依賴過去研究及理論。因為研究者所要掌握的是現實的某些問題，例如：要調查目前人民對政府的政策滿意度、政黨的支持度、某次選舉的候選人支持投票率……等，此時研究者僅需要對於現況所需的問題進行問卷及題數的設計即可，不一定要從文獻探討中的過去研究來歸納相關的面向。

## 四、掌握調查樣本困難嗎？

為了掌握研究的信度及效度，研究者需要樣本進行施測，接著才可以對蒐集的資料進行效度及信度分析。如果以問卷做為研究工具，應掌握究竟所要調查的樣本屬性、樣本所對應的母群體大小、樣本數量、樣本是否容易取樣，以及樣本是否容易施測的問題。如果所要調查的樣本母群體太小，例如：僅有一、二百位，此時如果要進行問卷的預試及正式施測，將會面臨樣本數不足的問題，亦即預試的樣本與正式問卷的樣本會一樣，此時在受訪者前後都一樣的情形下，受訪者會有練習效果，而且第二次受訪也會感到疲憊及願意配合度降低。

就樣本屬性來說，有一些樣本不僅是樣本數很少，更有問卷不曉得要發至何處的感覺，也就是說這些樣本可能不易發掘、不易找尋，或是縱然找到了這些樣本，也很難發放問卷到這些樣本的手中進行填答。例如：要研究新移民女性的先生之婚姻狀況及其滿意度。一來新移民女性的先生不易找尋，可能需要戶政單位配合，再者縱使有單位配合，研究者如果將問卷發放給這些樣本，他們也不一定會配合施測。

樣本取樣方法也是一個值得思考的問題。抽樣方法分為隨機抽樣（random

sampling）及非隨機抽樣（nonrandom sampling），前者讓母群體中的每一份樣本都有被抽中的可能，也就是每個樣本被抽中的機率是一樣的；但實際上卻是以研究者較容易取得的樣本為主，因而產生「隨便取樣」的現象，或是立意取樣的情形。如果要以問卷調查法進行研究，研究者第一個步驟應先掌握母群體的大小，將母群體界定完整之後，才能瞭解究竟有多少樣本在此次的研究範圍，再從這些樣本來抽取，如此才會更具可靠性。

　　樣本施測的問題也應掌握，亦即研究者在發放問卷的時機應掌握。如果以碩士班畢業時間為例，學生在碩士班二年級畢業，所以他們通常在二年級下學期初發出問卷；但如果各個學校發出去的問卷都在調查學生、老師及行政人員的議題，此時學校老師會在該學期一再收到多份問卷，這對於一位老師來說是一種負擔，填答的意願也會降低。故發放問卷的時機十分重要。

　　也有很多研究以特殊樣本為研究對象，例如：新移民女性的子女，也就是吾人常說的「新臺灣之子」，因為新移民子女的教育受到關注，所以有一些國民小學的新移民女性子女，在學期中會收到數十份的問卷，這對新移民子女來說是一種精神上的疲勞性轟炸，更違反研究倫理。也有很多研究都以學校教師、校長及行政人員為調查對象，也有相同情形。同樣地，受試者如果在一個時間內，經常收到問卷，或收到太多問卷，他們的心情也會有不好的感受。就以同理心來想想，如果您經常收到問卷，每份問卷又有五、六十題，您要批改學生作業，又兼任行政工作，又要負擔許多的行政會議，您的感受會是如何？

## 五、熟悉檢定問卷的統計方法嗎？

　　研究者進行問卷設計的同時，就應考量所蒐集回來的資料，究竟應該用何種統計方法來進行處理。一位有經驗的問卷設計者，應該在開始編製問卷就要掌握研究問題的屬性，以及研究資料的類型，究竟是要以類別變項、等級變項、等比變項或等距變項？研究者應先自行釐清，否則辛苦回收問卷資料後，卻無法進行資料分析，或是研究者原先要以連續變項的統計方法進行分析，後來卻僅能以類別尺度的統計方法進行檢定，此時不但白費力氣，甚至使研究結果失其準確性，得不償失。簡言之，問卷調查在設計問卷一開始，研究者就應思考，未來蒐集回

來的資料要運用的統計方法。如果研究者能有這種前瞻性的思考，後續的統計分析將更為便捷與準確，更不會有問卷資料回收，卻苦於無法使用或誤用統計分析的窘境。

# 柒 問卷的類型

　　研究者進行調查研究，究竟要使用哪一種問卷呢？這是一個很重要的問題。因為問卷的類型決定之後，往往就決定了資料蒐集之後的分析方法。因為一種問卷類型代表著一種資料蒐集的屬性，所以，在選用問卷類型時應三思。以下說明問卷的類型。

## 一、開放型問卷與封閉型問卷

　　研究者往往為了讓受訪者可以抒發意見，以及表達受訪者的看法，因此會以開放型問卷做為資料蒐集的方式。開放型問卷是讓問卷在文字敘述之後，設計一些空白的空間，讓受試者填寫相關的意見。這樣可以從受訪者所表達的內容，來判斷受訪者對於某些議題的想法，例如：

1. 您認為課程領導過程中，校長應扮演何種角色？＿＿＿＿＿＿＿＿＿＿＿＿
2. 您認為良好的醫療制度應該有哪些特色？＿＿＿＿＿＿＿＿＿＿＿＿＿＿＿
3. 您覺得臺灣在高失業率來臨之後，高等教育應如何提出因應？＿＿＿＿＿＿
4. 您認為臺灣的高速鐵路營運之後，與各縣市及社區成長有何關係？＿＿＿＿

　　若有類似這樣問題，受訪者需要填寫很多的文字或相關的說明。研究者使用的整份問卷都是開放型題目，在整理問卷內容會相當耗時，且不易歸納出受訪者的意見，在整理研究結果也會很難歸納，畢竟每位受訪者都有不同的意見。就受訪者而言，他們需要填寫更多的文字，耗時較長、不經濟，導致回收率可能會降低。倒是研究者可以搭配此種問卷題型於封閉型題目之中，亦即研究者在正式問卷之後，列舉一、二題的開放型問題，讓受訪者填寫意見，也可以透過這樣的方

式來掌握研究的一些重要意見。

　　研究者為了避免受訪者沒有時間就開放型的題目來回答，因此以封閉型的題目做為資料蒐集的方式。封閉型的題目是研究者設計一些文字敘述之後，有許多的選項讓受訪者勾選。這種方式不僅讓受訪者可以很快地回答，也可以讓問卷的回收率較高。這種方式如：

| | 非常不同意 | 同意 | 不同意 | 非常不同意 |
|---|---|---|---|---|
| 您認為目前的臺灣社會是族群融和嗎？ | ☐ | ☐ | ☐ | ☐ |
| 您認為臺灣是一個民主化的國家嗎？ | ☐ | ☐ | ☐ | ☐ |

　　上述問題，受訪者不需要填寫很多文字，問卷回收率自然會提高。若整份問卷都是封閉型的題目，研究者在整理問卷內容時，相當容易，也容易歸納出受訪者的意見，在整理研究結果並不困難。每位受訪者，雖然有不同意見，但是都可以將之量化成數字作有效的分析。再就受訪者而言，他們僅需勾選題目中的選項，不會耗時，研究者發出的問卷也較經濟，回收率較高。

## 二、填充型問卷與選擇型問卷

### （一）填充題

　　研究的問卷也有一種是填充題與選擇題的形式，兩者有差別。填充題是研究者在問卷題目的設計中，讓受訪者填寫問題中的空格，以便讓研究者後續做資料分析，例如：

　　您父親的教育程度是＿＿＿＿＿＿＿

　　您在家中的排行是＿＿＿＿＿＿＿

　　您家中有＿＿＿＿＿＿位兄弟姐妹？

　　您父親現在年齡＿＿＿＿歲（足歲）

　　您母親現在年齡＿＿＿＿歲（足歲）

　　上述問題，讓受試者自由填寫一個項目或一個正確答案，例如：受訪者的教育程度、職業、年收入、家中人口數、家中子女的排行、家庭的平均月收入、在學校學習年數、年資、工作經驗的年數等。研究者運用填空格來設計題目，往往是希望經由這些基本資料的蒐集，使後續的研究構念有更多意義的分析。不過研究者要運用較深入的統計方法，也就是，不把所調查的許多基本資料視為類別變項或等級變項做為勾選的項目，反而讓受試者依據他的特徵填寫屬性，這些資料蒐集在後續的資料處理方式，研究者可以以等距或等比變項屬性的統計方法分析，例如：家中孩童數、家庭收入、受訪者的就學年數、工作經驗年數……等，如果研究者分析，究竟哪些因素影響家庭的收入，此時就可以運用多元迴歸分析，針對上述的背景變項資料來掌握。

　　填充型問卷的優點在於，可以運用較深入的統計進行分析，以獲得較可靠的研究結果與發現。因為可以將資料視為連續變項處理，看出受訪者在該變項資料的一些數據趨勢。其缺點在於，受訪者必須填寫文字，可能會影響他們填寫的意願，而影響問卷的回收情形。

## （二）選擇題

　　選擇題是封閉型的問卷之一，但是它在選項上略有不同。有一些問卷題目設計是要受訪者僅選出一個選項者，稱為單選題；而有一些問題是要讓受訪者可以挑選多個選項，稱為複選題。選擇題是研究者設計的問卷中，在每一個題目之後，設計一些勾選的項目，讓受訪者填寫，這種問卷的形式包括了：(1)先前所提到的封閉型的問卷；(2)沒有等第的問卷；(3)成就測驗，在許多的成就測驗中，也是運用選擇題的方式讓受試者填答，以瞭解學生的成就表現情形。單選題的形式如：

1. 請問貴子女日常生活起居的主要照顧者？（單選）
　　□母親　　□父親　　□（外）祖父母　　□其他人（說明）＿＿＿
2. 請問您的父母親每天用於指導子女學校課業的時間數？（單選）
　　□沒有　　□45 分鐘以內　　□46～90 分鐘　　□91 分鐘以上

　　上述第一題是以沒有等第的問卷選項形式，這種問卷並沒有等第，主要在區分類別（見後續的分析）；而第二題則是有等第的情形。而複選題主要是期望受訪者可以對一個問題，提出更多的意見，便於意見的蒐集，因而設計此種題目，例如：

您認為哪一種原因會讓臺灣的社會更進步？（複選）
□國民參與民選官員的投票率愈高
□總統不要任意提出口號式的政策
□國民接受大學教育人口比率提高
□政府不再提供經費進行凱子外交
□政府對農民的福利政策更關心
□政府降低民眾的全民健保費用
□政府對企業強迫課徵污染稅
□政府在交通設施上，便於民眾使用

　　上述問題，研究者的研究目的，主要是對受訪者在某一問題進行重要性排序。然而研究者設計這種類型的題目，也應思考資料蒐集後的資料分析。首先，這種問卷的題目形式應該減少，因為複選題在資料登錄時，每一個選項就代表一個欄位，上例有八個選項就代表研究者所需要的八個欄位，如有勾選者以 1 代表，無勾選者以 0 代表，研究者應注意；其次，複選題的題目設計，在後續的統計分析，僅能對問題選項做加總，進行排序來瞭解受訪者對於此問題的重要性，並無法使用推論統計進行分析；第三，上述題目代表有八個題目在其中，也就是每一個選項都可以單獨成為一個題目，這有助於後續的統計分析，也就是可以進行描述統計及推論統計。這些題目可以調整為：

請您從下列各題中，選出會讓臺灣的社會更進步的原因。

　　　　　　　　　　　　　　　　同意　不同意

1. 國民參與民選官員的投票率愈高…………□　　□
2. 總統不要任意提出口號式的政策…………□　　□
3. 國民接受大學教育人口比率提高…………□　　□
4. 政府不再提供經費進行凱子外交…………□　　□
5. 政府對農民的福利政策更關心……………□　　□
6. 政府降低民眾的全民健保費用……………□　　□
7. 政府對企業強迫課徵污染稅………………□　　□
8. 政府在交通設施上，便於民眾使用………□　　□

　　選擇題還有一種變化的形式，也就是跳答題。研究者所進行的研究，在問卷設計時，有些樣本可能沒有經歷過，或沒有看過、沒有聽過、沒有參與過等，為了避免受訪者看到了問卷題目，有些題目卻無法填答，此時可以用跳答題方式讓受訪者填答，例如：

1. 您在國中求學時代吸過菸嗎？□有　□無（若無，請跳答第3題；若有，請繼續填答）
2. 您覺得吸菸會讓人心情舒服？□非常同意　□同意　□不同意　□非常不同意
3. 您認為吸菸有助於工作效率的提高？□非常同意　□同意　□不同意　□非常不同意
4. 您認為吸菸有助於交朋友？□非常同意　□同意　□不同意　□非常不同意

## 三、網路型問卷

　　受到電腦網路的影響，還有一種問卷形式是以網路問卷來對受訪者進行調查。它的設計是將研究人員的問卷置放於特定的網路之中，研究者依據母群體的特性，挑選出可以填答的受訪者。當然，研究者會提供一組網路密碼給受訪者，

受訪者上網之後，即可以看到研究者設計的問卷，受訪者直接填寫問卷即可。這種問卷設計是克服以紙本做為問卷的材料，例如：它可以節省紙張、郵資費用、蒐集範圍廣、更多便利性等，甚至已經將受訪者的資料先行登錄為統計分析檔案，不必在事後請人登錄資料，同時讓受訪者資料受到保密，不會像紙本填答，有資料外洩的疑慮。然而，這種問卷設計也有一些限制，例如：(1)受訪者一定要會使用電腦及網路；(2)受訪者一定要有網路帳號；(3)受訪者一定要有相當的教育程度；(4)受訪者可能重複的填答，除非對密碼有嚴格的設定。

上述現象也可能對研究樣本取樣有嚴重的限制，倘若要調查某一群體樣本，但因使用網路族群的樣本已設限，無法涵蓋更多樣本，此時就會讓調查的結果受到質疑。同時，受訪者可能有重複上網填答的問題，受訪者也可能由他人代答，也就是雖然只給受訪者一組密碼，但受訪者將他的密碼給其他人進行填答，也是不可避免。此外，網路填答還會造成同一時段上網填寫的流量過多，因而產生電腦當機的困擾。當然，更重要的是，如果網路問卷的資料庫設計不良，也可能產生被他人竄改，或是網路中毒，而讓先前所調查的資料毀損等問題。

以下就舉一個網路問卷的例子，如下：

---

○○教授鈞鑒：

為瞭解申請補助計畫之申請人，對於本單位廉政滿意度及行政效能評價，本單位與「□□調查公司」合作辦理問卷調查，期藉由您親身感受與實際經驗，提供建議，做為提昇服務品質及推展廉政的參考依據。

對於您所提供之問卷資料，我們將依據相關法律規定，絕對嚴守保密，並保證不提供其他目的之使用。隨文謹附上問卷網址，敬請惠予撥冗詳實填寫，對於您的協助，謹致謝忱。本次問卷調查內容包括：(1)行政效能滿意度、(2)清廉滿意度、(3)補助經費運用情形、(4)申覆、(5)具體改進事項與興革建議、(6)受訪者基本資料等六項，感謝回覆。

本研究的問卷連結：http://150.138.163.251/

如果受訪者無法連線，請至：http://70.258.177.254/

為避免非申請人填答，請您連結上揭網址後登入使用

帳號：a143；密碼：abdw

如問卷填答上有任何問題，我們非常樂意回答，敬請電詢：

本委員會　　陳小姐　　（02）○○○○○○

□□調查公司　陳先生　（02）◎◎◎◎◎◎

本電子信箱僅提供寄發本次問卷調查使用，並無其他用途，請安心作答。

敬祝　教安

++委員會

□□調查公司　敬上

中華民國○○○年○○月

## 四、郵寄型問卷與面對面受訪型問卷

　　另一種問卷類型的區分方式為郵寄型問卷與面對面受訪型問卷：前者是研究者將設計好的問卷，以郵寄的方式寄給受訪者，透過郵寄的方式回收問卷；後者是調查者拿著已設計好的問卷對受訪者進行調查，以瞭解受訪者在問卷題項的反應。郵寄型問卷的優點在於受訪者可以無遠弗屆、經濟、不耗時、樣本可以取樣較多，代表性易完整；其缺點為無法真正瞭解收到問卷的受訪者，是否真的填答了該份問卷、當問卷內容有問題及疑慮時無法隨時提問，同時也擔心問卷回收率偏低的問題。面對面受訪型問卷，可以掌握問卷填寫者是真正受訪者，同時問卷如果題意不清，可以隨時提出疑問，調查者也可以從填寫的過程中，掌握受訪者的心態及填寫問卷的感受。

　　總之，本章開宗明義就是要讓讀者瞭解，為何要使用問卷做為研究工具。研究中可以使用問卷做為資料蒐集，有數據佐證研究發現及理論，同時也可以做為理論建立的基礎；研究者若能善用問卷，也可以有較具體的研究發現。如果研究者擬以問卷做為資料蒐集的工具，封閉型、開放型、網路型的問卷，都是可以考量的工具之一。

# 問題與討論

## 一、問題

本章對於問卷類型區分為開放型、封閉型、填充型、選擇型、網路型、郵寄型、面對面受訪型等，是否還有其他分類方式呢？

## 二、討論

如以研究者的目的來看，問卷類型可以區分為市場調查型問卷、政策型調查問卷、學術型調查問卷，以及工作型調查問卷。這四種類型都有其不同用途，在設計的嚴謹度亦有不同，說明如下。

### （一）市場調查型問卷

它的目的在瞭解市場上某一種現象的現況或發展情形，例如：消費行為、產品在市場的分布、市場對於產業品牌熟悉度及其相關產品供需等。設計此類問卷常不需要學術理論與研究工具信效度，除非研究者做學術研究之用，否則對產業來說，設計者只要符合老闆、負責人、產業單位的需求即可。換言之，能夠瞭解市場對產品供需、產品被消費者接受程度、從消費者瞭解產品或企業需要改善的問題，以求取最大利潤即可。

### （二）政策型調查問卷

它的目的在瞭解政策執行的問題，或在政策規劃完成之後，想要瞭解國民對該政策的意見與接受程度，因此設計此種問卷時，不需要納入學術理論與嚴謹的工具信效度。除非是做為學術對話之運用，否則在問卷設計過程中，可依據執政者、行政機關首長、政黨領袖對政策所期待的需求及掌握要調查的項目即可。此種政策工具，在問卷編製完成之後，可邀請專家學者進行問卷審題（請見本書第六章），找出該政策所要調查的重點即可，在研究工具的信效度要求度並不高。

### （三）學術型調查問卷

　　它的目的在於研究者追求知識體系之建立，因而運用嚴謹的研究工具，蒐集資料，進行數據分析，最終目的是與學術對話，建立學術理論。它不僅描述現況，而且也有解釋社會現象的原因以及預測未來的功用，因此設計此種問卷題目時，需要具有嚴謹的學術理論、題目設計的類型、問卷設計流程的嚴謹，以及講求良好的研究工具信效度。設計此種研究工具時，也要評閱大量的文獻、提出問卷設計藍圖，並有嚴謹的問卷編製流程，在問卷編製完成之後，不僅要邀請專家學者對問卷審題，而且要運用信度與效度原理，建立具有信效度的研究工具。

### （四）工作型調查問卷

　　它的目的是在解決研究者或工作者的實務問題。工作者在職場或工作場域面臨工作問題、工作業務需求，或對於未來工作業務可能產生的問題時，可運用研究工具，蒐集資料，最終目的在解決問題。行動研究（action research）常有這類型研究工具的搭配。因此設計此類型的問卷題目時，不需要嚴謹的學術理論、不講求研究工具的信效度，問卷設計流程嚴謹度亦不高。在問卷編製完成之後，最多邀請專家學者對問卷審題，瞭解其內容效度，而研究工具的信效度常不包括在其中。

# 2 問卷設計經驗

☑ 為讓讀者可以瞭解問卷編製的實務經驗，本章邀請十五位編
過問卷的先進，現身說法分享問卷編製經驗。如此讓讀者更
能掌握，以問卷蒐集研究資料，究竟在問卷設計過程會遭遇
哪些問題、問卷編製需要注意哪些重點；透過經驗分享，讓
要設計問卷的研究者，可以避免時間浪費。

## 壹 系統性的思考問卷編製

基隆市信義區東光國小　那昇華校長
（國立臺北教育大學教育經營與管理學系博士）
基隆市仁愛國小　洪毓珺老師

若研究論文確定採用問卷調查法，那麼前三章是否能順利口試，後兩章能否
順利而完整地呈現，問卷設計是非常重要與關鍵。如果研究者無法克服問卷編製
的挑戰，筆者以過來人的經驗分享著重於系統性思維，包括：(1)如何形成問卷？
(2)如何尋找專家？如何有效地完成專家評定？(3)如何讓問卷設計後的施測順利？
(4)一些衷心的建議。

## 一、形成問卷的重點

### （一）挑選適合的學位論文參考

研究生採用問卷的態度可以區分為幾類：一是速成型。他們以前人最多引用
的版本或標準化測量工具（例如：向心理出版社購買）為主，努力取得對方首肯
後，僅需在論文後面附上對方同意書，這是較為經濟的做法；二是博採眾人智慧

型。研究者透過專家建議與指導教授討論之後，自行編製問卷，筆者又將它稱為愚公移山型，這個過程非常耗費時間、精神與體力；三是較少見的，筆者稱為獨創型。研究者是這方面專家，許多題目不但新穎，而且問卷題目具有創意，但這種問卷，筆者目前在搜尋難以發現。研究者若採用第二種類型編製問卷，抽空到圖書館或上網搜尋這些論文的蹤影，就非常迫切。基本上，手中握有數十本論文做參考，配合其信效度，還能發現許多研究有造假之嫌，在深入推敲後，問卷編製就更有概念。這時若有人提供諮詢或告知哪些論文比較好，對問卷設計則更有助益。

### （二）問卷編製的一些思考

編製問卷應思考以下幾個問題：一是題數多寡。在撰擬題項時可以在不同研究面向中增加一些題目，在因素分析時有較為充裕題數可供刪減，也可讓各層面的題數儘量維持均衡；二是題目敘述的正反思考。對初學者而言，使用太多反向題，可能會遇到不少數據解釋的困難，此部分要特別小心。換言之，最後解釋的錯誤會提高，建議以肯定的敘述句為主，除非要考驗填答者隨意亂填的情形，研究者可加入一、二題反向題做為檢視之用；三是問卷初稿與指導老師互動。在完成第一階段問卷雛型後，與指導教授確認內容相當重要的。細心的教授會花一段時間，以專業角度對題目做仔細審題，對題目敘述的用字遣詞之建議。

## 二、專家評定的部分

### （一）專家學者名單的取得

這部分要相當慎重，不可以便宜行事。往往指導教授有自己口袋專家的代表人選，若能事先向指導教授取得這份資料，那麼後續進度會很順利。當然，有些研究生透過平時結識的教育前輩，也是好的社會資本；另外，經由家人、親戚、朋友、職場或研究所同學的人脈搭上線，也是方式之一。

## （二）提高專家的協助意願

若已確定名單後，口頭徵詢是較禮貌的做法。現在電子郵件十分方便，有不少研究生採用這樣的互動方式，但依筆者經驗，教授較容易直接刪除，接受程度待考驗。若能斟酌付微薄酬勞更好，教授還滿少拒絕的。因為同在教育圈，拒絕太多次，教授名聲會被流傳，以後該教授指導的學生，要透過其他專家協助，情況也會相對受限。以筆者經驗而言，臺灣師範大學、臺北市立大學、臺北教育大學、新竹教育大學、臺灣海洋大學、臺北體育學院師培中心、彰化師範大學、成功大學的教授，均能在兩週內回函，而且鼓勵的話語不少。臺北教育大學的某位女教授，還曾特地打電話告知改寫的真正意涵，讓筆者有說不出的感動！

## （三）整合專家意見

回收大部分的專家意見後，再把每一題的原始題目與專家意見共同彙整後，就可以著手寫出較為理想、成熟的問卷。特別重要的是：專家評定問卷，最好再附上各變項的名詞解釋，使專家不會建議錯誤；提供給小學生的指導語，用詞要簡單、明白，儘量口語化；一個問題只問一個概念，不要出現兩個或兩個以上的概念；儘量不要用頻率副詞，例如：常常、很少、總是、偶爾，小心填答者無法以精確次數理解的語詞；背景變項宜考量填答者的基本程度，勿超齡使用成人用語；最後，父母或家人的背景變項，有性別與職業歧視的部分要禁止使用，以避免刺激學生的幼小心靈。

# 三、如何讓問卷施測更流暢？

## （一）前置作業

對於非教職、機關的行政人員，或沒有人脈的研究生而言，要以問卷對學校人員進行調查非常不容易。人脈很重要，研究者如要發放問卷，研究者應自問：人脈在哪裡？它是問卷設計後，是否得以順利實施的關鍵。此外，基本禮貌應兼顧，例如：回郵信封的確實填寫與郵票黏貼、贈與施測者或協助者正增強的有效物品、研究者希望回函的確切時間、施測過程的重點說明、避開別人公務可能繁

重的敏感時段，以及留下研究者最容易聯絡的電話等，凡事多一點用心，您所期望的正向回饋將更多。

## （二）收回問卷的後續作業

若研究者的回收問卷之後，就可以剔除亂填、漏填、少填或未填的問卷，再依編碼逐項鍵入軟體系統的基本選項。完成之後，瞭解電腦中有無登錄錯誤的資料相當重要，這是用以防止解讀錯誤資訊；如資料有錯誤，研究者仍進行分析，會讓研究成果毫無價值。

## （三）熟記軟體系統操作

研究者若能看書、獨自摸索各類統計分析的程式操作，是最好的情況。以筆者經驗而言，指導教授能接受錄影方式，同意錄下問卷分析的程式操作，研究者就可以在家練習；當然，請熟悉操作的學長，將操作過程以電腦圖檔方式逐步呈現，也是方式之一。

## 四、衷心建議

行文至此，若尚未進入論文寫作階段，建議有空多協助教授或學長進行問卷施測，透過實際操作，能更清楚別人成功與失敗的經驗，對自己未來的施測會有更多實質獲益。當然，多閱讀文獻、專書，以及參加各種測驗學會定期舉辦的系列付費講座，也是永續學習的作法。

## 貳 問卷編製態度──多與師長討論

臺南市政府教育局課程發展科　陳妍樺科長

## 一、紮穩問卷基本功

問卷調查法係從母群體中選取樣本，透過問卷蒐集樣本資料，以探討背景變項、中介變項及探討變項間相互關係的研究方法。理論上，研究者應具備編製問

卷能力，這種能力包括：

　　1. 在程序上，擬訂調查主題及方向、蒐集文獻資料、確立調查目的、擬訂調查問卷（專家評定問卷）、修正問卷（依專家評定修正）、預試（注意取樣及重複問題）、問卷分析（因素分析是否符合自己的理論向度，並進行信度估計）、確定正式問卷題目並編印……等。

　　2. 在內容上，注意指導語（目的、填答方式、保密承諾、回收說明、祝福感謝、調查單位）、問題選項方式（二分法、李克特法、排序法、開放式問題……等）、基本資料（確認目的並配合文獻探討，採用所需使用變項，宜採勾選方式）。

　　3. 在編製原則上，題目與調查目的應相符、指導語應說明調查目的、一個問題長度宜簡短（約在二十個字內）、用詞要簡明清楚，並避免使用專有名詞、肯定敘述（儘量避免反向題）、同一題目避免包含兩個以上概念、選項應周延及互斥（無法完全列舉選項時，以「其他」列舉）、題目排列順序應方便填答者思考、問卷資料需易於量化、統計及解釋……等。

　　然而，實際操作過程都是事到臨頭才深切體認箇中滋味，尤其筆者的專家評定問卷，遇到不同專家對研究架構有意見，此時有「剉著等」的感覺，還好指導教授經驗豐富，在尊重不同專家意見的前提下，指導筆者融合觀點修正之後，才能順利進行預試問卷的編製。

## 二、掌握三個依據及範本

　　所謂三個依據係指：文獻探討的理論、前人研究之問卷及專家評定，見張芳全（2013b）的《論文就是要這樣寫》一書（第三版）。雖然對問卷編製的程序、內容及原則不陌生，但是真要進入編製的門檻時，才發現若無參考範本及理論依據，可能會天馬行空，與筆者的論文漸行漸遠，無法運用。因此，在背景變項、中介變項及探討變項上，以相近研究對象及變項的論文範本（至少各三份以上），參考其編製問卷的理論依據或來源，並呼應自身論文文獻探討之理論依據予以定義各向度，例如：家庭背景變項分為：父母職業、父母教育程度、母親國籍……。母親國籍包括中國大陸、越南、印尼……，以及其他等，共九個選項。

## 三、變項與向度具體化

　　編製問卷感覺不難，但是如何將理論與題目前後呼應，進而在最少的題數內進行預試，並以最精簡的刪題產生正式問卷，理論面向的具體化，相關範本的參考，自身論文文獻探討向度的定義，這些前置作業的功課是否充足，都是關鍵所在。筆者以自身問卷為例，摘要說明如下：中介變項為社會資本，包括家庭支持、鄰里網絡、學校網絡、社會整合等四個向度，做為編製問卷架構。家庭支持係指家庭支持提供生理資源、環境資源及心理資源的自評；於是，題目具體化如下：「我遇到困難時，家人會給我需要的協助。」

　　筆者第一次編製問卷題目時，就每個向度的定義，欲罷不能地撰擬超過一百二十個題目（多編題目係為預留刪減空間）；果然，最後仍需刪減。於是，在專家評定問卷之前，筆者斟酌再三並參考同學意見後，將每個向度刪到剩四至五題，總數五十題，交由教授檢視與評估，指導問卷的修正語句。

## 四、專家評定問卷與預試

　　問卷編製係依據擬定問卷大綱、草擬問卷題目、修改問卷題目、建立專家內容效度、編製預試問卷、進行預試問卷之施測，以及修改成為正式問卷等步驟進行。因此，問卷題目擬定後，就要進行專家評定的建立。為提昇問卷內容效度及符合實務，請指導教授推薦六至八位專家學者，並就論文之研究領域，另外加入四至六位人選，先行以 email 方式（可逕至各任教大學服務的系所網頁下載），請教相關專家學者是否願意協助提供修正意見，經同意後寄出九份專家評定問卷，就問卷中的研究向度是否適合、題項是否可測量該因素、題項語氣和用詞是否適合等三個要點，內容是否具有代表性，進行專家評定問卷之鑑定。

　　專家評定問卷寄發內容應包含：以指導教授名義具名的邀請函（最好有回收日期）、論文簡介（二至三頁）、問卷及回郵信封（小禮物可視研究生狀況準備）。回收之專家評定評定問卷須製作成專家意見彙整表，並據以編成預試問卷。為讓中介變項及依變項的統計探討對稱，有專家建議宜採同樣題數編製；因此，筆者的預試問卷題數從五十題再度刪減為四十五題。預試問卷寄發對象為國

中生，於是筆者一一打電話請託各校校長、主任或組長協助發放，並說明對象、寄發方式及內容物。預試問卷寄發內容宜包含：研究者身分說明、研究題目、發放對象、寄發內容物及用途的信函（應有回收日期，間距約二週）、問卷、小禮物（學生及協助發放老師皆需準備），以及回郵信封（應註記調查之校名或自行編號，以掌握回收對象）。

## 五、正式問卷的產生

　　預試問卷回收後，應進行因素分析及信度分析，確認預試結果是否符合研究架構及研究向度。基於研究的理論依據及問卷設計前後可以呼應，所以因素分析及信度都有不錯結果，符合研究架構；預試後的題目刪減可謂不多，共刪減五題，成為四十題的正式問卷。當然在預試問卷發放與回收時，也應注意是否有研究倫理的問題，筆者發放問卷時逐一電話請託學校行政人員，獲得同意後方發放問卷。學校行政人員雖然同意協助發放問卷，但基於研究倫理考量，同時臺北市為首善之區，學生及家長公民意識較高，因此，問卷須獲得家長及學生同意後方能施測。

　　筆者的研究對象限於中國大陸及東南亞國籍新移民之子女，而學校提報教育局的新移民子女統計資料，尚包含歐美、東北亞及其他國家母親或父親的子女數；結果造成高回收率，但有效問卷率卻不如預期。在預試發現此現象，得以推估有效問卷率，因此電請學校人員協助發放正式問卷時，便先詢問符合研究對象之人數，避免在回收過程中為達到足夠有效問卷數而陸續加發問卷，以掌握更精確的發放份數與效率。

　　總之，筆者回想這一路走來，實在地將問卷編製應用於研究，教授的指導總在關鍵上發揮強大的扭轉作用，而同學的討論使得冤枉路變少，這一切歸功於指導教授有效的指導、同儕團體學習，始得能請益切磋，而順利完成問卷調查。

## 參 縱橫向思考——背景變項設計

大學入學考試中心研究員　趙珮晴博士

## 一、一個活生生的例子

　　有位立法委員候選人為了調查該選區人民所期待的候選人條件，所以設計一份問卷進行探討，當問卷正式施測時，有一位女士填到婚姻狀況時愣住了，因為該選項只有「已婚」和「未婚」，剛離婚的她，不知道該歸屬何者。而另一位先生則是在學歷方面感到困擾，因為他是四技二專畢業，而選項只有「高中、高職」、「大學」和「碩博士」，他不曉得大學是否包含四技二專；顯然地，以上的女士和先生對於該問卷的某些背景變項，似乎都感到不知所措。過了一段時間，等到全部問卷回收進行分析後，該候選人也頭疼，因為他想要瞭解不同經濟收入的人民，在福利政策有何看法；雖然他調查人民對福利政策的看法，可是卻忘記設計經濟收入這個背景變項，所以他不知道該區人民的收入狀況，也不曉得高低收入的家庭對於福利政策的看法是否有所差異和期待。

## 二、背景變項的功能

　　受訪者填寫問卷，幾乎都是從背景變項開始填寫問卷，研究者一定會有疑問：問卷背景變項的意義及其可以產生何種功能？以及適當的背景變項應具備哪些條件呢？背景變項在瞭解受訪者的分配情形、瞭解他們的分布，研究者可以從這些背景變項來掌握，該次樣本的調查是否符合了樣本的常態分配特性，以做為後續分析的基礎。如果樣本分配並未符合常態分配，此時研究者就應考量，是否將蒐集到的資料進行轉換，或者再進行第二次的樣本蒐集，以符合資料的常態性。當然，如果單純地認為背景變項只是想認識受訪者，所以以單選題供受訪者選擇，選項的多寡依研究者主觀認知設計，這樣的認知其實不盡周延，在資料回收之後會導致資料處理困難的問題。適當的背景變項應具備幾項特性：(1)研究者應列出與本研究有關的背景變項，不能盲目的列出，過多的背景變項，會造成填

答者有題目過多的困擾；(2)背景變項的選項應互斥，不能有重疊，重疊的選項會讓受訪者混淆；(3)儘量運用封閉型的選項，不用開放型的選項。如果背景變項不用選項式，留空讓受訪者填，會增加廢卷率的產生。

## 三、縱向與橫向思考

由上述例子可知，設計問卷的背景變項，必須做橫向和縱向性的思考，以免犯了類似的錯誤。所謂橫向的思考，就是每一個欲測量的背景變項要有足夠的選項供受試者填寫，而且每個選項能夠讓受試者理解其範圍，這樣受訪者才可以輕易地選擇到適合自己的選項，否則受試者多數都會忽略而不答，或者隨便挑選一個，造成資料不齊全和不真實狀況。

至於縱向的思考，則是研究者必須明確知道自己擬施測的目的，設計的背景變項是否足夠，因為到了問卷分析的階段時，通常是探討不同背景變項在不同的題目中是否有差異，例如：選購汽車態度調查問卷中，不同的性別在購買車子時，所重視的配備（諸如音響、衛星導航系統、座椅的材質等）是否一致，如果問卷沒有性別這個背景變項，就無法推測男女生是否對車子的配備有所差異，那麼汽車工廠就無法為男女生設計不同的車子配備，導致該問卷失去調查意義。

其實，研究者對於背景變項的設計，宜先作縱向思考設計再進行橫向思考評估，也就是先瞭解哪些背景變項需要調查，哪些是不需要調查的，研究者應有取捨，不可太多，也不可太少，接著再根據每個背景變項設計足夠的選項，而且選項的呈現可以清楚明白其設定範圍，這樣設計出來的背景變項才可以使後面的統計分析順利進行，達到研究的目的。

總之，在問卷設計中，背景變項看似最簡單，因為每份問卷都有背景變項可參考，諸如：性別、居住地、學歷、職業、婚姻狀況、家庭收入、年齡、家庭人數、政黨、宗教、教育程度、工作年資等，均可做為背景變項，比較具體易判斷，不像問卷的其他題目，不但不一定有可以參考的問卷，還要思考能否施測的假設抽象概念；相較之下，背景變項容易讓研究者輕易帶過，忘了做縝密的思考，可是偏偏在問卷分析時，都是從背景變項做為出發點，所以當背景變項選項不足或者項目不足時，就表示方向偏頗，自然無法順利達成研究的目的。

# 肆 問卷編製——趣味性與挑戰性

新竹縣關西鎮富光國中　莊梅瑷校長
（國立臺北教育大學教育經營與管理學系博士）

## 一、有趣在哪裡？

　　問卷調查法是常見的研究方法之一，究竟是何種原因，使得問卷調查深受研究者喜愛呢？其主因之一是它可以快速蒐集資料。然而，在快速蒐集資料背後，其實也有很多有趣又有挑戰的任務與學理在其中，研究者當好好掌握。問卷調查法是量化研究之一，藉由統計結果瞭解變項間的差異性及相關程度，所以研究者會依其研究需要，運用問卷方式進行研究。研究者從問卷編製到回收問卷，一直到分析出研究結果，是一件容易的事嗎？如果您有此種想法，那真是天真可愛。如果研究者正準備使用問卷調查法，請先檢視幾項可能會遇到的問題：

　　1. 研究對象為何？有填答的能力嗎？填答意願高嗎？

　　2. 問卷要如何發放？人脈夠嗎？

　　3. 是否要準備小禮物給填答者，經濟可以負擔嗎？

　　4. 專家評定效度回收率低，該怎麼辦？

　　上述問題，研究者是否思考過呢？這些問題是使用問卷調查最常見的難題，或許不知如何解決，或許已準備放棄使用問卷，在下決定之前仔細思考，就會找到想要的答案。實務上，並非所有的論文題目都適合以問卷調查進行研究，研究者在決定論文題目前要思考清楚，避免最後為了問卷而做研究，最後造成研究結果出現矛盾。研究者會認為，量化研究沒有質性研究來得深入，殊不知問卷編製過程相當繁瑣。問卷編製不是個人主觀想法所形成，是需要有理論做為支撐點，經過縝密的文獻探討，將與研究題目有關的理論詳閱，瞭解如何設計題目才可以測出研究所需的結果，以此為基礎做為問卷編製的理論來源。除理論之外，還要配合研究架構內容，將所有背景變項納入問卷內容，並依研究架構設計出相關程度的問題，才可以使問卷內容包含所有研究的變項。

　　在論文寫作的過程中，一份好的問卷決定論文結果的一大半，而問卷編製過程，信效度又是決定問卷價值的關鍵。研究構念的構念效度分析，因素分析主要的重點，也會是最令初學研究者害怕的部分。當 SPSS 跑出數據的那一刻，數字完全左右研究者的情緒，心情會隨統計跑出的結果起伏震盪，這就是論文最磨人的時刻。若身歷其境，一定會更深刻感受，問卷編製真的是有趣，又具有挑戰的學問。而這種趣味僅有編製者在過程中，才能深深體會。

## 二、挑戰在哪裡？

　　問卷編製完成，算是論文完成的一小步，接著就要進行專家評定，由專家學者評定問卷內容，透過他們的專業能力將問卷進行修改，達到更完美境界；就如美女需要化粧，為求好要更好、漂亮要更漂亮一樣。在寄出專家評定問卷前，最好事先以 email 與專家學者聯絡，先徵詢對方意願，在彼此尊重的基礎下進行專家評定寄送，會使專家評定問卷回收率會更高。回收後的專家評定內容，研究者需自行先整理，再針對各專家學者的建議與指導教授共同討論，進行問卷題目的文字修飾及題數增減。儘量不要把一堆原始雜亂的回收資料，直接就請指導教授修正，這種行為不是做研究的態度，當一一與老師討論之後，最後才完成問卷預試定稿。通常，從撰擬題目到完成預試期間，研究者要注意以下幾項情形：

　　1.問卷內容宜有清楚的指導語。它讓受試者可以清楚瞭解問卷填答的方式，因為並非每份問卷，研究者都自己到場施測。當然，有一份清楚明確的指導語是完整問卷最基本的要求，避免受試者因不瞭解問卷內容，最後變成無效問卷。

　　2.問卷內容用語能符合受試者年齡的認知程度。問卷內容文字力求簡潔與一目了然，每個題目僅含一個概念。如對象為國小學童，一定要用較生活化的用語，符合其語文程度，讓研究對象在看懂的前提下，來填答問卷會更好。

　　3.避免題數及頁數過多。研究對象願意協助問卷填答，已經很難得，過多的題數會讓受試者在填答過程中失去耐心，嚴重者甚有故意亂填的情形發生。為求問卷有高的信度與效度，在設計排版上，要求美觀大方，用最少題目包括所有的研究變項及研究構念。

　　上述為問卷從撰擬題目到預試過程，看來頗為容易，但是接下來要面對的更

大挑戰是信度及效度分析。筆者認為，它是整個問卷編製過程中，最困難的挑戰關卡，其分析結果正式宣告問卷的價值性、實用性、可靠性與可行性。問卷題目的信效度分析，有如達爾文進化論一般，適者生存，不適者淘汰。因此，在預試問卷回收後，別急著跑出信度與效度，第一要件請先進行次數分配，確定資料輸入的過程無誤，接著再進行效度分析。這關卡，除了分析的困難之外，更可以用研究者的內心接受到的刺激來形容，也並非有聰明才智就可完成，它需有專業的研究經驗配合才可以。

假如因素分析結果，與之前文獻探討所歸納的理論與研究架構具有一致性，會是件好事，代表問題編製得相當嚴謹，問卷當有一定的構念效度。如果分析結果題目偏離研究架構過多，甚至偏離的嚴重，因素負荷量又低，研究者此刻的心情，真是欲哭無淚，就得面臨刪題的動作。而題目究竟如何刪去也有學問在其中，此刻，除了天助、人助，只能求助指導教授或具統計專業領域者囉！因為指導教授經驗多，可尋求教授的協助來完成因素分析。待因素分析確定後，方可進行信度分析，才可獲得最正確數據。當整個信度與效度分析完成後，代表正式問卷編製完成，就可以進行正式施測。

總之，問卷編製有它的趣味在，同時在編製過程中，也會面臨到一些具有挑戰性的任務。研究者如選擇這種資料蒐集方法，當好好思考其中的難題。

## 伍 問卷編製的注意事項

基隆市中山區中和國小教務處　沈詩閔主任

學位論文主要在訓練研究生研究方法與寫作能力，從論文題目確認、文獻資料蒐集與探討、研究架構設計與實施方法、研究結果分析與討論，以及最後的結論與建議，每一個步驟對研究生都是新的嘗試與挑戰。如果沒有寫作經驗，加上沒有大量閱讀文獻，就很難引經據典、文思泉湧。即使研究者將文獻資料堆滿整個書桌，仍無法有系統地歸納出要探討的研究構念與面向意涵。如此一來，研究者除了浪費時間外，寫作壓力打亂生活作息，加上工作、班級級務或家庭瑣事羈

絆，導致論文進度停滯不前，可能會漸漸喪失對論文寫作的信心，甚至放棄碩博士學位。其實，寫作論文對筆者是件苦差事，尤其是問卷編製，經驗分享如下。

## 一、問卷編製之前──做好文獻探討

　　研究者要從無中生有編製一份問卷有其困難，所以文獻資料蒐集、探討紮實與討論面向的完整性，對問卷編製顯得格外重要。在第二章文獻探討部分，就研究主題廣泛蒐集資料，文獻引用要具有代表性，切勿只是資料堆積；在探討的研究構念與研究向度決定之後，再參考他人的問卷內容或自行設計題目，來編製自己的研究問卷。

## 二、選擇可以參考的問卷

　　參考他人的問卷題目，要挑選具有信度及效度的問卷為對象。實務上，先看該問卷是否具有構念效度，例如：⑴是否建立專家評定效度，表示該問卷內容經該研究領域學者的審題及提供建議，大幅提高問卷內容效度；⑵是否進行預試，所得資料是否做因素分析；⑶信度分析結果 Cronbach's $\alpha$ 係數值是否大於 .70 以上。符合以上條件者，代表問卷內容具一致性，可供問卷編製參考。

## 三、熟悉統計方法

　　當問卷題目草擬完成，再與指導教授討論每個題目是否符合文獻探討歸納的研究架構與研究構念。當研究者修飾文句通順及流暢性之後，再依正式問卷所需份數之比例發放預試問卷。預試問卷約為正式問卷份數的三分之一或四分之一。預試問卷回收之後，刪除無效問卷，接下來就是進行問卷的因素分析、信度分析，讓問卷內容一致性。研究者將有效問卷進行因素分析，筆者採用主成分分析法，再以最大變異法進行正交轉軸，以特徵值大於 1 者為因素參考標準，刪除影響因素成分題目，讓因素成分符合研究架構，提高問卷對研究面向的總解釋力。為進一步瞭解問卷可靠性與有效性，再進行信度分析，當 Cronbach's $\alpha$ 係數值大於 .70 以上時，代表問卷具有相當高的穩定性與精確性，可做為編製正式問卷之參考。

## 四、掌握問卷編製小技巧

　　筆者有一些問卷編製小技巧可供分享，例如：研究構念歸納出的向度數宜適中，太多或太少將會造成因素分析困擾。如果向度太少，加上題目設計內容無法聚焦，分析結果將會跑出很多因素，刪減題目時會造成各向度題數不均現象；反之，如果向度太多，各向度題目設計內容太相近，無法跑出研究架構的研究向度，造成因素太少，不符合預期的研究架構。一個研究構念以三到五個向度為宜，文獻資料歸納須再謹慎。撰擬題目應朝簡單、口語化進行；一個題目表達一個概念（例如：「我能面對教學遇到的問題」），切勿一個問題有兩個或多個概念，模糊了受試者直覺判斷；語句部分應具流暢性不要出現轉折現象（例如：「我會先檢視自己上課前的情緒」），讓受試者閱讀完題目後，能對題意表達最原始初衷，如此的問卷設計才能反應出受試者對題目的真實看法。

　　總之，論文是研究生在方法與寫作能力的重要學習。研究生應獨立完成論文，研究過程遇到問題先考慮各種解決管道，最好能組成一個研究團隊，針對問題先行討論，再與指導教授面談。研究生將事先準備好的解決方案或相關資料，與指導教授進行討論，才能達到事半功倍。簡言之，論文寫作訓練課程少，對研究生撰寫論文是極大挑戰，也是研究生論文寫作進度停滯不前的主因。筆者在研究所中，問卷編製並沒有相關課程可以學習，一年級修完高等統計學後，沒有進行問卷統計分析，也無法清楚瞭解各項統計運用；後來在老師指導論文與問卷設計下，讓筆者在問卷編製過程學到很多，這份經驗供大家參考。

## 陸　難忘的問卷編製經驗

國立高雄科技大學　林立紘秘書

　　在筆者論文的寫作過程中，有一個最深刻的感觸就是：「動手做！親身的經驗，確實是學習的最快捷徑。」雖然許多學校研究所課程中，問卷編製及其重要性，不斷地在課堂上、在老師嘴邊提及——舉凡問卷編製的流程、問卷編製應避

免的錯誤、問卷編製重點、問卷發放時機等，這些對研究者來說，應該感覺都不陌生；但是，真正要編製一份好的問卷，也就是將問卷編製的學習內化，卻是在研究者著手進行之後，才會真正感覺編製問卷的重要性與要面對的問題。

研究者一定會問：問卷編製很困難？很專業？要花很多時間吧？要怎麼下手啊？要如何進行？研究者對這些問題會產生疑惑、擔心與害怕。的確，研究者會在編製問卷之初，產生讓人佇筆苦思許久，遲遲無法下筆的感覺；然而，只要放棄那些無謂的擔憂，咬牙寫下第一筆之後，就會發現問卷編製並沒有那樣難。只要研究者肯踏出第一步，後續的學習及編製問卷過程，一切將逐步豁然開朗。

問卷設計的脈絡可以說是研究架構的擴展與延伸，例如：研究者在問卷題目中的第一部分「基本資料」，就是由研究架構中的背景變項發展而來，只要熟稔研究所要操弄的變項特性，就能夠迅速完成基本資料編撰；而問卷的第二部分或第三部分，則是依據個人研究架構的依變項來建構發展，研究者應掌握依變項中的各個構面，再由每一個構面特質來發展細項的問卷題目。當然，在問卷編寫過程中，善用雙向細目表、掌握一題一概念，仍是需要隨時謹記在心；如此，一份問卷草稿應可以呼之欲出，但是這時候才正是問卷編製困難的開始。

問卷編製也要與專業領域的老師討論，尤其在問卷草稿編好就應討論。此時，會發現儘管在課堂所學的編製原則與重點很多，但是囿於經驗不足與粗心，指導老師仍能指出問卷編寫的缺失；透過與老師互動討論的學習，才能領會問卷編製的細節。當然，專業領域的專家學者對問卷評定也是很重要的，它也是形成一份優質問卷的重要關鍵。因此，專家評定問卷一定要進行，專家回饋對提昇問卷效度有很大助益。至於要找哪些專家學者，可以請指導教授給與建議；研究領域的實務面專家也可以建議列入，畢竟實務性的專家建議代表受訪者的觀點與立場，有助於日後受訪者對問卷問題的理解，進而提高問卷的回收與提昇信效度。研究者在專家評定過程，遇見許多專家學者在百忙之中，仍願意細心審閱不成熟問卷，在問卷評閱後，仍多予勉勵，讓人倍感溫馨，增加研究者信心，這即是研究過程中的珍貴收穫之一。

發放問卷是讓人覺得困擾的工作之一，尤其對沒有任何人脈或資源的一般學生而言，會更傷腦筋。為能讓問卷回收率提高與增加有效問卷數，除了建議採用

「一單位一對口窗」做法,方便掌握問卷回收狀況之外,建議在受訪的時間、樣本數許可下,在聯繫發放問卷時,親自拜訪這些對口平台人員。畢竟見面三分情,透過面對面互動,有效提高對方協助意願。如果時間不允許,親自致電對口平台人員也是必要的。問卷發放,宜以發放單位為一袋,隨袋附上給對口平台人員的信函,並納入發放說明、致謝函及致謝小禮。這些小細節,雖耗費時間與金錢,但是能讓協助者感受到研究者的用心與誠意,對於提高問卷回收有一定助益。問卷發放後,接下來就是等待問卷回收。在一份份問卷回收之後,建議適時運用時間,隨收即編碼並登錄在電腦中,如此有助於縮短問卷登錄時間。

　　總之,問卷編製是一段美好的學習歷程。研究者從沒有問卷,到手中有一份可以信賴的工具,心情轉折變化非筆墨能形容,也是一段紮實難忘的學習之旅。因此,就怕研究者徬徨,使問卷編製駐足不前,只要嘗試執行,就會體驗到看似山窮水盡疑無路,其實轉個彎卻是柳暗花明又一村的美妙經驗,研究就是這樣有趣吧!

## 柒 做好專家評定與避免反向題

新竹市立育賢國中　詹沛綸老師

　　筆者在 2008 年曾進行基隆市國民小學的教育期望與生活壓力的調查,該項研究以問卷做為調查工具,問卷設計中撰擬了不少反向題,在施測後,發現受訪者有一些困難,以下就把該次問卷設計的經驗與大家分享。

## 一、如何做好專家評定

　　研究者需搜尋與研究主題相關之學者專家,通常在文獻探討後,對屬於自己研究主題的學者有初步概念,例如:研究主題偏教育心理學方面,宜找教育心理學方面的專家,教育行政、教育政策、公共政策、衛生、環保、交通、文化、社會福利等主題亦然。擬定欲接洽的專家學者名單後,與指導教授討論過後,便可擬定專家評定名單。

　　筆者認為，專家評定最好在一個禮拜內回收完成。專家評定之後還要發預試問卷、正式問卷，還有一連串的長期奮戰，因此時間分秒必爭，要把握時程，提高效率。以筆者的經驗為例：網路搜尋各專家學者之資料以後，為使統計方便，可擬成簡表，記錄各學者專家的姓名、電子郵件、寄送專家問卷紙本之地址、寄出時間，以及回收時間。列好之後，即可以電子郵件聯絡各專家學者，詢問是否願意協助進行專家評定問卷，以及專家評定問卷紙本要寄到什麼地方，事先告知較有禮貌。除非情況緊急，最好避免用手機聯絡，因為專家學者可能在上課、開會等等，突然致電打擾，可能會造成專家學者之困擾。根據筆者的瞭解，大部分的專家學者通常都有使用電子信箱的習慣，在筆者寄出的第二天，幾乎所有的專家學者都回信表示願意，回信的速度很快。

　　至於第一封信要寫些什麼內容，這是很讓人煩惱的，建議可以從以下幾個重點著手。第一個當然要先自我介紹，介紹自己的姓名、學校系所、論文題目，以及指導教授的大名。為什麼要寫出指導教授的大名呢？有些時候，專家學者可能會因為與指導教授熟識而更願意幫忙；第二個即要說明此信的目的，詢問老師是否有意願協助進行專家評定問卷，口氣要謙恭有禮，畢竟與專家學者素不相識，應該儘量把誠意及懇切的態度表達出來，可以用邀請或是拜託等詞彙請求專家學者協助；第三個就要進行專家問卷寄送的後續動作，信中可以這樣寫「若您願意協助，請問專家評定問卷是否寄到（該專家學者的服務單位）？」當然，您必須要先查好該專家學者在什麼單位服務（通常專家學者不會希望寄到家裡），並且在信中直接列出來，讓該專家學者只要回答「是」或「不是」就好，避免增加專家學者的困擾；最後別忘了留下自己的聯絡方式（電子信箱及聯絡電話）。

　　在等待專家回覆是否願意協助專家評定問卷時，建議可以事先準備好專家評定問卷、論文簡介、專家聘書，此舉可以節省很多時間，在專家回覆之後就可以馬上把專家評定問卷寄給專家。另外，有個小技巧要注意，不要忘記要附上一份回郵信封給專家學者，並且在回郵信封不明顯的地方做個標記，提醒自己這是哪位專家回覆的。筆者從詢問專家學者是否願意協助，到全部回收，共花了四天時間。

　　接下來的時間就要開始整理回收的專家意見，專家評定問卷意見彙整表需要

列出原始題目、各專家意見、修正題目。以代號表示各專家學者，並依照題目臚列專家學者的意見，可將相同的意見合併，讓專家學者的意見清楚地呈現。另外，可將專家意見關鍵字在問卷題目底下畫底線，有助於在和指導教授討論時，能夠快速進入狀況；與指導教授討論完畢，擬定修正題目，即完成專家評定！這時候的心情一定欣喜萬分，但請不要忘記回覆專家學者，感謝他們的幫忙喔！

## 二、問卷設計——避免反向題過多

在問卷題目設計的部分，除了參考以往相關研究的問卷題目之外，宜加入自己文獻探討後的心得與想法，才不會與先前的問卷題目如出一轍。當然，如果要完全引用別人的問卷題目也可以，只不過要事先徵求該研究者同意，並出具同意書。如果是自編問卷，提供以下經驗供參考：依照自己的研究架構進行問卷之編製，搜尋相關問卷，列出一些符合研究架構之題目，並加入由自己設計的題目為佳。接著與指導教授討論題數、向度是否有問題？如無問題即可交由專家學者評定。一開始列的題數不宜過多，筆者一開始每個向度設計二十五題，教育期望有三個向度，即有七十五題，指導教授認為太多，於是重新思考，哪些題目真正能夠測量出該構念，並考量研究對象為小學生，僅留下小學生能夠回應的生活情境有關之題目。最後修訂為各向度七題，教育期望共三個向度二十一題，以此為問卷初稿，寄給專家學者，進行專家評定。

在設計問卷時，筆者遇到一個很大問題，在設計問卷的文章，有提及避免反向題的概念，但因為生活壓力的問卷題目多為反向題，例如：「爸媽不瞭解我的想法」、「我聽不懂老師上課的內容」、「我有煩惱卻不知道要找誰說」，研究者為避免填答者作答困難，有事先考慮到反向題的問題，想要將全部的反向題改為正向題，實因部分反向題要改為正向題有困難，而且在以往的生活壓力相關問卷，也採行全為反向題的問卷設計，專家學者對此問題也無表示反對意見，因此研究者就以此問卷做為預試問卷。預試結果發現總信度尚可，但生活壓力各向度之信度偏低，雖已在正式問卷提高信度，但研究者究其原因，認為反向題的問卷設計是影響信度的重要因素之一。因此，欲進行此類型的問卷設計，要注意反向題的問題。雖然所有的生活壓力題目皆為反向題，但衡量小學生對反向題目的理

解能力，宜作慎重的思考。建議日後研究者，反向題可以改為「爸媽瞭解我的想法」、「我聽得懂老師上課的內容」、「我有煩惱知道要找誰說」，然後以「非常同意」、「同意」、「不同意」、「非常不同意」四個選項讓填答者勾選。

　　上述的經驗就是：問卷題目的撰擬最好不要用反向題，尤其是研究對象為國小學生或是國中學生。

# 捌　編製問卷的重要事項

基隆市七堵區七堵國小輔導室　柯淑慧主任

## 一、量化研究──問卷設計的煩惱

　　研究所進修時，大家最煩惱的事就是寫論文，從決定題目就得幾經思考與聚焦，定好題目又得斟酌研究方式要採量化研究，還是質性研究？決定量化研究之後，最頭痛的問題之一就是問卷編寫。一連串的煩惱，讓論文寫作顯得不輕鬆。

　　撰寫量化研究者總希望能找到完全可借用的現成問卷，理由很簡單：一來可避免絞盡腦汁編製問卷；二來可避免進行問卷的信度與效度分析，如此一來既簡單又省事。然而，事情往往不能心想事成，當找到某幾份研究的問卷時，總覺得它不能完全貼切的達到想要研究的核心。其實，沒有一份問卷能放諸四海通用，好似將 A 問卷的一至五題、B 問卷的十五至十八題、C 問卷的六至十題……，揉合起來可能好一些吧？因此，自編問卷就成了必要的事。

　　到底問卷編寫時要注意些什麼？如何編寫才能真實達到論文中想瞭解的實際狀況？筆者以自己編寫問卷，以及經常填答問卷的角度提供一些經驗，提醒未來研究者進行問卷編製時，需稍加注意之處。筆者認為編製一份問卷，要注意以下幾個要點，方可使研究切入核心探討且讓填答問卷者容易填寫。

## 二、問卷題目與文獻要呼應

　　研究生在撰寫研究論文時，總是萬般努力蒐集各家相關文獻探討以呼應研究的理論重點，最常發現的問題是整理了幾十篇研究，堆疊了許多他人的理論與研

究發現，但往往在編輯問卷時無法將歸納之文獻妥善運用於問卷之中，導致文獻探討與實際問卷無法呼應。

舉例而言：假設想要研究學生的運動參與與人際關係之相關，在文獻探討過程中整理各方研究，已歸納出「運動參與」探討面向應涵蓋運動頻率、運動時間、運動類型三大類，但是在真實問卷上，卻完全沒有問及學生一週運動多少天？每次運動長達多少時間？最喜愛或經常參與的運動項目是什麼？如此一來，研究中的文獻探討就白費力氣，自行編製的問卷沒問到想要瞭解的重點。因此，研究生在編製問卷時，切記文獻探討的關鍵重點要轉換成問卷題目，如此才能使研究貼近問題關鍵。

## 三、問卷題目的描述要清晰

既然已經瞭解問卷題目由文獻探討整理後，將關鍵重點內容轉換而來，接下來的重點是思考問卷題目的呈現。通常填答問卷的人最怕題意不清、不知所云，因此無從回答，導致空白不填答或隨便勾選答案，進而形成無效問卷或研究結果失真。問卷發出後，填答問卷者無法面對研究者針對題意不清者詳細詢問，研究者也不克對廣泛大眾詳細說明問題細節，因此問句的描述顯得格外重要。

舉例而言：假設研究問卷請家長填答，目的是想要瞭解家長參與學生的家庭作業狀況，A問句呈現：「請問小朋友的家庭作業是由誰教導完成？」B問句呈現：「請問家中誰是指導小朋友家庭作業次數最多的人？」以上兩句問句的目的一樣，假如問卷設定只希望一個答案，A問句較讓家長為難，容易填出複選答案。因此，題目的描述務必清楚，讓填答者能明確且立即瞭解，並能容易填答，如此方能使問卷結果真實且有效，避免過多無效問卷或誤填情況發生。

## 四、問卷題目選項要分明

問卷中每個問題的答案應具備文獻探討，統整過後的幾種合理選項以便勾選，且答案選項應該合乎常理，如此一來，問題答案的選項則需呼應文獻探討與現實狀況。

　　舉例而言：假設研究調查家長對課後照顧班的滿意程度，問卷中問及「我對課後照顧班所提供的餐點」，滿意程度依照5、4、3、2、1勾選回答，這一題讓家長找不到合適的答案可勾選的理由，因為少問了一個步驟：應該先問「我的小孩參加的課後照顧班是否提供餐點服務」（如填答「是」者請接下一題，填答「否」者請跳過下一題）。倘若缺少了這一個重要環節，可能導致家長在填答選項中，找不到合理的答案進行勾選。

　　因此，要瞭解，問卷中的問題應該是為了反映實際狀況而產生之調查，所以問卷問題應該是要多能掌握填答者可具體回答之選項，儘量避免問卷選項中出現令填答者無法勾選之答案。

## 五、問卷題數要適當

　　要提醒研究者，編製問卷應注意題目數量的安排。近年來，攻讀研究所的學生數量倍增，不管是家長、教師、行政人員或是產業公司職員，收到問卷機會與次數相對提高。大家都清楚，拜託他人填寫問卷不容易，如果問卷題數又多，讓答題者寫到一半就生厭或困擾，丟棄一旁不願再填答，回收就會產生困難了。

　　到底多少題數算是合理？抑或多少題數以上才會令人感到不耐煩？根據筆者多數同事在過往填答問卷的經驗反映，問題控制在三十題之內，是填答問卷者有耐心，且願意認真思考回答的範圍；超過三十題之後，多數填答者開始不看題目、不假思索地亂答，不是勾選中間選項就是非常同意（或非常不同意）。因此，題目安排就該思考同類型問題不要問太多，或者研究面向不要太廣泛，避免問題過多，導致填答者厭煩。

　　總之，上述經驗是筆者完成問卷編製，以及填答過無數份問卷後的心得感想，提供未來研究者問卷編製的參考，也提供問卷編製的思考方向，以利研究者順利編製問卷，進而有效進行研究。

# 玖 問卷設計心得──「問卷銘」

臺中市大里區大元國小總務處　林信言主任
（國立臺北教育大學教育經營與管理系博士）

## 一、問卷銘的體悟

編製問卷過程，在理論的本然與現實的應然之間要求得平衡，問卷編製要能精準測量到受試者的特質，筆者以過來人的身分，以「問卷銘」與研究者共勉：

卷不在多，有效則行，問不在深，適切則靈。編製題目，概念要明，認知上接近，語意忌不清，效度問鴻儒，預試無白丁，可以跑因素，$\alpha$ 信度，無構面之亂耳，無解釋之勞形，特徵大於一，因素予命名。教授云：「步步為營」。

編製問卷過程是以問卷調查法的論文寫作之重要步驟，也是理論通往實務的橋樑，更是研究者和研究對象之間的一場學術邂逅。研究者以第二章文獻探討為基礎，根據理論發展出研究架構，這時研究者必須將研究者定義的研究變項發展成問卷大綱，再由大綱發展成問卷題目，而問卷題目的形成，並非空穴來風。研究者須將來龍去脈交代清楚，題目常見來源包括量表和學術論文的自編問卷，其中量表有建立常模，擁有良好的信度、效度，自編問卷樣本較小，信度和效度良莠不齊，但無論量表或問卷，在引用時必須根據研究範圍限制，例如：研究者不能拿研究大學生生活的問卷對小學生施測，造成牛頭不對馬嘴；如果研究變項能夠參考的資料稀少，也可以旁徵博引類似概念的研究，有時會有意想不到的收穫。

## 二、問卷擬題的重點

問卷編製題數，以能完整蒐集資料為原則，題數過多造成填答者負擔，影響填答意願，連帶回收率不佳，題數過少則要考慮在後續刪題後，會不會造成向度

消失，或向度之間題目數的不均。當然，問卷題目撰擬也要考慮受試者屬性，不同受試者生活經驗及認知能力可能大異其趣。以學生為例，可請教學校老師對學生理解程度，或直接請學生指出題目是否有疑惑不清，或覺得困難的地方，提供研究者參考，找其他符合樣本認知能力的詞語來代替。至於問卷編製原則很多，例如：問卷必須中立客觀、題項必須維持兼顧周延與互斥原則、避免雙重否定題目及敏感問題等。

## 三、良好的專家評定

問卷初稿擬定完畢後，除了讓指導教授過目指正，為提昇內容的效度和切合實務，也可以徵詢學者專家和實務工作者修正意見。徵詢專家意見必須考量學術背景和專業工作，研究者可從國家圖書館論文指導方向及相關網站瞭解其學術背景。初次進行論文的同學，不禁要問：專家人數愈多愈好嗎？其實不然，一般而言，六到八位專家就足夠，而不同專家之間對問卷題目也可能意見分歧，這時應將個別專家審題的情形進行統整，可將適合、修正後適合及不適合的百分比製成表格。在與指導教授討論後，進行預試前最後的增題、刪題和修正。在內容方面，應該加入適當的問候語、指導語及基本資料；版面編排，則力求簡潔，使受試者一目了然，樂於填答。

依筆者經驗，許多任職大專校院的教授都有定期收發電子郵件的習慣，可以先以 email 先徵求同意，適時電話聯絡，切勿抱著願者上勾的態度。為了加速回收時間，除了說明回收日期，做好回郵準備，檢視郵資、回郵信封地址甚至貼好雙面膠帶，注重每一個小細節，可免去日後望穿秋水之苦。

## 四、必經的預試之路

預試是正式施測的前哨戰，從預試問卷的發放與實施，可以獲得許多寶貴經驗。進行問卷的因素分析，人數最好統計的最低人數，因為太少的人數在進行統計分析會有困難。此外預試的樣本應儘量和正式施測樣本性質相近，以提昇預試的品質，找出未來可能出現的問題，減少與正式施測時的落差。此外預試問卷施測時，重要指導語可以螢光筆再畫一次，減少錯答、漏答的情形，提昇有效問卷

比率。

　　預試問卷回收完畢，研究者可以先根據不同學校的事前編號，先統計好回收率，其次將填答不完整、不合理的問卷歸為廢卷剔除，將可用的問卷再進行編號，不同的類別變項亦進行變項轉換，建議不要立刻投入 SPSS 程式，而可利用 EXCEL 程式較好，不同學校設定不同欄位底色以便區分，甚至每五題就使用不同的底色，可增進輸入資料的速度，減少可能錯誤。

## 五、掌握信效度分析

　　問卷輸入完成後，為求謹慎，可先進行敘述統計分析，檢查是否有遺漏值或錯誤值予以更正，避免造成進一步分析困擾。為了要證實研究者設計的問卷，的確能測量到受試者某個潛在特質，釐清潛在特質的內在結構，能夠將一群具有共同特性的測量分數，抽離出背後潛在構念，就必須進行因素分析。其主要目的是把數個不易解釋，但卻彼此相關的變項，轉化成少數幾個有概念化的意義。

　　以筆者論文為例，因素分析採主成分分析法，以最大變異法進行直交轉軸，得到特徵值大於 1，代表因素具有代表性，在未進行刪題前，特徵值超過 1 的因素個數，也許可能超過原先設定的構面數，此時可以嘗試刪題，對於負荷量小於 .3 的題目可以先刪除；然而，也可能會出現對因素負荷量很大的單一題目，但卻沒有其他題目在相同因素之中，此時一個因素可能只有一個題目，離群索居的題目獨木難撐大局，無法形成一個構面，必須刪除。研究者偶爾也會發現，某些題目左右逢源，對兩個構面都有相當的負荷量，此時不一定以因素負荷大小為歸類依據，而應視其題目內涵而定，要特別注意的是，刪題時各因素之間題目應數量平衡，以免因素命名成為構面後，題目不均造成統計的困難。

# 拾　掌握問卷編製基本觀念 ✍

彰化縣竹塘鄉田頭國小　張樹閔校長

　　從筆者曾跑過十幾位同學的問卷題目因素分析中發現，有些同學一下子就跑出結果來，但是有些同學需要費一些功夫才能分析出來，此關鍵就在於問卷編製的嚴謹與否。問卷編製的好壞，決定未來統計分析正確性與研究結果的推論性。問卷編製可按照以下方法編製。

## 一、確定研究目的

　　問卷題目的選擇要配合研究目的而定，當初論文研究主題是新移民子女的生活適應與同儕關係研究，因此問卷搜尋應朝著兩個構念來找，一般配合新移民主題來找，可是在尋找時不一定要配合新移民主題，只要有生活適應與同儕關係這兩個構念即可。

## 二、決定問卷類型

　　配合文獻資料編製問卷，包含兩個形式：(1)基本資料：要看研究對象及研究主題而定，例如：研究對象為新移民子女，因此要探討性別、年級及背景資料；(2)研究主題的問卷題目的選項類型：大致分為五等量表或四等量表，依研究者的研究主題而定。

## 三、撰擬問卷題目

　　撰寫問卷題目可參考他人改編或有些自編，這些都沒關係，只要依照下列規定即可：

　　1. 用字淺顯易懂：題目的文詞應力求清楚明瞭，不要造成作答者誤解語意，而且用字要簡單易懂，儘量使作答者能節省作答的時間。

　　2. 每個問題只涵蓋一個觀念：一個題目只能提及一個觀念，以免作答者混

淆。例如：「我覺得媽媽能瞭解我的想法」，如果改成「我覺得媽媽能瞭解我的想法並且有同理我的見解」，就不適合。

3. 問題的選項應清楚界定：例如：「在一週中，爸爸平均給我零用錢（不含早、午餐費）有多少？□1～50 元□51～100 元□101～150 元□151 元以上」，此題如果金額混淆，易讓填答問卷者無所適從。

4. 不用假設或猜測的語句，例如：「我覺得家中每個人都很關心我」，它是以肯定句做為題目，如果出現疑問句，會造成填答者角色混淆。

5. 句子避免過長：句子太長會造成填答問卷者失去意願，沒有耐心且無法填完問卷。

## 四、專家評定及問卷預試

修正問卷之後，接下來就是要透過專家評定來改正自編問卷的缺失。專家尋找以指導教授認識名單或者相同領域的專家學者為主。在尋找專家時，先以email致意，以詢問是否有時間，如果同意再寄問卷給教授指正並致贈束脩。預試問卷回收登錄資料之後，透過因素分析來篩選不適宜的題目。

## 五、慎選樣本施測與收發問卷

在取樣時應考量其屬性。筆者的論文在探討彰化縣高年級新移民子女，因此以彰化縣高年級新移民子女做為研究樣本。預試問卷樣本數最好在二百份以上；正式問卷樣本數最好在五百份以上，如此樣本數量才能檢驗實證的品質。

當然在寄發問卷時宜準備一封簡函，或將簡函印在樣本問卷上。在發問卷時，最好簡函能夠把研究主題、身分介紹及相關資料都印製在裡面。寄發問卷務必當面交付問卷、電話請託、拜託諸親朋友或者自己當場施測，其中可選一種，筆者本身三種混合使用，效果頗好。對未寄回問卷進行追蹤，藉以催收問卷，問卷回收比例最好超過八成，達到研究的需求，如果無法完成就要辦理催收作業。

## 六、問卷編碼與統計分析

問卷回收後，看一下問卷填答狀況，如果填答不理想或遺漏就捨棄，等待檢

查完成之後，對有效問卷再編碼。接著輸入數據進行統計分析，在進行因素分析時，考慮每個構面向度的合理性，往往刪除一些不適宜的題目，直到與構面向度吻合。因素分析完成後，接著要考驗信度，當信度達到 Cronbach's $\alpha$ 考驗所得問卷$\alpha$係數為 .70 以上，顯示內部一致性高，信度佳，足以支持研究結果。經過因素分析及信度考驗後，問卷即可按向度重新組合來編製正式問卷。

　　總之，問卷產生必須千錘百鍊、費盡苦心，這樣問卷才會有生命、有價值，否則為統計而做出問卷，就沒有可看性。

## 拾壹 研究問卷編製心得

基隆市中山區德和國小退休主任　許文耀

　　如果將做研究比喻成一個人的話，文獻就像人的頭腦，研究架構如同身體軀幹，問卷則像靈活的四肢。論文有了一個好頭腦，能針對研究問題反覆思量、深入地探討後，可以說是找到正確方向。然而，文獻探討可能是一回事，問卷編製又是另一回事，因此，研究架構應先釐清。研究架構是研究者為了進行問卷設計鋪設的主幹道，就像是人體的軀幹。研究者確定了研究主軸後，接下來是如何蒐集資料的問題，問卷就發揮如同人體四肢功能，四肢活動力如何，技巧良窳可能成為影響一份論文成敗的關鍵。

　　首先，應審視文獻內容。研究者參考先前研究者做過的研究，仔細探討先前研究討論過的層面，並且加以統整、聚焦，去蕪存菁，確定方針，才能使研究不會像在大海撈針、漫無目標、失去焦點，甚至雜亂無章。其次，編製一份有效的問卷，許多細節需要加以注意，以下就筆者的經驗加以說明。

## 一、蒐集前人良好的問卷

　　前人的研究在不同的時空背景下，與研究者現在想瞭解的問題會有所不同，研究層面也不盡相同。然而，與研究主題相關的問題仍然大量存在，因此蒐集前

人的研究問卷，不失為編製問卷的重要參考依據。經過文獻的探討後，研究者的問卷應會聚焦在某些特定問題上，先形成問卷初稿，再與指導教授做更深入的探討，以編製成一份問卷。

## 二、問卷題目要精簡明確

一份好的問卷要能問到問題的核心，精練的文字是必要的，問卷題目要讓受試者一目了然，完全瞭解題意，可以很明確地在各選項間做一決擇，不會有不知如何下筆勾選的情況。當然，答案選項宜用偶數為宜，採用偶數等分量表不失為好的分類方式。某些五等分量表問卷，當受試者遇到一些問題刻意不想表達正反面意見時，則多選擇中間選項，例如：「符合」、「沒有意見」……等，如此容易讓研究結果失真、統計結果空洞化。

## 三、每個題目只呈現單一概念

題目不應讓受試者產生混淆概念，例如：「老師在指定作業時，會參考家長或學生意見。」這命題至少包含家長與學生兩個不同層次，如果受試者認為教師會參考家長意見，而不一定會參考學生意見，這題目就會讓受試者不知如何作答，甚至被迫只能隨意勾選其中一個答案。

## 四、題數合宜與內容不應重複

筆者曾經填過一份超過百題、共有五頁以上 A4 的問卷題目，筆者起先還能耐住性子，一字一字地仔細推敲，可是每翻過一頁就看到「背面還有試題」，會突然不太想再繼續填下去，加上題目又有些雷同性，填到後面覺得，某些概念似乎在前面就已經問過的感覺，這樣問卷填答的真實性就有點令人擔憂。

## 五、注意正反向題目的運用

某些問卷中同時包含正反向題目，有些研究者設計某些反向題目來剔除亂填的問卷，但如此設計在統計時必須注意，反向題應先作轉換，以免誤用統計數字。

## 六、指導語清楚與概念定義明確

　　一份問卷是經過研究者嘔心瀝血的辛苦結晶，但填答者對於問卷的內涵瞭解未必如此透澈，而且可能對於研究者所要探究的主題，在定義的解讀各有不同。因此研究者最好能輔以文字說明，讓填答者更快地瞭解問卷內涵，不致誤會題意及誤解研究者之定義。

## 七、信效度估計確保可靠性

　　研究問卷不同於坊間的消費者意見調查表。從事學術研究要有嚴謹的過程，問卷的信度與效度如果不佳，甚至沒有做過預試，沒有做過信、效度考驗，恐怕都禁不起學術的檢驗。有些問卷沒有經過嚴謹的信度、效度考驗，就據以形成研究結果，後來的研究者如果不察，繼續加以引用，可能造成一連串的錯誤，甚至任由謬誤的論點充斥。

　　最後，問卷的實施、發放、回收及處理應注意細節，確保問卷品質。茲舉例如下：

　　1.問卷實施前應先規劃發放對象，預先構想發放、處理、回收流程，連絡各校協助者，取得認同有助於問卷回收，以免有所遺漏。

　　2.發放問卷應附加說明實施流程、感謝語，若有教授或受人敬重的長官推薦信更佳。各校受委託代為發放問卷者多為該校行政人員，受託者亦需向受試者說明、解釋施測過程、注意事項，代為處理回收等事宜，研究者應懷著感恩心，感謝他們幫忙。

　　3.為問卷填答者準備簡單文具、備妥回郵或回收信封。如此有助於問卷填寫，對於問卷回收率也有助益。

　　4.問卷應有足夠處理時限：研究者常急於得知研究結果，從發放到回收問卷時間太短，容易造成受試者及學校壓力。問卷填答者大多有許多事務，難以在很短時間內完成，因此應有適當的處理期限。與其得到一份隨手亂填的問卷，不如給與充裕的時間，更能收到較佳效果。

# 拾貳 掌握問卷編製的落差

基隆市七堵國小總務處　陳冠蓉主任
（國立臺北教育大學課程與教學研究所博士）

## 一、問卷從何而來

　　關於問卷的編製，建議研究者可以先參考相關論文問卷的題目，參考他人的題目有助研究者進一步瞭解哪些問題適宜、哪些問題可能過於繁瑣；由他人的問卷中，也可以讓研究者去思考關於自己的研究，哪些問題他人做過，而自己的研究情境中也頗適合，這些問題就值得參考。尤其在經過閱讀他人的問卷題目後，研究者可以省去思考此類論文題目較一般性的問題，也就是經由他人問卷，可以尋找出，並加以修改的問卷題目。建議研究者，從他人的問卷題目加以尋找、修改的用意，也許對他人的研究而言，適切的問卷題目不一定適用於研究者所欲研究的對象，若研究者能利用研究情境特殊性，加以改善他人的問卷題目，如此一來，研究者的問卷題目將更適宜研究對象。

## 二、問卷如何編製

　　進入研究題目的編製之後，一定有些問卷題目是研究者一開始就認為非要不可的；有些題目，在當下也許研究者尚未想到，但經過閱讀他人問卷的題目，開始有更清楚的想法；因此建議研究者將這些問卷題目一一書寫下來，以便日後成為正式問卷的題目。值得注意的是，研究者所認為適切的這些問卷題目，可能相當繁雜，因此分門別類相當重要。所謂分類就是將題目的重點依大項區分。以鄉土教學現況的研究為例，如果要探討教學現況，就必須設計能調查出教學現況的問卷，而現況調查可以從幾個部分得知，諸如教師的教學態度、教學之專業能力與訓練、教學實際落實程度等，由這幾個骨架去瞭解教學現況。研究者事先預設好的一些問卷題目，就可以依上述三大項分別擺進去當子題。

　　當研究者把事先預設好的問卷題目，一一插入各項主題後，會發現有些主題

的問卷題目特別少，這時建議研究者再深入思考自己研究論文的文獻、研究架構及研究對象，試著從這些現象找出問卷題目。當研究者之問卷初步設計好之後，不妨將問卷題目邀請同學過目，並提出意見；或先將問卷內容給與研究對象站在受試者的角度指正，以避免研究者陷於自己研究的瓶頸，使得受試者認為問卷題目，無法切中受試者需求；藉由同學或實際現場的人給與指正，會對研究者的問卷有進一步的幫助。

## 三、專家評定問卷

問卷宜邀請學者專家評定，以增加問卷效度。提醒研究者，學者專家人數一定要單數，此考量是當某試題，有三位學者專家認為適合，但另外三位學者專家認為應當刪除，此時研究者即難以取捨；邀請單數位學者專家有助於當學者專家的意見正反各半時，能有關鍵的一票以決定試題是否留下。研究者在進行專家評定時，切記一定要比預計回收時間提早二至三週回收問卷，亦即倘若研究者預計在三月跑完專家評定，那麼一定要在一月發出專家評定問卷，以利二月回收，否則，研究者最晚也必須在三月催收問卷完畢。畢竟，學者專家的行程是非常緊湊，萬一因為事情太多，忘了填問卷並繳交予研究者，會擔誤到研究者未來預試及正式問卷的進行。

## 四、預試問卷上場

預試，通常很令研究者期待，對多數研究者而言，這份預試問卷可能是生平做過最正式、最學術的問卷。筆者在預試遇到很大瓶頸，因為研究者設計的時程，可能是你認為適合，但不一定他人能夠做到。以筆者為例，預計在十月發下預試問卷，十一月回收，照理來說，一個月時間，對筆者的研究對象小學教師不是難事。事實上，別人行程非為你設計，因此筆者預試足足等了二個月又一週才回收完畢，接下來還必須將問卷資料編碼，輸入電腦、跑程式，過程實在很緊張。建議研究者將研究進度逼緊一點，若原先預計十一月回收問卷，可以提早預計至十月回收。換句話說，原先預計十月發下的問卷應提早至九月就發下。如此一來，研究者就比原先預計的研究進度有充裕時間等待問卷。許多研究者給自己

很多正當理由，例如：問卷題目編製太繁雜，編製問卷能力尚未建立，沒有辦法提早將問卷設計出來，更無法發出預試問卷。事實上，如果有畢業壓力，你無法強迫自己把問卷「生」出來，你就註定繼續拖下去了。

## 五、正式問卷來囉

如果你已經走到正式問卷這一步了，那可就大大恭喜你。如果問卷順利回收，接下來，只靠研究者努力，就能完成研究，不再需要正式受試者、預試受試者、學者專家問卷回收配合。跟預試問卷一樣，建議研究者寧可選擇倒吃甘蔗、苦盡甘來，也不要逞一時之快、遺患無窮，一定要把研究進度緊逼，比預計回收正式問卷時間，再早一個月回收問卷，讓自己未來分析問卷的時間更充裕；除非研究者有把握正式問卷一定能在預計回收時間準時歸來，但通常這不可能。即使認為你的研究對象有非常足夠時間完成問卷，事實上，這些問卷永遠不可能準時回收。所以回收正式問卷有一個非常重要的竅門，就是不厭其煩的催收。催收問卷態度要謙和，做過三次催收動作，問卷回收率會比較高，如此一來，研究結果較有參考價值，研究者千萬別忘了催收問卷的關鍵動作。

## 六、感恩致謝

筆者認為，除了口頭感謝這些協助研究者問卷的人之外，小禮物很重要。現在研究論文大量充斥，同理多數受試者每年都有填不完的問卷。筆者認為，適時適宜的小禮物是很重要的物質酬勞，畢竟沒有人該配合你的研究填答，無論這份問卷對研究者是否有效，小禮物是一種感覺，而非一種貴重獎賞。無論如何，研究最重要的研究價值，非禮物大小與否，只要研究者確守研究倫理，相信任何研究都能帶給該領域最適切的參考價值。

# 拾參 完整的問卷設計歷程

桃園市龜山區大湖國小　黃慶化主任

　　如果以問卷調查法蒐集資料撰寫的論文，研究計畫擬定，包括研究目的的意義、價值與原創性，以及是否依據研究目的提出適當研究問題，是否能依據理論基礎及彙整研究結果提出研究架構，並依此提出自變項與依變項之面向意涵，能否運用適當統計方法進行資料處理，這些都與研究方向、研究架構完整性、研究變項深度和廣度有關。然而，究竟結果是否具客觀性，問卷設計具有關鍵性影響，也是導引研究結果的價值性與研究品質良窳。筆者以論文撰寫歷程，分享問卷設計心得，說明如下。

## 一、依據文獻探討歸納研究構念

　　依據文獻探討歸納研究架構自變項與依變項之面向，使研究內涵具備理論基礎，強化說服力，同時兼顧實務研究結果，提高研究實用性。據此，不僅指引問卷設計方向，更可由面向意涵規劃問卷題項內容及尋找可供參考之問卷，提供研究者設計問卷，建構清晰問卷架構與面向。這是問卷設計的基礎概念，若忽略此歷程，問卷設計不僅無理論與實務支持，更可能使問卷內容低價值及空洞化，降低問卷的代表性與解釋能力。

## 二、據研究目的與資料處理方式決定問卷類型

　　問卷類型分為開放型與封閉型，研究者依據研究目的與資料處理方式決定問題類型。筆者在研究中依自變項與依變項向度所設計問卷題項均為封閉型問題，即在題項中提出詢問，受試者由「非常同意」、「同意」、「不同意」、「非常不同意」四者，勾選可表達自己感受的選項，其結果既可滿足研究目的，具體呈現待答問題所欲瞭解的結果，可由規劃之資料處理方式進行資料分析。問卷結尾另提供開放式意見欄，不僅可彌補調查項度不足，而使結果偏頗，亦可透過受試

者提供具體可行意見給與教育主管機構參考，可供後續研究者繼續研究的動機與進行問題的探討。

## 三、彙整研究面向與編製問卷題目

　　對多數初次以問卷為研究工具之研究者而言，問卷編製能力不足以掌握要領與原則，常需借用或參考其他研究使用之問卷，在已具有的信度基礎，提高問卷公信力。一般而言，標準化量表與研究設計變項意涵和向度相符，研究者徵得原設計機構或學者同意後即可援用，不僅問卷具有信度，亦省去問卷編製時間。筆者編製研究工具即是如此，蒐尋與研究相關之學位論文，選擇信度較高的研究工具（$\alpha = .70$ 以上，愈高愈佳），整理問卷架構之向度與研究向度相符者，將其問卷題項置入問卷題項來源彙整表，每一向度置入與研究向度相符之不同學者調查工具題項，依據研究變項向度意涵進行題項保留、修正或刪除，此結果完整呈現於彙整表，使問卷題項引用來源完整呈現，此亦可檢視研究者編製問卷適切性。另外，並非所有引用學者問卷向度題項，均可完整符合研究變項意涵。研究者可依變項向度未包括部分自行設計問卷題項，使問卷每一向度題項能完整的準確測量。

## 四、依據問卷設計原則修正問卷題項內容

　　問卷題項來源彙整之後，筆者以為問卷題項應可完稿，但經指導教授指導後發現，許多問卷題項雖然符合向度意涵，但未依問卷設計原則致使闕漏仍多，張紹勳（2007）認為，編製問卷原則為：(1)問題要讓受訪者充分瞭解，問句內容不可超出受訪者之知識及能力範圍；(2)問題是否切合研究假設之需要；(3)要能引發受訪者真實的反應，而非敷衍了事；(4)問項是否含混不清，易引起受訪者的誤解；(5)問題是否涉及社會禁忌、偏好；(6)問題是否產生暗示作用；(7)便於忠實的記錄；(8)便於資料處理及資料分析：包括編碼（coding）、問卷資料鍵入（key in）到電腦檔。

## 五、邀請研究領域學者進行專家問卷評定

　　問卷題項初稿完成之後，即設計專家評定問卷，其中，每一題項初稿除由專家勾選保留、修正或刪除之外，以開放式欄位提供專家對每一題及每一向度提出具體建議。研究者可參酌專家意見修正問卷題項初稿，讓問卷向度及題項內容確切符應變項及向度意涵。接著，邀請與研究領域專長之學者協助進行專家評定問卷評定。筆者在調查問卷初稿完成後，蒙指導教授協助勾選具有與本次研究領域專長之學者名單，裨助問卷題項產生斧正之效。專家名單確定後，透過其服務單位網頁得知電子郵件帳號，依此發送邀請擔任問卷效度評定之專家，獲得十三位專家協助，讓問卷設計順利進行。郵寄專家評定問卷，隨函附上指導教授推薦函，表達對受邀專家敬意。因此，研究者若因覺繁瑣而省去專家評定步驟，將使問卷內容失去由不同層面檢視機制，使問卷工具的信效度降低，進而失去研究價值。

## 六、參考專家評定結果修正問卷題目

　　專家評定問卷寄回之後，接著依問卷題項分別標示不同學者對該題項的建議內容，依題項順序製成專家意見彙整表。由回收問卷發現，由專業與實務觀點提供不同建議。研究者是否採納其意見，設定採用基準為何？對非專精於問卷設計的筆者而言，時而產生困擾。對此，研究者對建議相同且符向度意涵者即採納其意見，修正問卷題項；對同一題項建議不同者，筆者採用符合向度意涵之建議；至於仍無法決定者，透過指導教授協助與指導，審視本研究目的與個殊性，就討論題項之適合度評定內容效度，加以增刪修正後，完成預試問卷。

## 七、依據研究樣本取樣原則進行問卷預試

　　預試樣本抽取方式依研究目的而異，筆者的研究採分層抽樣原則，以學校規模大小為分層基準，抽取學校和份數。此一分層方式較易判斷，且可由教育局下載學校基本資料，瞭解教師數與學校班級數，對寄發問卷前之聯繫與樣本數量有極大助益。樣本的決定應是隨機的，但是偶有學校幫忙意願較低或各校聯絡人無

法依職務不同隨機取樣之困難，致使隨機原則無法完全達成，此乃筆者仍須設法改進之處。預試問卷發放與回收順利與否，各校聯絡人成為關鍵，筆者除與之密切聯繫外，並隨函寄送問卷發放方式，提供聯絡人取得不同職務之受試者樣本，並能依期限完成預試樣本調查。

## 八、問卷預試進行因素分析與信度檢核

在預試問卷回收後，進行問卷資料處理，進行因素與信度分析，以考驗問卷信度。因素分析目的在求得問卷的構念效度。筆者進行因素分析採主成分分析法，再以最大變異法進行正交轉軸，以特徵值大於 1.0 為因素參考標準。因素分析之後，刪除不適宜題項與抽取因素的命名，成為研究者很大的考驗。在此過程，某些題項因素負荷量過高，反而導致其他題項因素負荷量大於 .5 者較不集中於某一因素中（也就是僅有單一題目的因素負荷量高，但其他題目則很低，一題無法單獨形成因素，所以必須要刪除），致使特徵值大於 1 的因素較少，當刪除後，特徵值大於 1 之因素反而增多，其技巧須經多次操作後方能熟練。信度考驗為進一步瞭解問卷可靠性與有效性。當 Cronbach's $\alpha$ 係數值大於 .70 以上為佳，如此使問卷具有相當高的穩定性與精確性。研究者在此過程較為擔憂的是：當 $\alpha$ 係數值小於 .70，它不僅影響穩定性與精確性，更甚者，問卷須重製方能改善此一問題，對研究者是一大打擊。

總之，問卷設計須經繁複過程，每一步驟不僅符應研究目的，呈現研究個殊性。透過專家學者評定、因素分析與信度檢核，提高問卷信度與效度，有助支持正式問卷調查結果信度與效度，使研究結果不僅有意義，亦有學術與實務價值。

## 拾肆 回首來時路──一個例子

桃園市新屋區永安國小　姜禮琪校長

進行研究較廣泛被使用的是問卷調查法，探究原因有以下幾項：首先，它打破了時空限制，可以經濟有效的縮短研究時間，減少金錢花費；其次，填答者可

在自由的情境完成，不像訪談法有著被記錄的心理壓迫感，既不需事先準備，也無須刻意安排時間；第三，使用問卷調查對受測者的隱密性，在填答時不必擔心被對號入座的疑慮。此外，隨著統計方法的進步，統計套裝軟體被廣泛使用，被視為複雜的比較分析，經由電腦運算後可輕易的轉變成明確的數據及圖表。基於上述理由，筆者在進行桃園縣教師知識分享與教師專業成長之相關研究時，運用問卷調查法做為研究工具。以下說明問卷編製的經驗。

## 一、問卷編製的流程

　　筆者為探討桃園縣教師在知識分享與教師專業成長之關係，參酌相關文獻後，修定「桃園縣國民小學知識分享與教師專業成長調查問卷」。本問卷第一部分為基本資料，第二部分為「桃園縣國民小學知識分享調查問卷」，第三部分為「桃園縣國民小學教師專業成長調查問卷」。問卷編製的步驟，可分成以下幾個步驟。

### （一）蒐集相關資料、擬定問題大綱

　　由文獻探討歸納出桃園縣國民小學知識分享與教師專業成長之研究架構，以此架構擬訂問卷大綱。知識分享內容，分為分享個人知識、分享教學技能、分享學習機會及促進學習動機等四個向度；教師專業成長內容，分為教學技能、班級經營、研習進修、專業態度及人際溝通等五個向度，做為編製問卷的架構。蒐集相關研究之量表，參考其研究工具之信效度，以做為編製問卷參考之依據。

### （二）擬訂問卷題目並建立專家內容效度

　　參考相關文獻後，依據問卷大綱及修訂相關研究之問卷完成問卷題目，並與指導教授就整體問卷設計進行討論、交換意見，反覆修正完成，編成問卷之初稿；也請教授提供專家學者名單，針對本問卷內容是否具有代表性，題目的意義及敘述是否明確，填寫專家評定問卷。接著，整理學者所提供之意見，形成專家評定審查意見彙整表。

### （三）編製預試問卷及擬訂填答計分方式

經過指導教授與專家意見修正後，挑選專家認為適合與修正後適合比率達 80%以上之題目予以保留，其餘刪除，最後編成「桃園縣國民小學知識分享與教師專業成長調查問卷」預試問卷進行預試。筆者的問卷由受試者依據實際的知覺與情形，予以填答，本問卷採用四點量表，計分方式分為「非常符合」、「符合」、「不符合」、「非常不符合」四個選項，分別給與 4 分、3 分、2 分、1 分。接著分別計算每一題項之得分，再將本問卷各向度及總問卷之得分做累加統計，得分愈高代表其知識分享與專業成長知覺愈高。

### （四）進行預試問卷之測試

預試量表完成後，選定對象進行預試問卷之測試，以統計套裝軟體進行因素分析與信度分析，以考驗預試問卷的信效度。先進行因素分析，對跑離原建構向度及內涵較不適當者予以刪除，接著，以 Cronbach's $\alpha$ 係數考驗本問卷各向度與總量表的內部一致性，當 $\alpha$ 的係數為 .70 以上，顯示本問卷內部一致性高，信度佳，足以支持研究結果。最後依據因素分析與信度分析的結果，將題意不明、文句不順或題型不當者予以修改或刪除，一份嚴謹的問卷終於大功告成。

## 二、問卷編製的困難及解決之道

### （一）填答說明不夠具體讓填答者摸不著頭緒

筆者對研究主題進行文獻探討已經有深入瞭解，但對於初收到問卷填答者來說，因為研究主題陌生，故在問卷填答前應敘明清楚，當然讓填答者對研究變項定義、範圍及研究意義及價值清楚，這樣填答者較會仔細作答，無效問卷相對會較少。

### （二）一個題目一個概念與文句力求清楚扼要

在編製問卷之初，滿懷抱負絞盡腦汁編製題目，深怕問卷內容不夠水準，用詞不夠學術。經過教授討論之後發現，很多觀念的錯誤，反而會使問卷陷入咬文

嚼字的文字遊戲，失去問卷的真正目的。一個題目應只包含一個明確概念，題目要表達的訊息要明確、避免抽象，用字簡單清楚，避免艱深的文字遊戲，清楚的概念能讓填答者更精確的填答，例如：「本校教師能善用獎懲的原則與技巧來提昇學生學習興趣」。在題目中包含了原則和技巧兩個概念，經教授指導修改題目為：「本校教師能善用獎懲技巧來提昇學生的學習興趣」。

## （三）掌握研究對象題目的人稱前後一致

設計題型要能讓填答者清楚，瞭解研究調查的對象，要研究的是受測者對個人感受或對於組織內團體成員的感受，例如：「我希望受到別人的尊重」這個問題指的是個人感受，而「本校教師希望受到別人的尊重」指的則是對學校組織內教師的普遍感受，在編製問卷前先要釐清研究的是對個人或組織感受。

## （四）問卷題目不宜過多與題目不宜過長

問卷回收率高低，和問卷能否引起填答者對問卷好奇有很大關係，編製題目不宜過多，避免造成填答者時間負擔。題目要精簡扼要，避免贅述、咬文嚼字及重複字句。例如：「本校教師能投入時間思考教學上的問題以謀求改善之道」，經教授指導後修改為「本校教師能投入時間思考教學的問題以謀求改善」。

## （五）運用專家評定進行研究向度歸類

筆者進行「桃園縣國民小學教師知識分享與教師專業成長之相關研究」，在教師知識分享變項依據文獻蒐集歸納包含分享動機、分享個人知識、分享教學技能、分享學習機會向度。在問卷編製時發現，有些題目似乎不太容易定義在向度內，於是運用專家評定問卷進行歸類，整合專家學者共同意見，將偏離或不適宜之題目予以調整至合適向度或刪除，有效提昇問卷效度。範例如下：

| 題目 | 知識分享向度歸類 | | | | | 題目文字敘述是否適當 | | |
|---|---|---|---|---|---|---|---|---|
| 向度：分享動機 | 1.合適 | 2.改為分享個人知識 | 3.改為分享教學技能 | 4.改為分享學習機會 | 5.不適用 | 1.適合不修正 | 2.適合要修正 | 3.不適合 |
| 1 本校教師希望受到別人的尊重。 | ☐ | ☐ | ☐ | ☐ | ☐ | ☐ | ☐ | ☐ |

修訂意見：＿＿＿＿＿＿＿＿＿＿＿＿＿＿＿＿＿＿＿＿＿＿＿＿＿

## （六）進行預試建立信效度

問卷編製完成後，接著在母群體內選取對象進行預試，以考驗預試問卷的信效度。研究者宜先進行因素分析，對跑離原建構向度及內涵較不適當者予以刪除，接著，以Cronbach's $\alpha$ 係數考驗各向度與總量表的內部一致性。最後，以因素分析與信度分析結果，將題意不明、文句不順者予以修改或刪除，一份嚴謹的問卷終於完成。

# 三、心得檢討

進行論文研究，問卷編製在整個論文寫作的過程，有如建築之豎立鋼筋結構，結構完整則房子穩固；反之，恐有隨時傾倒之危險。指導教授則扮演著建築師角色，從問卷設計開始，舉凡題目是否偏離主題、詞句適切、語意清晰、題目長度、問題邏輯、版面設計……等，到預試問卷回收後的信效度分析，總是一眼就看出筆者在編製上的疏漏，適時給與修正，在整個過程中使我深深體會到做學問的態度及對學術研究的嚴謹態度。

本章提供十四位編過問卷的研究者，他們將編製問卷過程所經歷的一些情形，與讀者分享，讓研究者如果要進行問卷編製，不要再走冤枉路。本章所反應出的價值在於他人經驗，很可能就是研究者所要面臨的問題，不可不深思借鑑。

# 問題與討論

## 一、問題

　　本章以十四位自編的問卷調查研究完成論文之經驗分享，讀者一定很想瞭解，自編問卷是不是很困難？要多久時間才可以完成正式問卷的編製呢？

## 二、討論

　　首先，以自編問卷來蒐集論文資料，說難也難，說簡單也簡單。其重點在於研究者是否掌握了問卷設計原理，包括：研究者是否確定研究問題、大量閱讀研究主題的文獻、提出問卷設計藍圖、掌握問卷擬題原理、瞭解信效度原理、熟悉統計方法（如因素分析及信度分析）等。如果研究者已具備這些條件，問卷設計並不難，然而對很多讀者來說，要具備這些條件需要一段時間。因此，如果可以閱讀本書各章節，並加以思維及應用，相信在問卷編製時更是簡單。

　　其次，要多久才可以完成一份正式問卷的編製？這沒有定論。本章的十四位經驗分享者大約都以六個月時間完成問卷的編製工作，而這期間也寫好論文的前三章。換句話說，在前三章完成後，問卷初稿就應該完成了，但還沒有進行專家審題及問卷預試。他們這六個月，當然不是每天都在寫論文、每天都在編問卷，他們多數是在職學生，依筆者指導進度來完成。他們在碩一下學期至碩二上學期之間，會寫好前三章與編製問卷初稿，碩二上學期開學後，就提出論文計畫口試，計畫內容也附上問卷初稿。他們在文獻探討過程中，筆者提醒他們：有靈感就編寫問卷題目，隨時拿本小手冊，靈機一動就編寫，或許一天僅一、二個題目、一週只有幾個題目，但這樣滴水穿石、日積月累，在撰寫文獻探討選用相關理論、歸納眾多研究的同時，提出研究架構與問卷設計藍圖，斷斷續續編寫，隨分隨力整理，最後就會編好問卷。所以，編製問卷要與文獻探討結合，掌握片段時間，就可以編製一份好的問卷。

# CHAPTER 3 問卷設計流程

☑ 究竟一份問卷的完成需經過哪些程序，才可以形成一份具有
信度、效度的問卷呢？問卷編製並非研究者拿起紙筆寫了幾
道題目，就可以向受訪者施測而蒐集資料，然後進行分析。
問卷設計有一定流程，本章說明問卷編製的九個步驟。

## 壹　釐清構念、向度與題目之關係

　　研究者在編製問卷時，一定要掌握文獻探討、研究構念、研究向度與問卷題目之關係，這是一個很重要的觀念。筆者認為，文獻探討、研究構念、研究向度與問卷題目之關係，如圖 3-1 所示。

　　從圖 3-1 可以看出，問卷設計需要從文獻歸納出研究構念，接著再將研究構念轉化為研究向度，或稱為面向、構面，研究者對於這些面向應具體界定，接著再將這些研究面向轉化為題目。這方面應掌握幾項重點，說明如下。

### 一、詳實做好文獻探討

　　假若研究者的研究題目、研究問題及研究目的已經確定，此時應該先做好文獻探討。文獻探討的重點應包括對研究理論、相關研究、經驗論述做完整的整理。以研究理論而言，問卷編製不僅要擬出題目，如果涉及到與研究構念有關的資訊，就需要從該研究構念去找尋與該研究構念有關的理論、觀點或派別進行論述，這將是後續問卷編製最好的基礎。當然，研究者還要對過去國內外相關的研究進行搜尋及整理，並歸納哪些研究與本研究所要設計的問卷有關，包括了研究者要納入的基本資料及正式問卷的內容，透過從他人的研究來瞭解，他人是否已有哪些重要發現？哪些沒有發現？甚至過去的研究是否也有類似的問卷可供參

74 問卷就是要這樣編

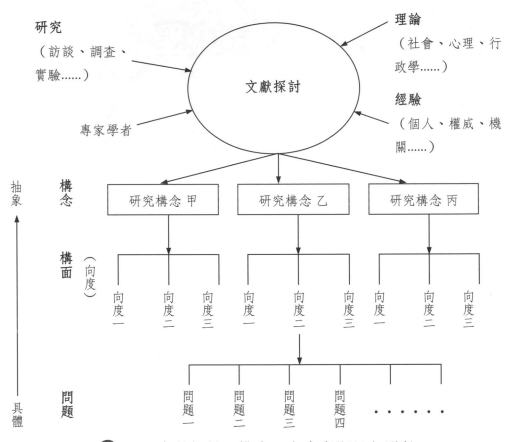

圖 3-1　文獻探討、構念、向度與題目之關係

考。當然對於一些經驗也應該納入，這些經驗包括了個人的經驗（如教學、行政、工作、生活經驗或其他的特殊經驗，但與研究有關者）、權威經驗（如個人、研究機構、政府部門的經驗）等。最後，在文獻探討之外，還可以請數專家學者提供意見，也就是不同的論點或專家學者意見可以做為研究架構的參考。研究者以中立及客觀的立場將過去的相關文獻進行評閱，並歸納出研究者採行的研究構念，此時在問卷編製已有很大的進展。

　　例如：研究者想探究「高雄市國中教師的組織公民行為」。研究者經過文獻探討後，除了界定組織公民行為的意義，在組織公民行為分類中，認為適切列為

研究向度的是 Spitzmüller、Glenn、Sutton、Barr 與 Rogelberg（2007）的組織公民行為之四個構面：⑴盡責（conscientiousness）：主動超過組織要求、遵守組織規則等行為；⑵公民道德（civic virtue）：主動關心組織的運作和福祉；⑶禮貌（courtesy）：主動預防組織問題的產生；⑷利他行為（altruism）：幫助組織的其他成員完成工作或解決問題。接著，就針對這四個面向內涵為依據進行問卷題目的編擬。然而在某些研究構念上，不同研究者有不同見解，有些研究者認為是二個、三個層面，而有些則是四個或五個層面，此時研究者若不採單一研究觀點，就可以對不同研究面向進行歸納。在歸納上，宜配合研究者在此議題的理論、邏輯與實際經驗的合理性；切記！不可以對不同研究之構面加總，並指出哪些構面最多就採用，哪些層面最少就不採用。

## 二、掌握研究構念

研究者設計問卷，尤其是與社會學、教育學、心理學、行政學、政治學，乃至於管理學與法學的研究工具，都要以學理來建構問卷。研究構念代表一種理論的內涵，它並無法明確的看得到，因此研究者需要對研究構念轉化為較具體的研究構面或研究面向。一篇研究往往不僅有一個研究構念，可能有二個、三個或甚至四個以上的研究構念，例如：

1. 臺北市新移民女性子女的生活適應之研究。
2. 基隆市國民中學學生認知風格之探討。
3. 臺北縣國民中學教師在知識管理與學校效能之關係分析。
4. 新竹縣國民小學教務主任課程領導與教師教學滿意之調查研究。
5. 臺中市國民小學校長領導型態、學校組織文化與組織變革之探討。
6. 高雄市特殊兒童的生活適應、社會支持與生活壓力之關係分析。

上述的第一與第二個研究題目僅有一個研究構念，即生活適應以及認知風格；第三及第四個題目則有二個研究構念；第五與第六個題目各有三個研究構念。不管研究題目有幾個研究構念，研究者都需要將此研究構念轉化為更具體以及可以測量的研究構面或面向。如果一個研究構念的意涵過於廣泛，沒有聚焦效果，研究者可以從相關的文獻中，找出該研究構念究竟包括哪些構面或面向。例

如：知識管理可以包括知識取得、知識儲存、知識分享、知識創新；學習適應可以包括學習方法適應、學習態度、學習習慣。研究者需要對這些研究向度明確的界定。

## 三、將研究構念轉化為研究向度

上述提及的研究構念範圍較大不易掌握，研究者宜依據理論及文獻歸納出構念的研究向度，所以研究向度的操作型定義就顯得格外重要；也就是說，研究者應該將研究構念之下構面的內涵，更清楚及具體地說明，讓讀者瞭解它的意義。要歸納研究構面不容易，研究者要依據理論的內涵或主張，不可以運用拼湊方式，將不同的理論內涵及它所包含的面向任意搭配。就如甲理論有四個構面，而乙理論在陳述某一個社會現象時有六個面向，研究者將甲、乙兩理論綜合，這看似合理，但是並不是正確的做法。主因是甲的理論內涵及向度，並不一定與乙理論的內涵及向度有包容及融通的效果，所以容易產生拼湊的問題。

## 四、將研究構面轉化為問卷題目

研究者如果確定了研究構面，此時研究者可以依據研究構面來設計或撰擬每一個構面的問卷題目。此時問卷題目應該更具體，它可以反應出研究構面的意涵及特性。當然，一個構面宜有幾個題目才可以反應出該構面的意義及內涵，需要視研究者掌握構念的意義、範圍及清晰程度而言。易言之，一個構面要有幾個題目組成，需要研究者的專業判斷；以筆者經驗是，研究者可以對一個構面（向度）撰擬四至六題做為預試題目。

研究向度轉化為問卷題目是為了讓測量更為容易操作。然而，如何將研究面向轉化為題目呢？研究者應從文獻探討來著手。在一篇論文中，研究者已歸納出研究面向，接下來一定會對各研究面向加以解釋，而此一解釋，就代表著研究者認定的該研究面向內涵了，例如：研究者在分析高中生的自我概念時，先將自我概念區分為生理的自我、學業的自我、能力的自我、情緒的自我、家庭的自我與學校的自我，其中情緒的自我之內涵（操作型定義）為「高中生對自己在自尊、自卑、寂寞、焦慮、愉快及生氣情緒的看法及其感受」。接著，研究者設計以下

的題目來反應出上述的內涵：

　　1. 我覺得生活多采多姿。

　　2. 我能自在地與人相處。

　　3. 我經常心懷恨意。

　　4. 我討厭這個世界。

　　5. 我能找到適當的管道發洩情緒。

　　6. 我能經常保持心情愉快。

　　然而，上述題目仍無法反應出研究者界定的內涵，例如：測量題目沒有包括定義中的寂寞、焦慮。因此，除了上述的題目外，還可以加入以下幾個題目：

　　1. 我經常感到很孤單。

　　2. 我沒有可以聊天的同學。

　　3. 我對升學感到焦慮。

　　4. 我對未來就業沒有信心。

　　當然有一些研究，並不一定在瞭解、分析或調查個體的研究構念，而是在進行政策意見或問題調查，類似政治人物的民意調查或意見反應，此時並沒有涉及研究構念，就不需要去歸納研究構念的研究向度。既然沒有研究構念，單純僅是一項調查，就可以省去研究構念的探討；然而，對於研究構面（面向）的釐清仍應重視，因為沒有一個具體的研究構面，後續的研究問卷設計或撰擬，乃至於資料蒐集後的分析，會呈現紛雜，不易掌握研究的重點。


　　當研究者瞭解上述的重要觀念之後，以下就說明一份研究工具的編製流程。郭生玉（1986）指出，一份嚴謹的研究工具編製包括了幾個步驟：(1)確定所要蒐集的資料，也就是研究工具究竟目的何在？是要瞭解哪些研究問題？(2)決定問卷的形式，它需要考量如何進行問卷調查（郵寄或面談方式）、資料要如何分析（運用多變項統計，還是單變項統計），以及研究樣本屬性（不易蒐集或易蒐集）；(3)擬定問卷的題目，除了正式的題目之外，也可以試著擬訂幾題反向題，以檢查反應的可靠性；(4)修正問卷，可以透過專家及學者的意見來修正問卷的內容；(5)預試，也就是將修正後的問卷進行預試，以瞭解問卷的可行度；(6)編輯問

卷及實施說明；(7)考驗問卷的性能，也就是運用因素分析、信度分析或是有關的統計方法來檢定問卷的性能。上述的說法，也許讀者已掌握部分重點。Churchill（1979）認為，量表發展有八大步驟：(1)確認構面的領域（specify the domain of the construct）；(2)建立樣本項目（問項）（generate a sample of items）；(3)蒐集資料（collect data）；(4)淨化量測項目（刪除不適當的問項）（purify measures）；(5)蒐集新的資料（collect new data）；(6)評估信度（assess reliability）；(7)評估效度（assess validity）；(8)發展常模（develop norms）。Devellis（1991）認為，問卷或量表的編製步驟包括：(1)明確界定你所想要測量的是什麼；(2)建立題庫；(3)確定測量的格式（類型）；(4)邀請專家學者審查問卷題目或組群的初稿；(5)對效度評估的問題納入考量；(6)選定樣本進行題目的施測（類似預試）；(7)評估題目；(8)量表或問卷長度的選擇。筆者認為，問卷設計的流程有以下幾項：(1)決定研究目的；(2)選用問卷類型；(3)編擬問卷大綱；(4)草擬問卷題目；(5)修改問卷題目；(6)專家評定；(7)問卷預試；(8)修改問卷；(9)正式問卷的形成。茲說明如下。

## 貳　決定研究目的

　　研究者以問卷蒐集資料，在問卷設計的第一個步驟就是要以研究目的與問題來思考問卷的內容，簡言之，究竟是要解決哪些問題的角度，來設計問卷的題目。研究者應先釐清研究目的為何？研究者要解決哪些問題做為前提，以及究竟要針對哪些研究對象來設計題目較為適當，符合研究目的來設計題目，才能掌握研究旨意，否則就會亂槍打鳥，無法掌握研究重點。以下就以一位研究生與指導老師的對話，來說明研究目的不明確的例子：

生：老師，我想要進行臺北市國小學生的道德教育。不曉得好不好？

師：這個問題看起來並不明確。所謂的道德教育所指為何？可否再具體的說明呢？

生：道德教育就是目前社會很多的問題，都是因為道德教育未能做好所導致

的，而它的關鍵點又以國民小學學生最重要，所以我想要研究它。它應該是很有意義的，至少我在國小擔任老師，目前看到的是如此！

師：哪如何提出您在這個研究題目的研究目的呢？

生：我的研究目的就是，期望透過此研究，發現臺北市國民小學學生的道德教育有哪些問題？接下來再提出一些研究建議，讓學校瞭解應該如何進行道德教育。

師：您所指的是要運用問卷調查研究進行嗎？

生：對！我就是要設計問卷來調查他們的道德教育的問題。

師：您在道德教育的問卷如何設計呢？可否說說您的想法？

生：我想從老師的道德教學、學生的道德學習著手。

師：老師的道德教學有哪些的研究構念或研究面向？同樣的，學生的道德學習所指的又是如何呢？如何將它轉化為問卷的題目呢？

生：老師的道德教育教學包括了正式課堂中的教學，以及老師在非課堂中的言行。

師：老師的正式課堂中的道德教育教學又能包括哪些問題？同時老師在非課堂中的言行又指的是如何？

生：ㄟ……ㄛ……

　　從上述例子可以看出，研究者原本期待以問卷來調查臺北市國民小學學生在道德教育的情形。在老師與該位學生對話中可以理解，研究者所提出的道德教育並不具體、研究問題抽象，以及難以操作，因此可以想見，研究者如果還是抱著一定要研究該項題目的態度，將會面臨很多後續的研究問題。最基本的，研究者沒有具體方向去設計一份有關國民小學學生的道德教育問卷。以下以林永盛（2007）的研究為例，說明可以進行的研究：

　　……近年來有關外籍新娘之相關研究，其研究對象與主題大多以外籍新娘婚姻生活適應、家庭生活適應、文化差異適應（王秀喜，2004；朱玉玲，2001；吳金鳳，2004；呂美紅，2000；李玫臻，2001；莊玉秀，2002；陳李

愛月，2002；陳若欽，2003），或教養子女情況、參與子女教育活動情況、外籍新娘子女行為表現、學業成就、生活適應（林璣萍，2003；柯淑慧，2004；陳明利，2004；陳美惠，2001；陳碧容，2004）等主題居多。對於新移民子女所面臨生活壓力現況、新移民子女社會支持現況，尚無人探討。

……因此，本研究目的如下：

1. 瞭解基隆市新移民子女社會支持之情形。

2. 分析基隆市新移民子女生活壓力之情形。

3. 比較不同背景變項（性別、年級、母親國籍、父親教育程度、母親教育程度、父親職業類別、母親職業類別）的基隆市新移民子女，在社會支持與生活壓力之差異。

4. 瞭解基隆市新移民子女社會支持和生活壓力之關係。

由上述可以瞭解，研究者應該先說明研究動機、研究背景，以及研究目的與研究問題，如此才可以做為研究者後續整理的研究架構，因為有了研究架構，在設計問卷就更為容易。

## 參 選用問卷類型

研究者選用問卷的類型，要以質化研究或問卷調查法的研究來判斷。如果是前者，研究工具可以包括照相機、錄影機，或是設計開放型問卷搭配其他的資料蒐集方式來進行研究；如果是開放型問卷，其設計流程也應擬定研究目的、擬題、設計問卷、進行專家評定、整理專家評定意見。而後者的研究工具包括了實驗器材或封閉型的問卷，如果是封閉型的問卷，旨在讓受試者勾選研究者所設計的評分表，最後再將所蒐集到的資料進行分析。前者的分析易受到主觀因素影響，後者是受訪者的勾選較能進行客觀性的分析。當然，在量化研究中，也可能運用開放型問卷，也就是一份問卷包括封閉型及開放型題目。關於問卷類型，讀者可以見第一章說明。

選用問卷類型需要考量幾個因素：

　　1. 研究方法。究竟是要採取比較客觀的量化研究，還是比較主觀的質化研究，兩者的問卷設計內容不同，這兩種取向的差異性在第一章就已論及。

　　2. 研究者期待問卷回收率的高低。開放型問卷回收較封閉型問卷來得低，因為受訪者以文字來論述相關的問題，可能會有時間多寡、意願高低、配合度高低的問題。尤其是國民中小學學生，或老年人，如果填問卷還要請他們寫出很多文字，對他們是精神及時間負擔，配合度會不高，問卷回收率就會降低。

　　3. 開放型問卷與封閉型問卷在擬題困難程度。開放型的問卷題數較少，而封閉型的問卷題數較多，封閉型的問卷在題目的設計，因為題數要多，費時也比較高。不過，開放型的問卷，雖然有較少的題數，但是要能擬出可以代表研究目的所要蒐集的題目，也不一定是容易的事。

　　4. 在資料回收之後的資料整理及分析。開放型問卷需要對受訪者撰寫的文字進行整理，並整合為研究者所要的資訊，其撰寫及整合過程相當耗時，短時間內不易完成；而封閉型問卷則是在一個比較標準化的數字規格下，資料登錄及分析較為容易，只要選對統計方法，對應於資料的屬性，就可以獲得研究結果。最後，如果是網路型的問卷，要考量受訪者是否具有使用電腦的能力，以及受訪者的工作、家中或學校是否具有電腦及網路以供使用；同時更重要的是，網路型的問卷僅有特定的樣本可以填寫，也就是僅有電腦及網路使用者能填寫，這樣問卷的樣本代表性將受質疑。

　　基於上述，研究者期待發出的問卷要有較高的回收率，並能順利進行資料分析、儘早完成論文、快速取得學位，或在資料分析時，獲得可以驗證學理的結果，此時採用封閉型問卷乃是較為可行的方向。

# 肆 編擬問卷大綱

　　研究者經由文獻探討，歸納出該研究的家庭環境各面向與資訊素養各向度之研究架構，以此架構進行問卷大綱擬定。研究者需要對探討的研究構面明確的界定，並指出究竟有幾個面向。同時也要思考總問卷大概要多少題目，各個構面要分配幾題、是否要有反向題，以及如何計分等。實務上，一份問卷的題目不包括

基本資料的題數，一個研究構念的正式問卷的題數宜在十六至二十題為宜，如果有兩個構念，其題目宜為三十二至四十題，而一個研究構念宜包括三至五個向度為宜，每個向度以四至六題為宜。同時，最好不要以反向題的敘述方式，尤其對象是低年級學生、教育程度較低的受訪者或新移民女性等。至於問卷構面的形成，就以林永盛（2007）的研究為例：

　　Price（1985）將壓力來源分為：(1)心理壓力源：超越心理能承受的壓力；(2)生理壓力源：生理慾望壓力；(3)社會壓力源：社會期許、認同等壓力。林梅鳳（2001）指出壓力來源包括：(1)生理方面：飢、渴、疲倦、疼痛等；(2)心理方面：自尊、被愛無法滿足等；(3)情境方面：噪音、空氣污染、交通混亂等；(4)發展方面：上學、謀職、結婚等；(5)人際方面：關係不好或少得到支持；(6)社會文化方面：文化環境差異、角色期待等。段秀玲（2002）指出，壓力來源有三類：(1)心理因素：挫折、衝突及壓迫等心理狀態最容易帶給人壓力；(2)角色因素：當一個人角色負荷太重或必須同時扮演多重角色，再加上別人期望過高，都是造成壓力的來源；(3)環境因素：諸如個人日常生活秩序發生重大變化。黃惠惠（2005）指出，壓力來源有：(1)自然環境壓力源：如颱風、地震等；(2)微生物方面壓力源：如細菌、病毒及其引發的疾病；(3)社會文化及心理方面壓力源：來自人的社會；(4)日常生活繁瑣的事：指每天重複、例行事情；(5)生活事件與變動：個體日常生活中所發生的變動或事件。

　　歸納上述，生活壓力來源大多以生活事件、個人因素及環境因素來說明。生活事件部分，以生活改變和生活瑣事來探討壓力來源；個人因素部分，則以心理因素、生理因素、角色因素來分析壓力來源；環境因素部分，則強調個人與自然環境、社會環境互動所產生的壓力來源。本研究的生活壓力區分為：(1)自我壓力；(2)社區生活壓力；(3)學校生活壓力；(4)家庭生活壓力。

從上述可以得知，研究者在編擬大綱時有以下的思考：

1. 研究構念為「生活壓力」。

2. 生活壓力區分為四個構面：⑴自我壓力；⑵社區生活壓力；⑶學校生活壓力；⑷家庭生活壓力。

3. 每一個構面將設計六題。

4. 每一個題目的文字最多為二十個字。

5. 每一道題目的文字敘述應以國民小學中高年級可以理解的內容為主，文字內容不宜超出他們可以理解的範圍。

研究者宜在文獻探討時，具體歸納出研究構念的意義，以本例來說，在論文的文獻探討乙節一定要有「生活壓力」的意義：「生活壓力是指，學生在校內中學習所產生的一些不愉快及無法滿足其學習需求，因而感到身心困擾的情緒」。研究者對此定義之認定包含四個向度，即自我壓力、社區生活壓力、學校生活壓力與家庭生活壓力。而這四項壓力都有各自統攝的內涵，以家庭生活壓力來說，此向度內涵為：「學生在家庭中與雙親或兄弟姊妹所產生的不良互動或相處方式不適切，而衍生的生活壓力，或因為家人傷亡產生心理悲傷，以及家人生活不如意，影響到子女的生活狀況」。研究者針對這個向度的內涵，草擬了以下幾個題目（如表 3-1 所示的前五題）：

1. 父母發生爭吵。

2. 重要親人傷亡。

3. 自己與弟弟發生爭吵。

4. 父母對我管束太多。

5. 父母失業。

當研究者已設定此大綱之後，接下來在撰擬題目時，不僅要再推敲文字，如果研究屬性是探討某些構念，就要對研究構念的意涵、理論及其向度有明確的論述，更重要的是因為研究構念比較抽象，所以就必須將研究構念轉化為數個構面或向度，接續才可以進行問卷的編擬。

表3-1　「新移民子女知覺生活壓力問卷」各題依據與來源

| 構念 | 構面 | 題目 | A | B | C | D | E |
|---|---|---|---|---|---|---|---|
| 生活壓力 | 家庭生活壓力 | 1. 父母發生爭吵 | v | v | v | v | v |
| | | 2. 重要親人傷亡 | | | v | v | |
| | | 3. 自己與弟弟發生爭吵 | v | | v | v | v |
| | | 4. 父母對我管束太多 | v | | | v | v |
| | | 5. 父母失業 | v | v | | v | |
| | 學校生活壓力 | 6. 老師管教太嚴苛 | v | v | | v | v |
| | | 7. 聽不懂老師教學內容 | v | v | v | | v |
| | | 8. 學業成績不理想 | v | | | v | v |
| | | 9. 回家作業太多 | v | v | v | | v |
| | | 10. 與同學發生爭吵 | v | v | v | v | |
| | 社區生活壓力 | 11. 社區生活，缺少友伴 | | | | v | v |
| | | 12. 害怕被壞人綁架 | | | v | v | v |
| | | 13. 社區缺少正當休閒場所 | | | v | | |
| | | 14. 社區交通擁擠 | | | v | | v |
| | | 15. 覺得社區噪音污染嚴重 | | | | v | v |
| | 自我壓力 | 16. 自己人緣不好 | v | | | v | |
| | | 17. 自己能力不如人 | | v | v | v | |
| | | 18. 自己外表不如人 | v | | | v | v |
| | | 19. 自己健康不佳 | | | | v | v |
| | | 20. 不知道自己的興趣 | v | v | | | |

## 伍 草擬問卷題目

　　研究者宜盡可能地依據文獻探討所得到的理論、過去的研究發現、過去研究尚未進行者、指導老師的建議，以及研究者個人的經驗等，將所有可能的題目一一篩選，最後完成問卷初稿。在研究中一定要進行文獻探討，探討的重要性在於研究者應該從過去的文獻中，找出哪些研究已使用過的問卷，是否可供參考，同時對相關的研究理論進行分析，以做為編寫問卷的參考。理論是一種過去經驗的

再重整，也是一種論證的隱喻，它在研究中的角色，主要是做為研究者發現論述的解釋依據，其結果發現也需要理論支持，所以如果使用問卷進行研究，問卷題目的撰擬是由理論而來，因為唯有將理論轉化為問卷題目，才有助於呼應研究發現。

當然，研究者在擬題的過程中，除了掌握問卷需要搭配的研究目的，以及依據相關理論及研究之外，研究者應該注意以下幾項重點：

1. 研究者提出的研究架構中，一個研究構念包含的研究向度（構面）數目。同時一個構面要有幾道題目，這是要注意每個構面題數的平衡問題。

2. 研究者撰擬的題目與先前相關研究的聯結。研究者可以將相關研究的問卷盡量蒐集，最後依據理論挑出可以列為研究所需要的問卷內容。記得，這是需要配合理論，而不是任意的將不同的研究問卷，以拼湊式的方法建構問卷，否則即使已顧及每個研究向度的題數平衡，仍然無法完整的測量到應有的特質，此時的問卷編製就喪失了它的意義。

3. 草擬問卷的題目一定要掌握問卷擬題的一些原則。例如：一個題目一個概念、最好不要用學術用語、不要有誘導性、如果有比較性的題目，應有比較的參考標準等，這部分的內容，詳見本書第四章的說明。

研究者宜注意，擬完題目之後，可以再進行各題目、各向度的邏輯性分析，也就是這個題目應該置於哪一個構面（向度），各個構面之間的題目是否比例一樣，會不會有些構面的題目太多，有些題目則太少，不符合各向度題數的比例原則。另外，問卷題目敘述的文字是否太過於深奧，使受試者無法閱讀，尤其是國小低年級學生或特殊兒童等。以林永盛（2007）的研究為例，他在新移民子女知覺的問卷設計有以下的說法：

「新移民子女知覺生活壓力問卷」係參考蔡嘉慧（1998）「國中生生活經驗問卷」、施雅薇（2003）「國中生生活經驗問卷」、王文豐（2001）「兒童生活壓力量表」、陳筱瑄（2003）「生活壓力問卷」、彭偉峰（2004）「生活經驗調查表」等，分別以ABCDE代表，並做部分修改，本研究工具編製參考之問卷如表3-1所示。「新移民子女知覺生活壓力問卷」

分為「沒有」、「很少」、「有時」、「時常」、「總是」五個項目，分別給與 1、2、3、4、5 分，其中第 1 題至第 5 題為「家庭生活壓力」向度；第 6 題至第 10 題為「學校生活壓力」向度；第 11 題至第 15 題為「社區生活壓力」向度；第 16 題至第 20 題為「自我壓力」向度，最後再將所有項目得分累加統計。本研究的問卷依據來源如表 3-1 所示。

從表 3-1 中，在右邊欄位的 ABCDE 為過去研究使用問卷的題目，另外在生活壓力有四個向度，每個向度都有五題。而打 v 者代表有參考該研究的問卷題目，以第一題來說，參考了 ABCDE 研究的問卷。

## 陸 修改問卷題目

研究者在問卷草稿完成之後，可以將它暫置幾天，在這幾天之中好好思考，究竟這些題目與研究目的是否相符、研究的題數是否足夠、題目文字意義能否為受試者掌握，接著再思考如果正式施測可能會有哪些問題產生。這部分修改的題目，仍應掌握問卷題目的邏輯性、與研究題目的關係、與研究目的的關係，以及用字遣詞的精準度等。修改題目的重點在於以下幾項：

1. 思考題數多寡。想想這些撰擬的題目是否足夠或者太多，因為有些研究構面（向度）比較容易擬出題目，然而有些研究構念、構面（向度）較少研究。此時研究者一定會相當苦惱，問卷的題目究竟該如何撰擬？在不違反理論與研究內容的基礎上，透過想像力與經驗，儘量把可能的題目都撰寫出來，也就是先不管題目是否具體可行，都先列出來，後續再修改。

2. 有時間就草擬題目。撰擬題目並非在撰寫研究論文的第三章研究設計與實施才進行，相對的，研究者在第二章撰擬文獻探討的過程中，就可以陸續將想到的題目記錄在電腦中，或用筆記本記錄下來。為了避免遺忘，想到多少就記多少，縱然在等車的時間，也可以運用小筆記本把它記錄下來，日積月累，到第三章在撰寫研究設計與實施時，就可以派上用場。

3. 撰擬出來的題目，文字敘述的合宜性。例如：文字上是否會太繁瑣、題目的前後敘述邏輯上是否通順、題目的敘述是否精簡，更重要的是所擬出來的題目是否超出受訪者的填答範圍、受訪者的認知及識字能力。

4. 核對每一個題目是否對應該向度的內涵。往往研究構念所衍生出來的研究向度（構面），在概念上雖有差別，可是當行之於文字時，很容易會有不同構面（向度），卻有相近的題目敘述；此時如果不查，在預試之後的因素分析會讓因素無法歸類，因向度內的題目會跑到另外一個向度之中。

5. 思考向度與題目排列的適切性。尤其在向度或構面的邏輯順序上。問卷的題目排列，最好依據研究架構的內容順序，同一向度（構面）的題目排列在一個群組，最好每五題能有一個空列，讓受訪者不會感受到密密麻麻的文字壓力。

6. 研究者要不斷檢核文獻探討中有關的理論及研究，並納入問卷內容。理論表達的意涵及精神是否已掌握？過去的研究結果或與本研究有關的問卷是否已納入思考？

7. 如果要進行大幅度的修改，宜與指導教授或專家學者討論。這種情形是初學編製問卷者會面臨到的，不用太緊張，只要稍加調整，不斷累積問卷設計的經驗，上述的問題及現象就會減少。

8. 檢核問卷題目敘述準確度。例如：在標點符號、文字的運用是否適當，或有錯別字產生。在文字的適當性來說，編問卷很容易使用「各種活動」、「相關活動」、「各處室」、「多樣」、「多元」、「上級單位」、「下屬」等模糊的用語，最好應能避免，例如：(1)學校每個月都有舉辦各種活動？(2)政府的相關活動，民眾都支持？(3)我們公司的各單位溝通良好？(4)我們學校每學期都辦理多樣的學術活動？(5)我喜歡多元的社團活動？(6)上級單位常要求我們學校要配合九年一貫課程政策執行？(7)教育主管機關都能體會下屬單位執行教育政策的辛勞？這些題目的敘述都不夠具體，過於空泛，宜調整其內容。以第七題來說，教育主管機關是指教育部，還是教育局呢？而下屬單位，是指學校、教育局或其他單位呢？再以錯別字來說，常見的錯別字如表 3-2 所示。

表 3-2　國語文字的正誤用法

| 錯誤用法 | 正確用法 |
| --- | --- |
| 佔有一定比率 | 占有一定比率 |
| 他的身份 | 他的身分 |
| 他有吸煙 | 他有吸菸 |
| 頒佈、公佈法令 | 頒布、公布法令 |
| 我給予 | 我給與 |
| 事跡、史跡 | 事蹟、史蹟 |
| 計劃、規畫 | 計畫、規劃 |
| 部份 | 部分 |
| 有點煩索 | 有點繁瑣 |
| 用字譴辭 | 用字遣詞 |
| 意函／包函 | 意涵／包含 |
| 扎實 | 紮實 |
| 摒除 | 屏除 |
| 台灣／台北 | 臺灣／臺北 |
| 必需／須要 | 必須／需要 |

9. 研究者再思考一個題目多個概念或題意不清者。例如：(1)「您認為甲概念、乙概念與丙概念的喜歡程度？」(2)「您喜歡 A、B、C 或 D？」(3)「您支持學校的決定方式（例如：教務、學務與總務）嗎？」(4)「學校是否提供師生足夠的通識教育圖書及相關設備嗎？」(5)「社會大眾瞭解政府的施政目標及理念嗎？」(6)「學校定期或不定期的召開教師進修的相關會議？」(7)「您可以從電腦網站中搜尋到政府的施政情形，您認為政府在這一年來對於民眾反應的問題是否可以融入到政府的施政政策之中呢？」

　　上述第一題題目中有三個概念，應該刪除甲、乙、丙等其中的兩個概念為宜；第二題題目，雖然是以「或」為用語，但是仍有四個概念在其中，宜將四個概念選一個重要者即可；第三題是以「例如」，也就是以舉例的方式，這樣也是

會讓受訪者困擾，它也有一個問題多個概念在其中，研究者最好不要用「例如」的方式；第四題題目敘述中有「師生」，最好是把「師」、「生」分開詢問，同時在題目的後半部又有「圖書及相關設備」，一來有兩個概念，且「圖書」是有「圖畫」與「書籍」的概念，也就是概念中又有概念，語意不清，二來「相關設備」所指的內涵為何？並不明確，所以建議本題修改為：「學校是否提供學生足夠的通識教育書籍嗎？」第五題也是有兩個概念，即「施政目標及理念」，宜調整為兩個題目為宜，也就是：「社會大眾瞭解政府的施政目標嗎？」「社會大眾瞭解政府的施政理念嗎？」如果這樣切割會讓題目太多，此時研究者就要思考，究竟哪一些題目是最重要的，哪一些題目是次要或較不重要的概念，研究者就應考量刪除，就不會有題目太多的困擾；第六題的題目敘述中有二個概念，即「定期或不定期」，受訪者可能認為有定期，但不認為「不定期」是如此，同時在「教師進修的相關會議」，所謂的相關會議應再具體。建議調整為：「學校定期每週三下午都有召開教師進修會議？」第七題的題目敘述太長，受訪者不易瞭解，可以調整為：「您認為政府這一年來對民眾反應的問題，能融入政府的政策嗎？」

　　最後，再以表 3-1 所列的「新移民子女知覺生活壓力問卷」各題設計來說，第三題敘述：「自己與兄弟姊妹發生爭吵」，也有多個概念在其中，「兄弟姊妹」共有四個概念，建議調整為：「自己與哥哥發生爭吵？」「自己與弟弟發生爭吵？」「自己與姊姊發生爭吵？」「自己與妹妹發生爭吵？」但是要注意，受訪者可能是獨生子女，不一定會與自己與兄弟姊妹發生爭吵；第五題「父母失業或工作不順利」，也有二個概念，失業或工作不順利為不同的概念；第十二題「害怕被壞人綁架、勒索」，也是有綁架、勒索兩個概念；第十五題「覺得社區空氣、噪音污染嚴重」，也是有兩個概念；第二十題「不知道自己的興趣、優點和缺點」，有三個概念，易讓受訪者不易填答。

# 柒 專家評定

研究者通常是依據問卷大綱及參酌相關研究的問卷編製之外，研究者也需要與指導教授就問卷題目設計進行討論、交換意見與修正，以便完成問卷初稿。實務上，研究者為了使問卷的內容效度提高，以及切合實務需求，往往會邀請幾位專家學者提供問卷的修正意見，專家學者對問卷內容提供修改的意見稱為專家評定。研究者再將專家學者給與的意見加以統整，做為專家內容效度。關於這部分的內容及重點見本書第六章。

研究者在進行專家評定問卷時，有以下幾種情形產生。

## 一、研究者找尋的不是該領域的專家

尤其是初學者或研究生，不瞭解研究的領域有哪些專家，因而以為只要是在大專校院任教的教師，就可以評定問卷，這是錯誤的，研究者宜注意專家所專研的領域。掌握專家學者的學術領域或專長相當重要，研究者在問卷的專家意見整理中，宜將每位專家的專業領域列出來，讓讀者可以更深入的瞭解，專家評定是具有專業背景的。

## 二、研究者不可圖便利任意找「專家」

研究者往往會便宜行事，僅就研究者自我的認知，尋找熟悉的「專家」，進行評定問卷；在找尋的專家中，並非研究者該領域的，例如：研究者所進行的研究是有關自我概念、學習風格、生活壓力、生活適應，而所找尋的專家為教育行政、政策或社會學領域者；又如：研究有關行政領導、組織溝通、社會問題、政策問題，但所找尋的專家卻是心理學門、會計學門、保險或銀行學門的。如此專家的代表性及專業性可能會受到質疑。

## 三、專家學者的人數過多或太少

其實，過與不及皆不宜，太多專家學者可能提供太多意見，研究者無法取得

共識；而太少專家學者也不具代表性。同時，也應留意專家與學者人數的比例，兩者不宜差距太多，如果專家學者有六位，學者為四位，專家應為二位，大約是二比一為宜。

## 四、不會歸納專家學者的審題意見

研究者若因不會歸納及統整專家學者對問卷評定的意見，而無法完成預試問卷，面臨此問題，研究者可以找指導教授詳談。不會歸納的主因在於各個專家學者提出的意見差異太大，例如：六位專家學者對同一個題目有六種意見，此時研究者即無法判斷哪一項意見最為適切，此時就可以與教授討論。要強調的是，研究者應該有基本認識：既然是研究者要進行此議題，對於本研究內容最能理解，所以對於專家學者在問卷題目修改意見中若存有不同看法，研究者宜試著判斷哪一項意見最為適切，哪一項修改建議較不適宜。若研究者可以整合相關意見，就代表在問卷設計及研究執行已有掌握了。

## 五、未略致薄酬給審題的專家學者

研究者邀請專家學者進行評定，也最好有一些禮物或酬勞，以聊表對專家學者的謝意。專家學者不會在意您所提供的禮物或酬勞厚薄，尤其在進行問卷的專家審題時，能夠事先徵詢專家學者是否有時間進行題目審查，就代表尊重了專家學者。至於審查後所提供的禮物或酬勞，對專家學者僅是研究者的一種尊重與謝意而已。據筆者的經驗，愈能尊重專家學者，就愈能有較高的專家意見回收率，以及有較好的問卷修改意見。

# 捌　問卷預試

研究者在進行修改問卷之後，接著就要進行預試問卷編製，當完成後再從研究母群體中，抽取一定數量的樣本進行預試。預試主要在瞭解問卷是否真的可行。從預試的問卷資料回收中，可以掌握幾個重要的資訊：第一，研究者可以瞭解受訪者是否理解問卷上的文字；第二，受訪者的填答時間是否過長，或者題數

是否過多;第三,研究者可以透過蒐集到的資料進行信度及效度的分析,以瞭解該問卷的一致性及代表性。實務上,預試樣本數最好與正式樣本數有1:4或1:5的比例為宜,總題數愈多,比例幅度就要增加,主因是進行因素分析時,需要有更多樣本才有穩定的因素結構。研究者在發出問卷之後,亦需掌握有多少份回收問卷,並整理問卷填答有效情形,計算有效樣本份數。

研究者在預試過程宜掌握以下幾個重點。

## 一、預試樣本要足夠

預試樣本不足,無法跑出適當的構念效度與信度,尤其如果研究者的問卷題目較多,樣本數少,就更無法讓因素結構跑出來。最理想的預試人數應考量問卷題數,以及未來正式問卷要發放的樣本數。

預試樣本除了要顧及預試樣本數與正式總樣本數之比例維持在1:4或1:5之外,還要注意研究工具的總題目數(不包括背景變項題數),即預試樣本人數不能低於題目數,相對的,預試樣本人數應在題目數的三至五倍之間。以上述例子來說,一個構念宜設計出二十個題目,若研究者的研究論文題目有兩個構念,例如:臺中市高中學生學習態度與生活適應之研究,則學習態度及生活適應各設計二十題,這樣就有四十題。此時,預試樣本不能僅有四十位學生,甚至少於四十位,相對的,樣本數應該有三至五倍的題目數,即一百二十位至二百位之間的樣本數。顧及此因素的原因在於,若是以研究構念形成的工具需要建構效度,此時即可透過因素分析來掌握其效度。若預試樣本少於研究工具的題數,在進行因素分析時很容易形成資料結構不良,因而無法跑出因素結構。也就是,樣本填答人數太少,就無法形成良好的資料結構,因素分析跑出來的因素結構會不穩定。簡言之,縱然有獲得因素結構,但是效度仍不穩定,甚至會形成不正確的研究工具。

## 二、預試樣本最好與正式樣本不同

研究者需要在同一個母群體中抽取出預試與正式樣本為宜。如果預試與正式樣本不同,問卷可行性的測試就會失去,就如研究者問卷是要以低年級學生為正

式樣本，而預試則以高年級學生為對象，研究者將資料回收之後，進行預試樣本的分析，縱使有好的信度及效度，但正式問卷是低年級樣本，他們不一定就可以在該問卷中獲得好的研究結果。

　　研究者要研究對象如果太少，也就是受限於母群體小，可能預試用完之後，正式施測就無法滿足研究需求。因為母群體太小，預試樣本早已被施測，此時要如何解決正式樣本施測？而問卷預試又是必要的，如果母群體小，又要進行預試，擔心影響到正式施測樣本的重複性，此時要考量受試者在問卷會有練習效果，尤其是成就測驗。如果研究者使用成就測驗，最好不要以同一樣本施測兩次；相對的，可以找尋跨地區且類似母群體的樣本進行施測，例如：要以臺北市新移民女性子女就讀國中為樣本，不妨可以找尋新北市的樣本進行施測。當然如果問卷不是成就測驗，練習效果差，研究者可以重複施測，或是如上所述的找尋跨區域且類似母群體做為預試施測亦可。

## 玖　估計問卷的信效度

　　預試問卷回收後，對於問卷的題項分別進行問卷資料之處理，接著再進行因素分析與信度分析，如果是成就測驗則需要進行難度與鑑別度的分析，以考驗問卷信效度。這部分的刪題是做為修改問卷的參考。要強調的是，非成就測驗的問卷在修改或刪題要如何進行呢？此部分是透過預試得到的數據資料進行因素分析，將一些題目跑離原先設定的研究構念（向度）進行調整或刪題。當然刪題的標準不一定完全依賴因素分析，研究者也可以判斷受訪者對於問卷題目的題意不瞭解，或大多數受訪者都在該題空白未填，就應思考該題是否設計不良，也可以考慮刪題。因素分析在本書第七章再說明。在此提供讀者的觀念是，因素分析是對設計的問卷，進行題目刪減的方式之一，也就是讓研究者的問卷題數精簡，但又不失去研究者所要測量的特質。

　　提及估計研究工具的信效度，很多研究者沒有信效度的統計分析基礎，因而製造了很多似是而非的學位論文。近年來，筆者看到很多學術論文，尤其是學位論文，如以問卷調查蒐集研究資料，很多研究工具都沒有經過嚴謹的信效度分

析，僅經過幾位專家學者提供問卷題目的意見修改，接著就視為正式問卷，再發放給受試者，之後回收資料、進行分析，撰寫結論，獲取學位畢業，其實這種論文的品質不會太好。試想，研究工具沒有信度，也沒有效度，在沒有明確的研究工具信效度，或者其信效度之適切與否沒人能知，連研究者都不知道，更何況要提供給學界參考。換言之，僅以專家學者的意見做為研究工具的表面效度，其所獲得的研究結果難以讓讀者信服，更難以與學術界對話。這些未經嚴謹檢核的工具信效度所獲得的結果，若放在國家圖書館的學位論文網站，被不知道這些研究工具沒有信效度的其他研究者，大量引用這些學位論文的研究發現，而做為研究討論之比對與參照，最後獲得結論，這將導致學術界的大混亂。要強調的是：很多學位論文沒有設計出很好的研究工具，就貿然施測，造成了錯誤結果來誤導大家、混淆視聽、迷亂學術社群，更雜染了知識體系的建立。

## 拾 正式問卷的形成

　　根據上述預試問卷調查資料的分析結果，將問卷中題意不清、文句不順或題型呈現不當者，予以修正或調整。研究者與指導教授討論編製正式問卷時，此時研究者應告知問卷共有幾個部分，每一部分有幾題，或每個構念有幾個向度等，如此才可以正式施測。也就是說，研究者在編製好正式問卷之前，可以依據表3-3的項目來看研究者所設計的問卷是否完備。

表 3-3　編好問卷的項目檢核

| 項目 | 是 | 否 |
|---|:---:|:---:|
| 1.問卷的標題已列出來 …………………………………………… | ☐ | ☐ |
| 2.問卷的問候語 …………………………………………………… | ☐ | ☐ |
| 3.問候語中有無提及應寄回時間 ………………………………… | ☐ | ☐ |
| 4.基本資料是否完整 ……………………………………………… | ☐ | ☐ |
| 5.指導語是否說明清楚 …………………………………………… | ☐ | ☐ |
| 6.正式題目是否完整 ……………………………………………… | ☐ | ☐ |
| 7.是否有開放題型在問卷中 ……………………………………… | ☐ | ☐ |
| 8.計分方式是否明確 ……………………………………………… | ☐ | ☐ |
| 9.問卷的信度已具備且符合標準 ………………………………… | ☐ | ☐ |
| 10.問卷的效度已具備 …………………………………………… | ☐ | ☐ |
| 11.問卷的編排美觀 ……………………………………………… | ☐ | ☐ |
| 12.問卷的頁數是否太多（筆者認為最好一頁 B4 或 A3）……… | ☐ | ☐ |
| 13.每一個研究構念的向度的題目是否平衡 …………………… | ☐ | ☐ |
| 14.每一個題目的敘述是否過長 ………………………………… | ☐ | ☐ |
| 15.問卷中是否反向題太多 ……………………………………… | ☐ | ☐ |
| 16.問卷題目的可閱讀性 ………………………………………… | ☐ | ☐ |
| 17.題目是否超出受訪者可回答的範圍 ………………………… | ☐ | ☐ |
| 18.一個題目是否僅問一個概念。 ……………………………… | ☐ | ☐ |
| 19.問卷題目中是否包括了學術名詞。 ………………………… | ☐ | ☐ |
| 20.問卷題目是否有錯別字。 …………………………………… | ☐ | ☐ |
| …… | ☐ | ☐ |

　　總之，上述問卷設計的流程是基本的原則，研究者在每一個步驟中，若面臨問題，都可以回歸到前一個步驟進行修正。

# 問題與討論

## 一、問題

　　本章說明了問卷設計的流程，為了讓此流程更順暢，研究者需要在釐清構念、向度與題目之關係前，就需提出一個問卷設計藍圖，以做為指引設計問卷的方向。究竟此一藍圖如何確定呢？

## 二、討論

　　問卷設計藍圖是問卷設計的方向指引，它猶如行車導航器，就論文來說，它就是研究架構。建立論文的研究架構需要長時間的構思，尤其需要經過研究者對於該議題的敏感、巧思及不斷地修改研究方向，慢慢地才會完成此一架構。而建立問卷設計架構的基礎在於大量閱讀文獻，經由文獻探討及學理的辯證與分析才能建立，也才能引導問卷設計的方向，例如：研究者要研究高中教師感受的學校組織文化與學校效能之關係差異（C 線），以及不同背景變項在學校組織文化（A 線）、學校效能的差異（B 線），如圖 3-1 所示。要建立此一架構的前提，

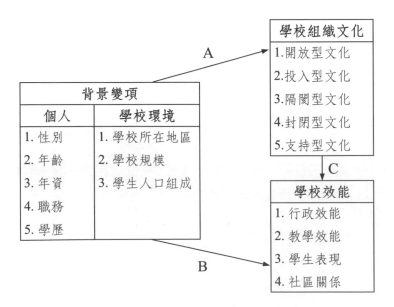

圖3-1　問卷設計藍圖

在文獻探討應對背景變項在學校組織文化、學校效能的差異有深入分析，以及對於學校組織文化與學校效能之關係有更多論述，才會建立問卷藍圖。更重要的是，對於組織文化區分為五種類型，以及學校效能區分為四個向度，也都應該有學理依據。當研究者有此架構，並對於研究構念（學校組織文化、學校效能），以及研究向度有明確界定內涵之後，就可以編製問卷題目了。

# CHAPTER 4 問卷主要內容

☑ 研究者編製問卷應掌握問卷內容，尤其應掌握問卷內容的項目，否則無法進行問卷設計。問卷內容不僅有受訪者的基本資料、正式問卷題目，還包括問卷指導語、通知信函的問候語、計分方式，以及部分的開放型題目。這些都是問卷設計應掌握的重點。本章也提供兩個正式問卷實例供參考。

## 壹 重要的問卷內容 ✏

　　一份完整的問卷應包括四個基本的內容：(1)通知信函，就是放在研究問卷最前頭的一個問候語；(2)讓受試者填答的基本資料欄，通常是依據研究者的研究目的來設計其基本資料項目；(3)指導語，在填答正式題目及問卷之前，告知受試者應注意哪些重點；(4)問卷的正式題目和計分方式，也就是研究者最想關切的研究題目。舉例如下。

## 一、通知信函

　　研究者應依所要調查的樣本，撰寫一份簡單的通知函。主要告知樣本調查的資料將會保密，不會對外公開，僅供研究使用，以讓受訪者安心填寫。

## （一）給家長

> 親愛的家長及老師：
>
> 　　您好！首先感謝您撥冗填答這份問卷。這份問卷的目的是針對外籍母親與本籍母親之子女在學業成就的比較，問卷所得資料絕對保密，純供學術研究之用，請家長放心填寫。請於 2004 年 2 月 25 日前由貴子弟交給班導師。您的意見非常寶貴，謝謝您的支持與協助！敬祝！健康快樂
>
> 　　　　　　基隆市政府教育局
> 　　　　　　國立臺北師範學院幼兒教育系教學碩士班研究生：柯淑慧
> 　　　　　　指導教授：張芳全博士

資料來源：柯淑慧（2004）

## （二）給國民小學的學生

> 親愛的小朋友，您好：
>
> 　　本問卷是在瞭解您家庭環境情形與資訊素養，不是考試，請安心依實際情形填答。請小朋友在收到問卷之後，認真的趕快填寫完畢，於 2007 年 1 月 20 日交給學校校務主任。您所填寫的資料絕對不會告訴別人，請您安心填答。謝謝您的合作。
>
> 祝　平安快樂　學業進步。
>
> 　　　　　　國立臺北教育大學國民教育學系碩士班
> 　　　　　　指導教授：張芳全博士　研究生：林詩琴　謹上

資料來源：林詩琴（2007）

## （三）給教師、中小學校長

敬愛的教育先進，您好：

　　首先感謝您參與這項研究，這份問卷主要想瞭解您目前對金門縣國民中小學校長遴選問題的認知感受，所得的資料純做學術研究之用，且僅做團體分析，不做個別處理，故不需填寫姓名，請安心作答。您的意見非常寶貴，請您仔細閱讀各部分作答，依照個人的認知與感受逐題填寫。非常感謝您在百忙中撥冗協助，敬請將填妥之問卷交由貴校負責人收齊後，於 97 年 3 月 31 日前寄回（已附上回郵信封及地址），衷心感激您的協助！

耑此

　　順頌　教安

國立臺北教育大學國教系碩士班
指導教授：張芳全　博士
研　究　生：翁明國　敬上
中華民國 97 年 3 月 24 日

資料來源：翁明國（2008）

## 二、受訪者的基本資料欄

　　研究者以問卷進行資料蒐集，也期待能蒐集受訪者的一些基本資料或稱為背景變項，並期待這些資料與正式問卷內容有深入分析的價值。就以柯淑慧（2004）的研究為例，她主要在瞭解基隆市外籍母親與本籍母親之子女學業成就之比較研究，其基本資料如下：

學生家庭基本資料（請在適當的答案□裡打∨，若選擇「其他」請附加說明）

1. 請問您的母親原始國籍？ □中華民國　□外國籍
2. 請問您的父親教育程度？□國小（含以下）　□國中　□高中（職）
　　□大學／專科　□研究所以上（含學分班）

3. 請問您的母親教育程度？□國小（含以下）　□國中　□高中（職）
□大學／專科　□研究所以上（含學分班）

4. 請問您的家庭經濟結構？□單薪家庭（父或母工作）　□雙薪家庭（父母皆工作）　□其他（說明）_____

5. 請問您的家庭每月總收入？□20000 元以下　□20001～30000 元
□30001～40000 元　□40001～50000 元　□50001～60000 元　□60001 元以上

在基本資料或背景變項的設計上，應注意以下幾項：

1. 研究者應思考研究要調查哪些基本資料？研究者如沒有欲探討的內容，就不宜納入調查。

2. 背景變項的選項宜窮盡，每一個背景變項的選項之間要互斥，如上例的教育程度、每月收入、經濟結構。

3. 如果研究者要將背景變項視為連續變項來分析，此時可以留空讓受訪者填寫，如上述的家庭每月收入，就可留空給受訪者填寫。

4. 基本資料的項目是受訪者可以認知及填寫的範圍，就如以國小一年級的小學生，要他們填寫家庭的收入會有困難，因為超出他們的理解及能力範圍。

5. 有些基本變項，例如：教師的年資、工作年資，研究者宜說明清楚，究竟應從何時起算，至哪一年及哪一月止。

6. 有些研究是以職業類別，若是低年級或年齡較小的受訪者，最好將所有的職業，以表格方式列於表中，讓受試者勾選，年長者可以在該題中留空，讓受訪者填寫。

7. 避免會造成受訪者困擾的背景變項，例如：姓名、家庭氣氛、婚姻狀況、家庭收入、家中病患人數、家庭及個人隱私、病況、公司行號的營業額等，最好不要詢問，避免受訪者困擾，而拒絕填答。這些項目在 IRB 審查亦難以通過。

8. 有些基本變項不一定要問受訪者，只要研究者在發放問卷作好標記即可，例如：有很多教育研究論文，研究者喜歡詢問學校規模（如 12 班以下、13～24 班、25 班以上）、學校歷史（10 年以下、11～20 年、21 年以上）等，研究者可以用電話方式詢問這些資訊，最後標記編碼在電腦中即可。因為很可能同一所學

校發出去三十份問卷，但這三十位受訪者，有些受訪者可能剛到學校服務，不一定瞭解學校的歷史或學校規模，此時在三十位同一所學校的受訪者就有可能超過一種以上的選項反應，也就是說，事實僅有一個，但是受訪者不瞭解，而有誤填情形。

9. 基本資料放在研究工具的最前面或最後面都可以，但是放在最前端較適合。這是因為受試者一開始填寫資料時會較為專注，填答的基本資料準確度較高。

## 三、填答的指導語

填答的指導語在提醒受訪者在填答時應注意的事項，通常包括：

1. 它應該說明問卷的題數及等第，例如：「非常同意」、「同意」、「不同意」、「非常不同意」、「沒意見」的五等第。

2. 要告知受訪者如何選擇，是要勾出、選出或其他劃記等，最好舉例說明。

3. 它應指出是單選題？還是複選題（最多應選出幾項應說明）？

4. 如果是開放型題目，研究者可以請受訪者儘量填答。

5. 對於所要填答的向度及構念之定義要明確說明，例如：研究者所要調查的是國中生的生活適應，在問卷指導語中就應指出「國中生的生活適應是學生在學校中所處的環境與互動的人員所感受到的情形」。

以下提供例子說明之。

（一）單選題的例子

【填答說明】這是一份有關國小學生日常生活經驗的問卷，不是考試，答案沒有對或錯，所以，請您仔細閱讀下列句子後，依照您實際經驗或感覺回答問題。問卷題目以沒有、很少、有時、時常、總是有這種感覺等五種選項；如果題目所陳述的事情沒有發生過，則請在右邊 1.2.3.4.5. , 1.的 □ 內打 ∨；很少發生，則勾選 2. ，依此類推。謝謝您。例如：

．您經常到學校圖書館找課外書嗎？1.□ 沒有　2.□ 很少　3.□ 有時
　　4.□ 時常　5.□ 總是

· 您常看到學校老師在圖書館找上課用的教材嗎？1.□沒有　2.□很少
3.□有時　4.□時常　5.□總是

## （二）複選題的例子

【填答說明】這是一份有關國民小學教師知識管理的情形，不是評鑑，答案沒有對或錯，請您仔細閱讀下列句子後，依照您實際經驗或感覺回答問題。一個問卷題目之後，有多個選項，請在□內打∨，依此類推。謝謝您。例如：

您認為教師進行知識管理對於學校有何助益？（複選題，請選四個）
□增加學校行政效率
□增加教師的教學效果
□提高學校教師進修
□強化教師對學校認同
□增加學校組織變革力
□增進家長對學校教師的教學認同
□有助於向教育局申請經費補助

## （三）開放型問卷的例子

【填答說明】這是一份有關民間社會團體與立法院之關係：以蘇花高為例的問卷，答案沒有對或錯，所以，請您仔細閱讀下列的題目句子之後，依照您實際經驗回答問題。每一個題目之後，都有很多行，請在 _____ 內敘寫您對該問題的看法，依此類推。謝謝您，例如：

1. 您覺得 2014 年的立法院兩會期中，立法院對於社會團體在蘇花高的環保議題上的重視性為何？

_____

2. 您認為，立法院在蘇花高的環保議題上應有何立場？

_____

3. 您認為，民間社會團體在蘇花高的環保議題上應有何角色？

_____

## 四、正式問卷題目

　　通常，問卷的正式題目係指在指導語、基本資料之外，研究者所要調查的內容。正式題目的安排上，也需要注意幾項：(1)必須要填答指導語說明；(2)各題目的編排最好能讓受訪者容易填答，最好在每五題時最好有一空行；(3)如果題目太多，翻頁仍有題目時，選項的文字，如：□同意、□不同意，仍應呈現於該頁上，避免受訪者還要翻前頁才可以回答。以下就以林永盛（2007）的研究為例。

第二部分　基隆市國民小學新移民子女知覺社會支持問卷

　　【填答說明】這是一份有關國小學生日常生活經驗的問卷，不是考試，答案沒有對或錯，所以，請您仔細閱讀下列句子後，依照您實際經驗或感覺回答問題。問卷題目以沒有、很少、有時、時常、總是有這種感覺等五種選項，如果題目所陳述的事情沒有發生過，則請在右邊 1.2.3.4.5.的數字中的 1.□內打 ∨（單選）；如果很少發生，則勾選 2.，依此類推，謝謝您。

| | 1 沒有 | 2 很少 | 3 有時 | 4 時常 | 5 總是 |
|---|---|---|---|---|---|
| 1. 別人會和我討論如何解決問題。 | □ | □ | □ | □ | □ |
| 2. 別人會提供我他人解決問題的經驗。 | □ | □ | □ | □ | □ |
| 3. 別人會提供我做事的意見。 | □ | □ | □ | □ | □ |
| 4. 別人會提供我解決問題的相關資料。 | □ | □ | □ | □ | □ |
| 5. 別人會幫我瞭解問題的原因。 | □ | □ | □ | □ | □ |
| 6. 家人提供我生活和學習所需要的物品。 | □ | □ | □ | □ | □ |
| 7. 家人給我日常生活的幫助，讓我能安心上學。 | □ | □ | □ | □ | □ |
| 8. 我的父母收入穩定，讓我能安心念書。 | □ | □ | □ | □ | □ |
| 9. 我遇到生活上問題時，家人會協助我解決。 | □ | □ | □ | □ | □ |
| 10. 別人會肯定我的能力。 | □ | □ | □ | □ | □ |

## 五、額外的開放型題目

研究者在封閉型問卷編擬之後，常想要瞭解受訪者除了所列的問卷題目外，是否仍有一些意見要表達，此時在上述四種問卷內容呈現之後，研究者可以試著增加一項開放型的題目，讓受訪者進行意見抒發，受訪者透過此機會表達問卷問題未能提供的一些見解。研究者可以從這些開放型的問題，獲得很多有意義的啟示，同時可以讓研究者思考在問卷設計過程中，還有哪些研究問題沒有納入設計。例如：研究者可以設計的開放型題目，如下：

除了上述的問題，您對此議題是否還有意見？請您寫出來：

_____

_____

## 貳 問卷的選項類型

封閉型的問卷在題目敘述之後，往往會有選項讓受訪者勾選。勾選的等第往往有二等第、三等第、四等第、五等第，甚至六等第及六等第以上的選項，這些等第的設計，研究者需要依研究需求及研究性質而定。要說明的是：本章在標題行文用「等第」（rank）或次序性，例如：二（等第）選項、三（等第）選項等，並不代表本節提供的例子就是具等第或次序性（等級性），有些選項的例子僅是類別，例如：「經常、偶爾、不常、沒有」的選項，看起來也像是等級性尺度。這個例子廣義上也可以把它視為次序性或等級尺度，然而從狹義來看，「偶爾」與「不常」對每個人來說，其頻率或許接近，但仍有不同，因此此例應該是類別性尺度（非次序性尺度）。簡言之，在問題的選項設計時一定要明確具體。

## 一、兩個（等第）選項

兩個等第的問卷選項，主要是強迫受訪者對問題做出明確的回答。也就是不管受訪者對於該問題的瞭解、支持，或是掌握的程度，都要讓他們明確表態；相

較於以四個等第或五個等第為選項的問卷，能夠獲得更具體的意見。既然是要讓受訪者具體的表態，且僅有兩個選項，因此受訪者易回答，問卷回收也比較容易，但其重要的前提是，問卷的題目內容需要受訪者可以回答或瞭解的範圍。運用兩個等第的選項，可以搭配的統計方法是以類別尺度為主，這是研究者應先掌握的。問卷中較為常見的兩個選項形式如下：

☐ 是　　☐ 否

☐ 有　　☐ 沒有

☐ 同意　☐ 不同意

☐ 支持　☐ 反對

☐ 瞭解　☐ 不瞭解

例如：1. 請問貴子女出生是否患有先天疾病？☐ 沒有　☐ 有

　　　2. 您支持政府實施九年一貫課程嗎？☐ 支持　☐ 反對

　　　3. 您參加了學校課程發展委員會嗎？☐ 是　☐ 否

## 二、三個（等第）選項

　　三個等第的問卷選項主要是增加了第三選項，讓受訪者有更多考量與選擇的空間。很多問卷題目，受訪者不一定瞭解其意涵，也不一定知道問題陳述的情境，甚至超出受訪者的認知範圍，在此情形下要受訪者表達意見，是一件強人所難的事。問卷調查法既然在瞭解社會的真實現象，研究者就應該遵照社會真實現象，設計一個第三選項，例如：「沒有意見」、「不知道」、「無法填答」等，讓受訪者表達這些意見的空間與機會。就如同臺灣的選舉過程中，也有不少人對於所有的候選人不表達支持，因此會投廢票來明志。類似這樣的情境，在於尊重不同人的「心聲」及意見，如此才可以回歸到問卷調查乃欲掌握真實社會現象的本意；否則，強迫要求選擇是非、對錯、支持與反對，這就違反了社會常態。

　　研究者如果使用三個選項，如以下所列的選項。在資料回收之後，也僅能以類別尺度做資料分析，這是研究者應先掌握。怎麼說呢？試想，如果一個題目的

選項中，「同意」減去「不同意」，不等於「不同意」減去「沒有意見」，其資料屬性是一種類別尺度，而不是等級尺度、比率尺度或等距尺度。這是研究者當加注意。常見的三個選項的類型如下：

□同意　□不同意　□沒有意見

□滿意　□不滿意　□不知道

□瞭解　□不瞭解　□不知道

□支持　□反對　　□沒有意見

　例如：1. 您支持臺灣獨立嗎？□支持　□反對　□沒有意見

　　　　2. 您滿意教育部執行的九年一貫課程政策嗎？□滿意　□不滿意
　　　　　□不知道

## 三、四個（等第）選項

　　以四個等第的方式也是期待受訪者要明確表態。常見的四個選項形式，在以下例子可以看出，它可能是具有等級性，如第二至第四項；也有可能是非等級性的，如第一項。要選用等級性或非等級性的，就依研究者的需要而定。

□經常　　　□偶爾　□不常　　□沒有

□非常同意　□同意　□不同意　□非常不同意

□非常滿意　□滿意　□不滿意　□非常不滿意

□從不這樣　□很少這樣　□常常這樣　□總是這樣

□非常符合　□符合　□不符合　□非常不符合

○非常支持　○支持　○不支持　○非常不支持

「」非常認同　「」認同　「」不認同　「」非常不認同

　　上述的形式在最前及最後的選項上都以「非常」的語法來呈現，主要用意在強調受訪者在此問題的強烈感受及支持反對的程度。例如：

我對學校老師知識分享感到 □非常滿意　□滿意　□不滿意　□非常不滿意

## 四、五個（等第）選項

　　研究者還可以設計為五等第的問卷選項，這種方式是在四等第的選項之後，增加一項：「沒有意見」、「不知道」，或「未能填答」等項目。它是三個類別選項的一種延伸，可以增加意見的選擇。常見的五等第型的選項如下：

□非常同意　□同意　□不同意　□非常不同意　□沒有意見

□非常滿意　□滿意　□不滿意　□非常不滿意　□沒有意見

（　）非常支持　（　）支持　（　）不支持　（　）非常不支持　（　）不知道

□非常贊成　□贊成　□普通　□不贊成　□非常不贊成

□非常支持　□支持　□還好　□不支持　□非常不支持

□全部符合　□多數符合　□半數符合　□少數符合　□全部不符合

□非常不精確　□有些不精確　□普通　□有些精確　□非常精確

□一等　□二等　□三等　□四等　□五等

例如：1. 您滿意現階段臺海兩岸的貿易政策嗎？□非常滿意　□滿意
　　　　□不滿意　□非常不滿意　□沒有意見

　　　2. 您能接受臺海兩岸一中各自表述嗎？[　]非常能接受
　　　[　]可以接受　[　]不可以接受　[　]非常不能接受　[　]沒有意見

再如，以下題目即是運用五等第的選項。

| | 非常不精確 | 有些不精確 | 普通 | 有些精確 | 非常精確 |
|---|---|---|---|---|---|
| 我是一位……… | | | | | |
| 1. 健談的人………………………………… | □ | □ | □ | □ | □ |
| 2. 傾向挑人毛病的人……………………… | □ | □ | □ | □ | □ |
| 3. 會貫徹始終把事情做完的人…………… | □ | □ | □ | □ | □ |
| 4. 快樂的人………………………………… | □ | □ | □ | □ | □ |
| 5. 有新想法的人…………………………… | □ | □ | □ | □ | □ |

## 五、六個（等第）以上的選項

在許多研究使用的問卷也有六個等第或是六個等第以上，類似這種等第較多的問卷，需要依研究者的目的及研究問題而定。這種設計的優點在於進行統計分析時，不管是分析變項之間的差異性或關聯性，較易達到統計的顯著水準，主因是有「連續變項」的特性，在刻度增加之後，很容易有差異及變項之間的顯著情形產生。這些問卷的題目選項的設計，例如：

### （一）六等第的選項

其例子如下，請根據經驗與以下陳述相符合情形，勾選其中一種符合程度。

| | 完全不符合 | 相當不符合 | 有點不符合 | 有點符合 | 相當符合 | 非常符合 |
|---|---|---|---|---|---|---|
| 1. 我喜愛與家人聊天分享話題…………………… | □ | □ | □ | □ | □ | □ |
| 2. 我願意花時間分享工作樂趣…………………… | □ | □ | □ | □ | □ | □ |
| 3. 我與朋友相互信任…………………………… | □ | □ | □ | □ | □ | □ |
| 4. 我對自己的主張有信心……………………… | □ | □ | □ | □ | □ | □ |
| 5. 我是一個不會屈服社會壓力的人…………… | □ | □ | □ | □ | □ | □ |

### （二）七個（等第）選項

其例子如下，請根據經驗與以下陳述相符合情形，勾選其中一種同意程度。

|  | 非常不同意 | 不同意 | 有點不同意 | 普通 | 有點同意 | 同意 | 非常同意 |
|---|---|---|---|---|---|---|---|
| 1. 我很滿意我的生活……………… | ☐ | ☐ | ☐ | ☐ | ☐ | ☐ | ☐ |
| 2. 我的工作很出色……………… | ☐ | ☐ | ☐ | ☐ | ☐ | ☐ | ☐ |
| 3. 我非常滿意我的工作…………… | ☐ | ☐ | ☐ | ☐ | ☐ | ☐ | ☐ |
| 4. 我已獲得生活中想要的重要事物…… | ☐ | ☐ | ☐ | ☐ | ☐ | ☐ | ☐ |
| 5. 如人生重新來過，我不想做任何改變…… | ☐ | ☐ | ☐ | ☐ | ☐ | ☐ | ☐ |

## （三）八個（等第）選項

您對目前政府的行政效率滿意程度為何？

非常滿意＿」＿」＿」＿」＿」＿」＿」＿」非常不滿意
　　　　　8　7　6　5　4　3　2　1

## （四）十個（等第）選項

您支持政府的健保制度嗎？

非常支持＿」＿」＿」＿」＿」＿」＿」＿」＿」非常不支持
　　　　　10　9　8　7　6　5　4　3　2　1

您支持學校應該公辦民營嗎？

非常支持＿」＿」＿」＿」＿」＿」＿」＿」＿」非常不支持
　　　　　10　　8　　6　　4　　2

　　然而，如上述的（三）、（四）的問卷選項，資料回收之後，可以對資料假定是連續變項進行分析，但是如果在進行差異性檢定及資料的描述統計時，往往

會有困難。就如最終的受訪者平均值為 4.5 分，此時是傾向不支持學校公辦民營，但是究竟應該如何描述，是嚴重的不支持？或是僅有少部分的不支持？相當不易描述。

## 六、其他形式的選項

還有一種選項的形式，它就是在尺度的兩端，運用截然不同的形容詞作為選項。這樣的問題設計形式如下：

自我特質

| | 1 | 2 | 3 | 4 | 5 | 6 | |
|---|---|---|---|---|---|---|---|
| 健談 | ☐ | ☐ | ☐ | ☐ | ☐ | ☐ | 安靜 |
| 自立 | ☐ | ☐ | ☐ | ☐ | ☐ | ☐ | 依賴 |
| 理智 | ☐ | ☐ | ☐ | ☐ | ☐ | ☐ | 感性 |
| 創意 | ☐ | ☐ | ☐ | ☐ | ☐ | ☐ | 保守 |
| 活潑 | ☐ | ☐ | ☐ | ☐ | ☐ | ☐ | 嚴肅 |
| 開放 | ☐ | ☐ | ☐ | ☐ | ☐ | ☐ | 封閉 |

類似這樣的選項設計，看起來選項的兩端是互為極端的意涵，但是這樣的設計在問卷回收與進行資料分析之後，很難去解釋所得到的發現，例如：如果受訪者共有三百名對此問卷進行調查，所得到的「健談」與「安靜」一組詞語中的平均數為 3.0，此時研究者究竟要如何解釋此筆獲得的資料？是這群受試者傾向「健談」嗎？如果是，平均數為 2.0 也是傾向「健談」，那麼又如何比較 3.0 與 2.0 的意義呢？當然，一組詞語的選項方式也要考量這組詞語是否真的有互斥呢？就如一位「理智」的人，真的就完全沒有「感性」的特質嗎？一位「開放」特質的人，難道就沒有「封閉」的特質嗎？也就是說，「理智」本身或者「開放」本身就應該有其層次或程度性。這說明了，與其運用一組詞語的方法，不如將「理智」、「開放」的特質，運用程度或等級性的選項來讓受訪者填選，這樣在資料蒐集後會更容易整理分析。因此，上述的題目可以調整為：

| | 非常多 | 還好 | 一點點 | 沒有 |
|---|---|---|---|---|
| 1. 您覺得您理智的特質？ | ☐ | ☐ | ☐ | ☐ |
| 2. 您覺得您具有外向的人格特質？ | ☐ | ☐ | ☐ | ☐ |
| 3. 您覺得您具有嚴肅的特質？ | ☐ | ☐ | ☐ | ☐ |
| 4. 您覺得您具有依賴的特質？ | ☐ | ☐ | ☐ | ☐ |

 選項之外的重要事項

## 一、題意搭配適切的選項

　　不管是上述的二等第、三等第、四等第或六等第以上的選項，在選項的用語（即選項）選取，應掌握幾個特性：第一，問卷題目的敘述應與選項有意義的搭配與連結；第二，問卷的選項應能突顯出問題的意涵，例如：有些問題的選項必須要有「沒有意見」、「無法回答」、「不知道」的選項，研究者就應該列出來，讓受訪者勾選，而不宜讓受訪者只勾選「是」或「否」、「支持」或「反對」、「贊同」或「不贊同」等選項。最後，問卷的選項最好能統一，除非研究者所設計的問卷每一題都是獨立的，與其他題目沒有關係，否則最好在各題運用相同的選項，這可以避免後續資料處理的困難。然而，問卷題目的等第多寡宜考量受試者的年齡、語彙能力，例如：對小學生來說，一個題目不應有太多的等第，太多等第會影響他們的判斷，畢竟他們的注意力無法集中太長，太多等第無法讓他們的選擇出更有意義的選項。

　　關於上述第一項的意見，就如：


　　您支持立法院會議公開嗎？☐沒有　☐有


　　選項中的「沒有」及「有」，並無法呼應問題的內容，看來並沒有意義，因此將該題目的選項設計如下，就更為貼切。修改為：

您支持立法院會議公開嗎？□支持　□反對

關於第三項的意見，在問卷的選項宜統一，例如：

<table>
<tr><td></td><td>非常同意</td><td>同意</td><td>不同意</td><td>非常不同意</td></tr>
<tr><td>1. 我能與學校老師進行知識分享。</td><td>□</td><td>□</td><td>□</td><td>□</td></tr>
<tr><td>2. 我能使用圖書館提供的線上查詢系統的資訊。</td><td>□</td><td>□</td><td>□</td><td>□</td></tr>
<tr><td>3. 我能使用網路上的搜尋引擎，檢索重要的資訊。</td><td>□</td><td>□</td><td>□</td><td>□</td></tr>
<tr><td>4. 我知道除了網路之外，還可從光碟片找需要的資訊。</td><td>□</td><td>□</td><td>□</td><td>□</td></tr>
<tr><td>5. 我知道如何使用電腦來存取檢索的資訊。</td><td>□</td><td>□</td><td>□</td><td>□</td></tr>
</table>

## 二、明確選項的反應程度

　　為了要區分選項的程度、高低、多寡、大小、頻率、憂劣等，研究者還可以對於題目的選項：符合程度、滿意程度、接受程度、支持程度、興趣程度或贊成程度等，提供參考標準，再讓受試者填答。此種選項會運用百分制做分數切割，例如：五等第的每一等第為20分間隔。在指導語提示中要提到：親愛的受試者，以下題目的選項，請就您的感受填答，若您是「毫無興趣」代表對該題沒有感受、「不太有興趣」代表對該題有1～35分程度的感受、「有點興趣」代表對該題有36～70分程度的感受、「非常有興趣」代表對該題有71分以上程度的感受。其問卷題目如下：

您對政府在2014年舉行臺灣獨立公投的參與興趣為何？□毫無興趣　□不太有興趣　□有點興趣　□非常有興趣

　　再如：為了要瞭解學生的課業表現（如英語、數學、國語、社會、自然或學期總成績表現），此時亦可以運用以下方式：

您的數學成績表現如何呢？

□全班前 15%　　□全班 30%以上　　□全班平均數左右　　□全班最後 30%

□全班最後 15%

## 三、沒有次序性選項的注意事項

　　有一些問卷的題目選項是沒有次序性的。這種問卷的設計選項，主要是讓受訪者選出他認為的一種適當方式，當然也有些問卷是要求受訪者可以複選選項。首先，沒有次序等第的選項，其資料類型是一種類別變項，在資料處理上僅能以無母數統計進行分析，不可以將這些資料做為母數統計，也就是將它視為連續變項，如果以連續變項進行分析，推論就會有錯誤的結果產生。如果是單選題，在資料處理上較為容易，研究者在登錄資料時，僅需要將該題視為一個題目，用一個欄位登錄資料即可；如果是複選題，此時研究者在登錄資料時，就要看該題目有幾個選項，就要用幾個欄位來登錄資料。設計的複選題目過多，代表研究的資料登錄更為複雜，同時在進行統計分析時，也僅能描述該問題的反應次數而已，較無法進行推論統計的分析，例如：

1. 請問父親對子女的良好表現，常用的獎勵方式？

　　□毫無表示　　□口頭讚美　　□送禮物　　□給金錢　　□旅遊

　　□其他（請說明）＿＿＿＿＿

2. 請問母親對子女發生錯誤行為時，常用的管教方式？

　　□不理會　　□處罰　　□規勸　　□其他（請說明）＿＿＿＿＿＿

3. 您的居住地區是：

　　□北部（臺北市、新北市、基隆市、桃園縣、新竹縣市、宜蘭縣）

　　□中部（苗栗縣、臺中市、南投縣、彰化縣、雲林縣）

　　□南部（嘉義縣市、臺南市、高雄市、屏東縣）

　　□東部（花蓮縣、臺東縣）

　　□離島（澎湖縣、金門縣、連江縣）

上述題目就是一種選項沒有次序的。在設計沒有次序的問卷題目，除了題目需要有代表性，也要能涵蓋研究目的及研究問題，更重要的是在題目之後的選項，也就是類別選項，研究者應掌握幾個重要的特性：

1. 選項之間要互斥，不要重疊。因為重疊之後，就無法區分這些類別的重要性，也可能增加受訪者在選項區辨的困擾。

2. 選項應該窮盡，不能有遺漏。如果有遺漏了選項，代表該問題並無法反應出受訪者的態度及意向，此時蒐集的資料就無法做推論。

3. 如果問卷中有「其他」選項，在資料回收之後，統計資料分析會有困難，尤其是運用卡方考驗檢定不同類別之間的差異性，對於「其他」的解釋較為困難且沒有意義。

## 四、沒有意見或不知道的資料分析

問卷的回答選項中，如果有強迫受訪者一定要回答的設計時，問卷的題目選項常會呈現出的形式為：「□是 □否」、「□支持 □反對」、「□贊同 □不贊同」、「□對 □錯」等兩極端選項，可是在社會科學或是社會現象中，並不一定每一個情境或每個問題，受訪者都瞭解，很可能受訪者的生活經驗並沒有體驗過，也可能超出受訪者的認知及能力範圍，因而無法回答研究者所提出的問題。所以如果沒有注意到此問題，很多分析也無法掌握真實現象。就如研究者的問卷是這樣問受試者的：

1. 您認為教育研究期刊的論文審查制度適當嗎？□適當　□不適當
2. 您對於學術論文的審查公平性的意見如何？□合理　□不合理

上述的研究工具內容，其實有很多的受訪者不一定瞭解，很可能受訪者沒有投過稿件，也不瞭解論文的審查制度；也可能投過論文稿件，但是不瞭解是否公平性。如果將問題的選項，納入了「□不知道」、「□無法回答」、「□沒意見」等選項，會比上述的題目更好，所以將題目修改為：

1. 您認為教育研究期刊的論文審查制度是否適當？□適當　□不適當　□不知道
2. 您對於學術論文的審查公平性的意見如何？□合理　□不合理　□不知道

　　假如研究者對於問卷的題目選項之敘述已調整如上，可是在研究者問卷發出去，回收問卷之後，研究者在資料蒐集發現，在數百份問卷中的填答者僅有少部分的樣本是填寫「不知道」，例如：在五百份的樣本中，僅有五份是如此，此時研究者可以考量將這五份樣本刪除不予以考慮，接著再進行資料分析；但是前提是，需要在研究限制中提出來，讓讀者瞭解該項研究有這現象。然而，如果在回收的五百份資料發現，填答者勾選「不知道」的人有不少樣本勾選，如一百五十名，表示該題目回應不知道者不少，研究者宜將此選項納入分析，不能將這些填寫為「不知道」者予以忽略，應納入分析。

　　當問卷選項設計為「不知道」、「無法回答」或空白（沒有回答）時，在資料蒐集之後，對於題目中勾選「不知道」者，應以一個號碼做為「不知道」的代號，如以 0、9 或 99 等，此時在 SPSS 18.0 版的統計軟體視窗中，在這些題目設計有「不知道」者應設定為「缺失值」（missing value），也就是說，打開 SPSS 軟體視窗左下角的「變數檢視」後，會有一個欄位為「遺漏」（Missing），請填入一個研究者設計為遺漏值的數字，如上述的 0、9 或 99 等；而「遺漏」（Missing）填入的數值則一律視為該題項沒有受試者反應的數值，電腦就不會將該題納入分析了。

## 五、奇數等第或偶數等第的取決

　　問卷設計應考量受試者要勾出的選項等級。李克特量表以五等第最為典型，也就是在問卷題目的選項上是以「非常同意」、「同意」、「沒意見」、「不同意」、「非常不同意」做為選項。研究者在設計問卷選項時，常會思考究竟這些選項應該是奇數個或偶數個比較好呢？究竟要用何者，研究者應該自有判斷。研究者可能會擔心，如果以奇數個選項，將會有受訪者在填寫問卷時，會集中的選擇中間欄位的問題，因此研究者就有偶數個選項，期望受訪者不要趨中的選擇。

　　也就是說，有些受試者對於問卷的勾選容易趨中，所以有些研究不以奇數等

第，而是以偶數等第為主；但是對於這樣的說法，也有不同的觀點。如果單以偶數等第，就如「非常同意」、「同意」、「不同意」、「非常不同意」等四個等第讓受訪者勾選，是可以獲得許多社會真相，可是在社會的真實現象之中，也應該有一些受訪者對於上述四個選項無法接受者，他們也許期待填答「沒意見」、「不知道」、「無法表達」等。此時如依上述的四個等第，就會有強迫受試者一定要表達同意或不同意的現象，這並不符合社會的真實現象。試想總統大選，有些投票者對所有的候選人都不支持，因而投廢票就是一種現實的反應。問卷調查類似民主選舉的人民投票行為，有很多選民不願意表態或投廢票的縮影，所以用奇數個選項才符合實際狀況。

## 六、試用安插題目瞭解亂填者

為了使問卷讓受訪者更有意義的回答，研究者可以在正式題目中安插一、二題與正式問卷內容無關的題目，讓受試者填寫。研究者可以從回收的問卷中，檢視這一、二題的回答情形，來判斷受訪者真實回答的狀況。這種安插題常安插在眾多題目的中間，受訪者如果任意填寫問卷，不會察覺問題的敘述，因此也就會在安插題的選項上，任意亂填。研究者可以從中將這些亂填者的問卷刪除，以避免混淆問卷資料的真實性。

所安插的題目與正式的題目在內容上無關，例如：研究者的問卷有 20 題都在調查高中生的學習動機，20 題都與學習動機有關，然而研究者可以增加二題，使得問卷變為 22 題，多出的 2 題之內容則與學習動機無關。如果以下的兩題都是勾選「經常」、「偶爾」、「很少」者應該是廢卷，而勾選「沒有」，應該不是亂填。試想會承認偷竊或吸毒情形的人很少，所以勾選此項者，代表不合理或亂勾。不同研究可設計出不同的安插題，在此的這兩個例題是：

您曾偷竊老師的五十萬元嗎？□經常　□偶爾　□很少　□沒有
您現在吸毒嗎？□經常　□偶爾　□很少　□沒有

 問卷範例

　　為讓讀者更瞭解問卷的實例，筆者提供幾份問卷供參考。

## 一、對政策進行的調查問卷

　　「北北基教科書評選與共辦基測問卷」（筆者編製）為一份公共政策的調查，受訪者的類別包括國民小學家長、國民中學，以及高中的校長、教師、組長及主任。研究者在研究目的與問卷設計上有幾個考量：

　　1. 它不是以研究構念為前提，而是以臺灣的國中階段教科書版本爭議許久的一綱一本與一綱多本，哪一種版本比較好的方向在思考。因此研究者在問卷編製，就沒有將問卷的題目區分為不同的構面。但它區分為各校共同評選教科書與北北基共辦基測的意見。它是以某一題與其他題無法整合為一類的題目形式設計。因此，它沒有要進行因素分析，但需要進行信度分析。

　　2. 研究者僅對於臺灣的一綱一本與一綱多本的教科書進行意見調查，沒有進行因素分析，所以本問卷就需要深入的進行專家評定的工作，透過參與決策有關一綱多本或一綱一本的教育行政人員、具有專業背景的家長、教師、校長或專家學者先評定問卷的內容，以做為後續問卷調查的依據。

　　3. 研究者在正式題目的選項上是以「□同意」、「□不同意」、「□沒有意見」居多，顯然是一種類別變項，而基本資料則以類別尺度的變項，因此研究者在未來資料蒐集後的資料處理統計方法選擇，應以次數分配、卡方考驗或其他無母數統計的方法進行，這是研究者在設計問卷的同時，應一併納入考量的。

　　4. 因為受訪者包括家長，所以在基本資料欄上，僅有教育程度（其選項設計是國中、高中職、大專校院、碩士以上）與性別。

問卷 就是要 這樣 編

# 北北基教科書評選與共辦基測問卷

親愛的家長、校長、老師、組長、主任，您好：

　　本問卷在瞭解北北基教科書評選與共辦基測議題。本問卷僅供研究參考，您的填答會予以保密，請用心及放心填寫。您的協助將使北北基教科書評選與共辦基測更受重視。請仔細填寫。您的協助，不勝感激。

國立臺北教育大學教育政策與管理研究所教授　張芳全　敬上

2007 年 12 月

## （一）基本資料

1. 性　　別：□女　□男
2. 服務年資：□5 年以下　□6～15 年　□16～25 年　□26 年以上
3. 最高學歷：□國中（含）以下　□高中職　□大專校院　□碩士（含）以上
4. 學校規模：□15 班以下　□16～36 班　□37 班以上
5. 學校歷史：□20 年以下　□21～40 年　□41 年以上
6. 您任教的領域（科目）：□國文　□數學　□歷史　□地理　□公民　□英文　□生物　□化學　□物理　□地球科學

## （二）各校共同評選教科書

填答說明：

北北基在 98 學年度實施一綱一本，臺北市、新北市及基隆市國民中小學各校共同評選教科書，請您就以下的問題敘述，在□中選出一項適當的選項。

1. 您認為北北基教科書單一版本評選宜幾年評選一次？□一年　□二年　□三年。

<table>
<tr><td></td><td>同意</td><td>不同意</td><td>沒意見</td></tr>
</table>

2. 北北基的國中七年級新生至九年級畢業，同一所國中在學三年期間，五個領域（國文、數學、社會、自然、英文）採用同一版本？……………………………………………………………… □ □ □

3. 北北基版本教科書規劃及評選工作，在 97 年 5 月公布單一版本教科書？……………………………………………………… □ □ □

4. 北北基自 97 學年度國中七年級新生入學起，開始實施單一版本教科書？……………………………………………………… □ □ □

5. 北北基的國中教科書由 185 所學校進行評選，每校每科（領域）都一票，統計該科（領域）票數最多者，推薦學校選用？…… □ □ □

6. 北北基的國中教科書評選委員由各校評選，在一綱多本架構下，選出單一版本的教科書？………………………………… □ □ □

7. 北北基的單一版本教科書可以減輕學生課業壓力？………… □ □ □

8. 北北基透過教師評選，選出國中單一版本教科書，可以減輕家長經濟負擔？………………………………………………… □ □ □

9. 一綱一本會限制學生多元學習？……………………………… □ □ □

10. 一綱多本會增加學生的學習壓力？…………………………… □ □ □

11. 一綱多本會增加學生補習的時間？…………………………… □ □ □

12. 一綱多本會增加學生學習負擔？……………………………… □ □ □

13. 一綱多本會增加家長的經濟負擔？…………………………… □ □ □

14. 一綱多本會增加家長擔心子弟學習效果不佳？……………… □ □ □

15. 一綱多本會增加教師課程的銜接困難？…………………… □ □ □

16. 一綱多本會增加教師的教學負擔？…………………………… □ □ □

17. 一綱多本會增加學校選擇教科書的負擔？…………………… □ □ □

18. 一綱多本會增加學校與家長溝通教科書的負擔？…………… □ □ □

您認為北北基各校共同評選教科書有哪些問題

## 二、桃園縣國民小學新移民子女自我概念與學習風格問卷

「桃園縣國民小學新移民子女自我概念與學習風格問卷」（葛倫珮，2007）主要是針對新移民女性之子女就讀國小高年級學生進行施測。研究者的問卷設計有幾種考量：

1. 它在自我概念及學習風格上，是以學理做為依據，並不像是公共政策意見調查，它在兩項的研究構念下，又區分為不同的研究構面，就如自我概念分為生理、心理、家庭及社會自我概念。研究者在編製好問卷及預試之後，需要進行信度及效度的分析。

2. 在基本資料欄中，研究者考量受訪者可以填答的能力範圍，主要是以勾選題目較多，僅有三題為填空式的。

3. 在題目的敘述掌握了精簡、清楚與一個題目沒有多個概念的原則。

4. 正式問卷題數為三十六題，不多，應可以讓高年級學生願意填答。

5. 在統計方法處理上，研究者的期待是：以不同的背景變項（基本資料欄）的自我概念（學習風格）瞭解，它包括了自我概念與學習風格的情形，以及不同背景變項在這兩項研究構念的差異，如果背景變項為兩類者，如性別，則用獨立樣本平均數 $t$ 檢定；如果背景變項為三類者或以上者，則以單因子變異數分析。同時為了掌握新移民女性子女的自我概念是否會對學習風格有影響，研究者更建立了結構方程模型進行檢定，以瞭解兩個研究構念之間的關係。

## 桃園縣國民小學新移民子女自我概念與學習風格問卷

親愛的小朋友，您好！

　　這份問卷想瞭解您目前對一些自我概念與學習方式的感受，所得的資料純做研究之用，且僅做團體分析，不做個別處理，故不需填寫姓名，請安心作答。問卷題目無所謂對錯，和您學業成績也沒有關係，所以請依照自己的真實情況填答。請您仔細閱讀各部分作答說明，逐題填答，請不要有遺漏。非常感謝您的協助與合作。祝你　　健康快樂　學業進步

國立臺北教育大學教育政策與管理研究所

指導教授：張芳全　博士

研 究 生：葛倫珮　敬上

2007 年 3 月

## 第一部分　基本資料

1. 年級：□五年級　□六年級
2. 我是：□男生　□女生
3. 我家共有兄弟姊妹_____人（包含自己）
4. 我在家中兄弟姊妹排行第□1　□2　□3　□其他，第_____位
5. 我與哪些長輩同住？□爸爸　□媽媽　□（外）祖父母　□其他（叔叔、姑姑、阿姨……）（可複選）
6. 母親國籍：□中國大陸　□菲律賓　□印尼　□越南　□泰國　□緬甸□馬來西亞　□其他_____
7. 爸爸教育程度：□國小（含以下）　□國中　□高中（職）　□專科或大學□研究所以上
8. 媽媽教育程度：□國小（含以下）　□國中　□高中（職）　□專科或大學□研究所以上
9. 我希望念到：□國中畢業　□高中（高職）　□大學（專科）　□研究所
10. 爸爸希望我念到：□國中畢業　□高中（高職）　□大學（專科）　□研究所
11. 媽媽希望我念到：□國中畢業　□高中（高職）　□大學（專科）　□研究所
12. 爸爸的工作是：_____（請填職務或工作性質）
13. 媽媽的工作是：_____（請填職務或工作性質）

## 第二部分　桃園縣國民小學新移民子女自我概念問卷

**填答說明**

　　這是一份有關國小學生日常生活經驗的問卷，不是考試，答案沒有對或錯，所以，請您仔細閱讀下列句子後，依照您的實際經驗或感覺回答問題。問卷題目以非常同意、同意、不同意、非常不同意等四種選項，請在右邊□中勾選。

|  | 非常同意 | 同意 | 不同意 | 非常不同意 |
|---|---|---|---|---|
| **生理自我** | | | | |
| 1. 我滿意自己的長相 …………………………… | □ | □ | □ | □ |
| 2. 我滿意自己的身高 …………………………… | □ | □ | □ | □ |
| 3. 我是個健康的人 ……………………………… | □ | □ | □ | □ |
| 4. 我每天注意自己吃的食物 …………………… | □ | □ | □ | □ |
| **心理自我** | | | | |
| 5. 我的人緣很好 ………………………………… | □ | □ | □ | □ |
| 6. 我很聰明 ……………………………………… | □ | □ | □ | □ |
| 7. 我經常為課業煩惱 …………………………… | □ | □ | □ | □ |
| 8. 我覺得自己很有實力 ………………………… | □ | □ | □ | □ |
| **家庭自我** | | | | |
| 9. 我和姊姊的感情很好 ………………………… | □ | □ | □ | □ |
| 10. 我覺得我的家庭很溫暖 …………………… | □ | □ | □ | □ |
| 11. 爸爸經常讚美肯定我的行為 ……………… | □ | □ | □ | □ |
| 12. 媽媽對我相當疼愛 ………………………… | □ | □ | □ | □ |
| 13. 我喜歡和家人共同活動 …………………… | □ | □ | □ | □ |
| 14. 爸爸很喜歡我 ……………………………… | □ | □ | □ | □ |
| **社會自我** | | | | |
| 15. 我喜歡在同伴面前表現自己很厲害 ……… | □ | □ | □ | □ |
| 16. 老師對我的能力表現很滿意 ……………… | □ | □ | □ | □ |
| 17. 老師對我經常表達關心 …………………… | □ | □ | □ | □ |
| 18. 我喜歡和同學相處 ………………………… | □ | □ | □ | □ |

## 第三部分　桃園縣國民小學新移民子女學習風格問卷

**填答說明**

　　這是一份有關國小學生學習風格的問卷，不是考試，答案沒有對或錯，所以，請您仔細閱讀下列句子後，依照您的實際經驗或感覺回答問題。問卷題目以非常同意、同意、不同意、非常不同意等四種選項，請在右邊□中勾選。

|  | 非常同意 | 同意 | 不同意 | 非常不同意 |
|---|---|---|---|---|

**行動風格**

　1. 我樂於接受新的挑戰 …………………………　□　□　□　□
　2. 我喜歡和很多人一起做遊戲 …………………　□　□　□　□
　3. 我喜歡到戶外發現新奇的事物 ………………　□　□　□　□
　4. 我喜歡去冒險 …………………………………　□　□　□　□

**思考風格**

　5. 在團體討論時，我常提出新的想法 …………　□　□　□　□
　6. 我常有自己很多想法 …………………………　□　□　□　□
　7. 我喜歡將事情有條理的分類 …………………　□　□　□　□
　8. 使用新產品，我會先閱讀使用手冊 …………　□　□　□　□
　9. 聽人說話，我可以用自己的話簡單的說出重點 …　□　□　□　□
　10. 我喜歡去查證事情，瞭解事情的真相 ………　□　□　□　□
　11. 和同學討論時，我喜歡先閱讀有關資料 ……　□　□　□　□

**實用風格**

　12. 我做作業時會想清楚再做 ……………………　□　□　□　□
　13. 我對事情會有條理思考 ………………………　□　□　□　□
　14. 我覺得自己做事很細心 ………………………　□　□　□　□
　15. 和別人討論，我可以把握重點，避免討論無關的事　□　□　□　□
　16. 我會尋求協助，把事做好 ……………………　□　□　□　□
　17. 我說話喜歡簡單扼要，不會說得太多 ………　□　□　□　□
　18. 遇到困難，我會按部就班，一步步解決 ……　□　□　□　□

# 問題與討論

## 一、問題

跳題選答的問卷之設計與資料如何登錄？

## 二、討論

很多問卷往往需要針對某些題目，某些樣本才會回答，某些樣本在某些題目則不需要回答，這就是對問題跳答的狀況。在此種跳答情形中，其資料應如何整理在 SPSS 軟體呢？例如：

1. 您每天有吸超過十支菸嗎？(1)□沒有　(2)□有　　（若勾沒有者，請跳答第四題）
2. 您是否支持吸菸容易造成肺部受損？(1)□反對　(2)□支持
3. 您一週花費多少錢購買香菸呢？(1)□100 元以下　(2)□101～400 元　(3)□401 元以上
4. 您會在公共場所拒抽二手菸嗎？(1)□不會　(2)□會
……

類似這種有跳答題的問卷，在回收之後，資料登錄也是一個題目給予一個欄位。就上述四題來說，就有四個欄位，只是受試者在第一題勾選「沒有」，在第二、三題的欄位，就要以代碼（如以 9）來登錄，並在該欄位中的資料界定視為缺失資料。在打開 SPSS 18.0 版軟體視窗左下角的「變數檢視」後，會有一個欄位為「遺漏」（Missing），此時即填入一個研究者所代表的遺漏值數字，如上述 9。在「遺漏」（Missing）填入的數值會被視為沒有這個數值，後續就不會將該題為跳題回答者納入分析，而其他有填數值的題目，不會視為缺失值。

# 撰擬題目原則

研究者歸納研究構念與研究面向之後，接下來就要撰擬問卷的題目。撰擬問卷題目必須審慎用心。因為問卷的題目能反應出研究者所要研究的構念，以及受訪者能否理解研究者所要詢問的內容。因此要讓問卷題目能夠順利撰擬，研究者應掌握擬題原則。本章說明問卷題目撰擬的一般原則，以及特定受訪者的原則。

## 壹　一般性的原則

在問卷設計過程中，研究者在撰寫問卷題目的初稿，宜掌握幾項原則：(1)問卷題目與研究目的息息相關；(2)問卷題目以一個概念一個題目；(3)問卷題目應與受試者認知能力相當，例如：國小一年級學生的用語、外籍配偶的國語能力、特殊兒童的語彙能力等；(4)問卷題目宜周延涵蓋研究問題，例如：研究者要進行的向度與基本資料都應納入；(5)問卷題目不要造成受試者的困擾；(6)問卷題目用語不要使用學術語言；(7)問卷題目不可誘導，宜中立客觀。上述的問卷設計原則是研究者容易忽略的，研究者在設計問卷時宜注意，其重點如下。

### 一、問卷題目與研究目的相關

問卷設計應掌握研究目的的內涵。如果問卷未能配合研究目的，就好比牛頭不對馬嘴。試想，一位患者是頭痛，醫生卻診斷為腳的皮肉傷就開出處方，不但失去看診的價值，甚至容易造成嚴重的後遺症。同樣的問題如下：研究者要問受訪者對於九年一貫課程的想法及其意見，但是受訪者卻回答學校本位課程；研究者要瞭解目前臺灣農保制度的問題，受訪者卻指出健保制度的問題；研究者要研

究目前臺灣的政黨政治是否對民主政治有影響，研究者的問卷卻在詢問社會福利制度的問題……，諸如此類。研究者的研究目的若無法從研究工具、訪問的調查表中獲得資訊，此時就會造成問卷無法調查研究者所要研究的問題，代表研究工具沒有效度，顯現出設計的問卷明顯無法呼應研究所需。如果研究題目與研究目的無關，所蒐集到的問卷資料，就無法回應研究問題，此時也就無法解決研究問題了。本書第三章中一開始就強調，研究者宜對於研究題目、文獻探討、研究構念、研究向度及問卷題目之間的關係環環緊扣，就是這樣的道理。

## 二、問題的題意要具體清楚

　　研究者所設計的問卷題目在文字的敘述上應該具體清楚，不宜太過空泛。如果太過於籠統、抽象、模糊、不具體，就無法讓受試者正確地填答。具體的問題陳述往往是初學者很難拿捏，尤其中文字本身就有一些字詞無法精準地表達概念的內涵，因此很容易造成填答者的困擾。例如：

|  | 非常同意 | 同意 | 不同意 | 非常不同意 |
|---|---|---|---|---|
| 1. 您認為讀大學有益？ | ☐ | ☐ | ☐ | ☐ |
| 2. 您具有忠孝的精神？ | ☐ | ☐ | ☐ | ☐ |
| 3. 您具有仁愛的情操？ | ☐ | ☐ | ☐ | ☐ |
| 4. 您具有信義的態度？ | ☐ | ☐ | ☐ | ☐ |
| 5. 您具有和平的精神？ | ☐ | ☐ | ☐ | ☐ |

　　以上述第一題而言，就讀大學是否有益，文字的說明過於籠統，並無法聚焦。受訪者一定會有一些疑問：究竟是對於個人未來的賺取所得有助益？或是對於國家的經濟發展有助益？或是對於個人在未來進修碩士學位有助益？或是對於個人在社會謀職過程有助益？因此，它可以調整為：

您認為就讀大學對於個人在社會謀職有助益？☐非常同意　☐同意　☐不同意☐非常不同意

　　在第二題至第五題，「忠孝」、「仁愛」、「信義」、「和平」的精神或個人特質也不具體，而且非常抽象。一來究竟什麼是「忠孝」的精神？或是「仁愛」的情操？「信義」的態度？「和平」的精神？都是非常模糊，不是很具體，受訪者若看到這樣的問題，應該會不知如何填寫；二來，「精神」、「情操」的意義何在？是平時有這樣的特質？還是在國難時有這樣的情操？這也很不具體。如果這些成為正式題目之後，受訪者可能會亂填，最後回收問卷進行因素分析時，也可能無法在因素結構有效命名，因此建議刪題；所以研究者在進行問卷題目敘寫時，就不應該撰擬這類的題目。再如：

| | 同意 | 不同意 | 沒意見 |
|---|---|---|---|
| 1. 您覺得學校各處室的溝通都良好？ | ☐ | ☐ | ☐ |
| 2. 您認為學校的老師都會參與學校的各種活動？ | ☐ | ☐ | ☐ |
| 3. 您認為社會大眾都會參與各種政治活動？ | ☐ | ☐ | ☐ |
| 4. 您認為政府各部門溝通都良好？ | ☐ | ☐ | ☐ |
| 5. 您認為社會的各種道德教育都很好？ | ☐ | ☐ | ☐ |

　　第一個題目敘述太過模糊與不具體，「學校的各處室」究竟是哪一個處室？試想，受訪者可能會認為教務處與學務處溝通良好，可是教務處與輔導室溝通不良等，因而在填答上產生極大的困擾。同時「溝通」的內涵是指，行政上的溝通？還是教學實務的溝通？或者是對於學生問題處理的溝通？還是家長的溝通是良好的？可以調整為「您覺得學校的教務處教務組的組長與輔導主任溝通良好？」或是「您認為學校的教務主任與總務主任溝通良好？」等，會比較具體。但是如果研究者所感興趣的，不是特定部門或人員之間的溝通，而是「就整體而言的評估」時，當然是可以設計此一問題。然而，這樣很容易有包裹式情境（請見本章後面敘述），無法細部瞭解精確的資訊，因此應依研究者需求來設計，這當然是較好的方式，且先將個別處室或特定對象加以詢問，再問整體會比較好。
　　第二題也是太過於籠統，一來究竟學校老師參與哪些活動？是教學、行政或是學生的社團活動？二來，所謂的「各種」，就有模糊的成分在其中，受訪者對

於「各種」的意義及內涵並無法掌握，所以會有誤解產生。

　　同樣的第三題也是，有各種「政治活動」，受訪者不瞭解是參與投票活動或是參與政黨的遊行等；第四題是「各部門」，政府的部門很多，究竟是教育部、經濟部、國防部、文化部、科技部、國家發展委員會、司法院、行政院呢？還是有其他意涵；第五題也是有「各種」，究竟研究者要說明的道德教育是對於搭公車有無守秩序？有無亂丟垃圾？隨地大小便？隨地吐痰？都應該明確說明。

## 三、一個題目問一項概念

　　問卷設計很重要的是，每個題目僅有一個概念在題目敘述中；如果一個題目有太多的概念，不僅混淆受訪者的思考，而且也無法對於研究者所要詢問的問題具體化。就如：

您曾經喜歡過西瓜或水蜜桃？□是　　□否

　　因為該題目中有兩個概念在其中，受訪者可能曾經喜歡西瓜而已，但不喜歡水蜜桃，此時受訪者就無法選出所要的選項。研究者宜將題目修改為：

1. 您曾經喜歡過西瓜？□是　　□否
2. 您曾經喜歡過水蜜桃？□是　　□否

再如：

您的兄弟姊妹、爺爺、奶奶、叔叔、阿姨喜歡金庸小說？□是　　□否　　□不知道

　　像上述題目，筆者可能有過於誇張撰述，但是在現實情境中，卻的確曾經發生。很多研究者常會詢問受訪者：兄弟姊妹認為如何如何？如以上問題敘述，主詞就有八個，有可能是「兄」喜歡、「弟」不喜歡、「姊」沒有意見、「妹」喜

歡，「爺爺」、「奶奶」、「叔叔」、「阿姨」又有不同的選擇，此時將這八個主詞整合在一起，就會造成受訪者的困擾。同時在兄長部分，可能受訪者有很多位哥哥、姊姊，也可能會有很多位叔叔及阿姨，爺爺也可能有外公及內公，奶奶也是。此外，也可能受訪者的家中根本就沒有哥哥、姊姊，或是爺爺與奶奶（可能是往生），此時這樣設計的題目就沒有意義。研究者應將題目敘述轉化為以下的方式較具體：

1. 您家中的大哥喜歡金庸小說？□是　　□否　　□不知道
2. 您家中的大姐喜歡金庸小說？□是　　□否　　□不知道

此外，在中文的文字表達中，有一些詞語具有雙重意義及雙重概念，研究者往往把這些詞語視為一個概念，就認定所設計的題目是「一個題目問一個概念」，但是實質的意義卻是兩個概念。這些詞語諸如：優劣、好壞、高低、多寡、先後、遠近、長短、粗細、好惡、冷熱、利害、利弊、是否、多少、攻守、供需等，例如：

1. 您瞭解臺灣的大學學校發展優劣嗎？□瞭解　　□不瞭解
2. 您能掌握這部電腦的好壞嗎？□可以　　□不可以
3. 您瞭解九年一貫課程政策實施後的利弊嗎？□瞭解　　□不瞭解
4. 您覺得職棒兄弟象隊的攻守表現如何？□優　　□良　　□劣　　□不知道
5. 您瞭解美國近年失業率的高低嗎？□瞭解　　□不瞭解

上述五個例子中，「優劣」、「好壞」、「利弊」、「攻守」、「高低」的詞語都有兩個概念，並不是一個概念。以第一題來說，受訪者可能瞭解臺灣的大學學校發展的優點，但是可能不瞭解它的缺（劣）點，填寫就會混淆；第四題的「攻守」為兩個概念，即「攻」、「守」，受訪者認為攻的部分表現優，但是守的部分表現劣，這就會造成混淆；第五題，美國近年失業率的高低，其實可以修改為：「您能瞭解美國近年失業率的情形嗎？」，「高低」一詞是多餘的。要說

明的是，有些中文的詞語僅具有形容的意義，並沒有兩個概念的實質意涵，若是此種詞語，則可以在編寫問卷題目中使用，例如：「您能掌握學校到您住家的距離遠近嗎？」，距離遠近的「遠近」，僅是一種形容詞，並沒有兩個概念的意義。

## 四、避免包裹式的問題

除了一個題目一個概念之外，更重要的是對於所要詢問的概念是否很具體？有很多的問卷題目敘述是將某一概念用「包裹式」的方式來詢問受訪者，但受訪者對於包裹式的敘述，一方面不瞭解其題意，一方面也不瞭解該「包裹式」所包括的內涵究竟所指為何？這種題目的設計方式大多是以詢問法令規章、政府施政計畫、方案或政策等，例如：

1. 您認為《教師法》的執行成效為何？□很好　□普通　□尚可　□不好
2. 您認為《性別平等教育法》合乎立法原則嗎？□合乎　□不合乎　□沒意見
3. 您瞭解《兩岸人民關係條例》的內容嗎？□瞭解　□不瞭解　□無法回答
4. 您支持執政黨的施政嗎？□支持　□不支持　□沒意見
5. 您支持教育部的「教育改革行動方案」嗎？□支持　□不支持　□沒意見
6. 您贊同教育部的「繁星計畫」嗎？□支持　□不支持　□沒意見
7. 您認同「九年一貫課程政策」嗎？□認同　□不認同　□沒意見

上述的前四個問題中，第一個問題是問受訪者對於《教師法》的執行成效為何？這樣的問法是包裹式的，因為《教師法》的內容包括了教師的資格檢定與審定、教師聘任、教師的權利與義務、教師的待遇、教師的進修與研究、教師的退休、撫卹、離職、資遣與保險、教師組織、教師的申訴與訴訟……等，研究者所指《教師法》中的哪一種執行成效呢？

在第二題中，《性別平等教育法》也是一種包裹式的，該法也包括很多的條文，研究者沒有具體陳述，究竟是哪一些條文具有立法精神？研究者光以籠統式的說明，受訪者不曉得其內涵，縱然研究者回收到一些問卷就進行分析，也是沒有意義的研究。類似這樣的問卷題目很常見，例如：研究者會問：「您對於《國

民教育法》、《預算法》、《政府採購法》、《憲法》、《消防法》、《社會秩序維護法》、《檔案法》、《民法》、《刑法》的看法為何？」等都是。

第三題是《兩岸人民關係條例》，它也是一種統括的，並沒有細部的內容及條文，這樣詢問受訪者，會有如第一及第二題的情形；第四題的問題也是一種包裹式的，究竟研究者要問執政黨的教育、交通、文化、經濟、國防、社會福利政策之中，哪一政策的施政獲得支持呢？其實，光是以教育政策支持來說，也要問究竟是教育政策中的哪一個層級的政策，是國民教育、幼兒教育、高級中等教育、大學教育，或是社會教育政策？如果研究者更具體，而不是包裹式的撰擬題目，測量到的數據會更具體，研究價值會更高；第五至第七題的題目也是過於籠統，主要是包裹式的問題，受訪者無法理解研究者期待的細部內容，這種包裹式的問題，較無法獲得細部的資訊。

## 五、運用肯定敘述，不宜用雙重否定

問卷的敘述宜運用肯定句或問句來說明，才能讓受訪者容易填寫，如果運用雙重否定的論述，會搞混受訪者的思考及判斷，因而影響受訪者的填答。研究者設計問卷不應該將題目的敘述運用雙重否定，雙重否定的用法是英美語法，在臺灣如果用來擬定問卷題目，容易造成填答者的困擾。例如：

您認為社會大眾沒有不想中樂透大獎的嗎？□是　　□否

類似這樣的敘述要思考許久，往往受訪者沒有過多的時間思考這樣的問題，因此受訪者在受題意混淆及不清的前提下，會傾向亂勾選選項，或甚至不回答。所以可以將此問題改為：

您認為社會大眾都想要中樂透大獎嗎？□是　　□否

再如：

您有沒有要不要在大學畢業之後，繼續進修國內的研究所？□是　□否　□不確定

上述的問題也是一樣，「有沒有要不要」有雙重的否定，已讓受訪者困擾，同時選項也與先前的問題敘述無法有效的搭配，前述是「有沒有」或「要不要」，選項是「是」或「否」及「不確定」，兩者不相搭配。建議調整為：

您要在大學畢業之後，繼續進修國內的研究所？□是　□否　□不確定

## 六、避免問卷的文字有不當假定

研究者在撰擬問卷題目時，常會有一些主觀的認知在其中，其中較常見的就是在題目的敘述中，有不當的假定語氣、不當的預期，或沒有以中立的觀點進行題目的撰擬。這種不當的假定，在某種程度上已有誘導受訪者勾選的意味，也就是研究者在題目敘述上已有價值判斷，不太適宜做為施測的題目，例如：

學校校長都能有很好的課程領導，您認為學校教師應接受校長的課程領導？□應該　□不應該　□沒意見

類似上述的敘述，研究者已有不當的假定，認定學校校長都能有很好的課程領導，但是這樣的敘述已有偏見及不中立的因素。況且不一定學校的校長都瞭解課程領導，也不一定都會進行課程領導。上述的問題可以調整為：

您認為學校教師應該接受校長的課程領導？□應該　□不應該　□沒意見

## 七、問卷題目應與受訪者認知能力相當

問卷的內容敘述宜掌握受訪者的認知、思考、理解及語彙能力，尤其是小學

一年級學生的用語、外籍配偶的國語能力、特殊兒童的語彙能力等，都不能太過於深奧。文字敘述如果太過於困難、艱澀，會造成受訪者的困擾，例如：受試者為來自越南籍的新移民女性，研究者的問卷題目為：

您喜歡臺灣的地方戲曲嗎？□非常喜歡　□喜歡　□不喜歡　□非常不喜歡

您認為下列哪一位人物是臺灣的抗日英雄？□丘逢甲　□丘逢乙　□丘逢丙　□丘逢丁

　　因為來自越南的新移民女性，來臺灣居住的時間不一定很長，對於臺灣的一些文化及制度也不一定瞭解，因此如果問他們有關臺灣的深度文化，他們不一定瞭解，這樣的問題就無法讓受訪者填答。以第二題來說，許多外籍人士剛到臺灣，不瞭解臺灣的近代歷史，問他們抗日英雄，對他們來說是一種挑戰，這種選項設計的意義不大。

　　又如，問幼兒園小朋友的問題：

1. 您瞭解學校文化嗎？□瞭解　□不瞭解
2. 您能生活適應良好嗎？□可以　□不可以

　　幼兒園的小朋友年齡為三至六歲，這些小朋友的語言能力還在發展，並不瞭解成年人的語言，也不瞭解文化內容，如果詢問小朋友這樣的問題，不僅造成他們的困擾，而且會造成小朋友莫名的感受。

　　再如受訪者為國小低年級學生，研究者的問卷內容為：

1. 您對於中國文化的內涵瞭解嗎？□瞭解　□不瞭解
2. 您對於青少年的次級文化認同嗎？□認同　□不認同
3. 您會進行知識管理嗎？□會　□不會
4. 您喜歡您的人生觀嗎？□喜歡　□不喜歡

　　類似上述的問題，要訪問一位國小低年級的學生中國文化內涵、青少年次級文化、知識管理、人生觀等，已超出他們的認知及理解的範圍，研究者宜避免這樣的題目設計。

　　還有一種情形是：受試者為成年人，但是研究者所設計的題目內容，是他們沒有感受到、經驗過，或曾經聽過的內容，包括人、事、物、時、空等項目。這種情形常見的是受試者沒有閱歷過的新名詞或新觀念，因為他們不曾聽過或經歷過，代表他們的能力範圍無法回應問卷題目，所以研究者所提出的問卷內容，就無法填答，例如：

1. 您認為皮亞傑的**認知發展論**適用於臺灣學生嗎？□適合　　□不適合
2. 您瞭解**行銷原理的 5P** 嗎？□瞭解　　□不瞭解
3. 您理解愛因斯坦的**相對論**嗎？□瞭解　　□不瞭解
4. 您支持一個企業運用**藍海策略**嗎？□支持　　□反對　　□沒意見
5. 您支持領導者應使用**香蕉皮領導理論**於實務嗎？□支持　　□反對　　□沒意見
6. 您認為**平衡計分卡**適合於學校經營績效檢核嗎？□適合　　□不適合

　　上述前三項問題，如果詢問的是學生家長，應該會有不少家長對於題目所列的概念內容，如認知發展論、行銷原理的 5P、相對論等，無法理解其意涵，而難以回答；後面三題如果受試者沒有瞭解藍海策略、香蕉皮領導理論、平衡計分卡等，亦無法回答。因此，研究者在設計問卷及發放問卷的對象時應思考，究竟所設計的題目是否為受試者可以回答的內容或範圍。

## 八、問卷題目宜周延涵蓋研究問題

　　問卷設計依據研究架構而來，研究架構是從研究目的設計的，而研究目的可以衍生出研究問題。研究者對於要研究的問題，要能詳細的列舉，通常研究者的研究問題在研究目的之後，都會有完整的敘述，研究問題的敘述，不僅是對所要探討的研究構念調查而已，它仍包括了受訪者的基本資料，例如：研究者想要瞭解：不同教育程度的父親，其新移民子女在學校的生活適應為何？每週不同補習

時間的國小一年級學生，在學習壓力上是否有差異？不同的職業類別的每月平均收入是否有差異？類似這些題目，研究者已能指出不同的背景資料在研究問題上是否有差異，此時研究者在基本資料欄中，就務必要將教育程度、學童每週的補習時間數，以及職業類別列為問卷的題目。

　　研究者在研究問題列舉之後，問卷題目撰寫需完全依據題目的內容，畢竟最後的問卷題目是蒐集資料工具，並成為分析研究問題的重要媒介。研究者如果未能將研究問題列舉完整，問卷題目設計就無法完全地擬定出來。研究架構中如果有三個構面，問卷就應該包括三個構面的所有問題。總之，如果研究者無法將問卷題目周延地涵蓋研究問題，就無法掌握整體的研究內容。

## 九、問卷題目不要讓受試者困擾

　　研究者在問卷題目的敘寫及設計上，不可以讓受訪者在填答過程中有情緒困擾，或看到題目無法做有意義的回答。這些情形容易發生在，研究者問受訪者一些有關道德、行為偏差或個人隱私的問題。有些個人隱私部分，受訪者會避而不答，研究者進行調查，也是徒勞無功；而涉及社會道德及風俗的價值觀念，受訪者也不一定會真實回答；關於個人在過去的一些偏差行為，受訪者也不一定會回答，這更是違反《人體研法》、《個人資料保護法》的規定，IRB審查研究工具亦不會通過，例如：研究者可能在基本資料中詢問受訪者：

　　請問您目前的每月總收入為何？
　　□20000 元以下　　□20001～30000 元　　□30001～40000 元
　　□40001～50000 元　　□50001～60000 元　　□60001 以上

　　這類的問卷題目可能會讓受訪者不太敢填答。一方面是個人的收入隱私，不便向外人道也；一方面也擔心資料外洩是否會有查稅的問題。所以這樣的問卷問題，受訪者填寫的真實性不高。另外，假使有屬於個人隱私的問題，一方面如果填寫有，而研究者又是受訪者的朋友，就會有不好意思的感覺；二來如果填無，是否也代表受訪者可能有身心健康的問題，但因為會擔心他人的眼光，因而不敢

向研究者真誠以對。又如：

1.請問您在國中求學時有沒有性經驗？□有　　□無

2.請問您在最近一個月內有無偷別人的內褲？□有　　□無

3.請問貴子女出生時是否患有先天性疾病？□沒有　　□有

4.請問您的家人是否有人罹患癌症？□有　　□無

5.請問您的父母親是否離婚？□有　　□沒有

6.請問您是否離婚？□是　　□否

7.請問您的家庭氣氛？□爭吵的　　□對立的　　□衝突的　　□和樂的

　　第一題是個人隱私問題，個人經驗不便公開，如果將這資訊公開，個人會有困擾；第二題有關於個人的道德問題，甚至法律問題，一者如果受訪者填寫有，可能犯上竊盜罪，將有官司纏身；再者也代表個人有道德上的瑕疵，如果他人知道，可能不會與他為友，更可能會被他人以異樣的眼光看待；第三及第四題是家庭的隱私，有很多的家長不願意讓別人瞭解家中孩童的身心狀況，主因是會增加家長的困擾，因此這樣的題目可能也無法獲得真實的回答；第五題至第七題也是個人的隱私，填答之後可能會造成個人的困擾。

　　從上述而言，研究者在設計問卷題目，宜考量受訪者的感受及受訪者是否能真實回答問題。試想如果受訪者是自己，針對上述的問卷題目，就不一定會回答，那如何期待不曾見過面的人士來回答上述的題目呢？況且受訪者如果有戒心防衛，研究者蒐集到的問卷資料，不也可能是一種沒有價值的資訊嗎？研究者當思考之。

## 十、問卷題目不要用學術語言

　　問卷填答的過程一定要瞭解，問題的敘述是否有學術的用語、較難理解的名詞或流行的名詞在其中，這些用語在問卷題目之中，受訪者對於用語的意義及內涵無法掌握，受訪者就不易填寫，例如：

您瞭解您的子弟在學校 T 分數的相對位置嗎？□知道　　□不知道

　　問題中有一個「T 分數的相對位置」，是一個學術用語，往往受訪者無法理解什麼是 T 分數（甚至還以為 T 是國語注音符號的ㄐ、ㄑ、ㄒ的ㄒ）的位置，以及它的意義為何？因此在填寫上就會感到困擾。研究者不妨將該題的題目調整為：

您瞭解您的子弟在全校一百人中，他所排的名次？□知道　　□不知道

再如：

1. 請問家長，您能瞭解學校的知識管理嗎？□瞭解　　□不瞭解　　□不知道
2. 請問家長，您喜歡 KUSO 的歌曲嗎？□喜歡　　□不喜歡
3. 請問家長，您喜歡拉風的機車嗎？□喜歡　　□不喜歡

　　第一個題目敘述的知識管理，對於多數的家長來說，不一定能理解，它是一種學術名詞，家長對其意涵甚至無法掌握，受訪者要回答此問題，可能要學習相關的專業知識才可以回答這種題目的內容；第二題，KUSO 的歌曲是一種青少年流行的語言或歌曲（KUSO 是指無厘頭、惡搞的意思），而受訪者身為家長，也許根本就不瞭解這類的歌曲，又怎能有喜歡與不喜歡的價值判斷呢？第三題則是拉風的機車，「拉風」對家長而言，也不一定瞭解其意（它是有帥氣與個性的意思），又如何判斷及選擇呢？

## 十一、問卷題目不要誘導受試者

　　問卷題目設計，研究者宜以中立客觀的立場設計問卷題目，否則如果有不當的誤導，會讓受試者依誘答的條件進行反應，就失去受訪者以自己反應回答的真實性。往往受試者會在題目敘述中，就先提出一些權威性的人物或標準做為問卷題目的開頭語，接著再陳述所要問的內容，此時就很容易造成不中立與不客觀的

情境。權威性包括：醫生、律師、大學教授、政府部門、國際組織、法律條文、研究機關、政要……等。簡單的說，研究者撰擬問卷題目，務必要價值中立、公正客觀、不具有意識型態的來進行，例如：

1. 醫生說，吸菸有害身體，您認為應該吸菸嗎？□應該　□不應該
2. 聯合國教科文組織指出，教育投資很重要，您認為臺灣的教育投資是否應該增加？□應該　□不應該

上述問題已有一個權威性的論點，有誘導的情形，此時的受訪者會受到權威者論點影響進行填答，這樣的資料就失去客觀性。研究者宜將題目調整為：

1. 您認為成年人都可以吸菸嗎？□應該　□不應該　□無法回答
2. 您認為臺灣的教育投資應該增加嗎？□應該　□不應該　□沒有意見

## 十二、題目勿讓受訪者想太久

研究者為了要有效的蒐集資料，訪問受訪者的問卷內容敘述上，不可以讓受訪者思考太久之後才填答。研究者思考太久往往會造成他們的困擾，一來沒有太多的時間思考；二來受訪者要回憶的時間太長，甚至有些受訪者不想回憶過去的往事；三是思考的時間太長，擔誤了受訪者的工作時間。因此這樣的題目敘寫與設計宜審慎，例如：

1. 您十年前的薪資所得為多少？_____元
2. 您家中過去五年有人生病？□有　□沒有　□不知道
3. 您的班級在學期初有學生退學？□是　□否
4. 前二學期間，您領導的學校有教育行政人員工作倦怠？□有　□無
5. 您在幼兒時，曾經被狗咬過？□有　□無

　　諸如此類的問題，可能會影響到受訪者填答的意願及可以真實反應的程度，因為事隔太久，很多生活事早已忘記，並無法回答上述問題，研究者在設計問卷時，應該儘量是受訪者在近期間的一些感受及體會，同時要受訪者指陳事實，也不要與受訪期間間隔太久。

## 十三、問題的選項要窮盡

　　問卷的題目設計不僅有題目及題幹的敘述，也還包括問卷題目的選項。在問卷題目選項設計上，研究者應該窮盡地涵蓋，且選項之間應該互斥，不可以有重疊的情形，如此才能掌握受訪者在該項問題的反應，否則填答者在選項上無法獲得勾選的機會，很容易就形成廢卷（無效問卷），例如：

您的婚姻狀況為何？□已婚　　□未婚

　　上述的問題選項沒有窮盡，受訪者目前的婚姻狀況可能是離婚，因此可以將題目設定為：

您的婚姻狀況為何？□已婚　　□未婚　　□離婚　　□協議離婚中

　　再如：有很多研究在詢問外籍配偶的基本資料，其題目如：

您的國籍是？□本國人　　□大陸各省　　□原住民　　□外國籍

　　此題不僅選項沒有互斥，而且也沒有窮盡。「本國人」應該改為中華民國，而「大陸各省」，它是中國大陸的省份，不是國籍，所以應該改為中國大陸（含澳門及香港）。而「原住民」並不是國籍，而是族群，所以此項應該刪除。至於「外國籍」則太過於籠統，應該改為越南、泰國、緬甸、印尼或是菲律賓等。最後還應列一項：「其他_____」。

　　問卷的選項要列舉完整，且各個選項之間最好能互斥，也就是每一個選項之

間都應該獨立，如此才不會讓受試者有填答的困擾。通常這種問卷題目是出現在問卷的背景變項之中，例如：詢問教師的年資、性別、教師是否兼任行政職務、學校所在地、學校規模、個人的職業、家庭每月的平均所得、家中的成員、政黨、宗教類別、社會階層……等。

## 十四、避免將成語納入問卷題目

研究者撰擬問卷題目時，往往期待用最簡潔的文字來呈現問題的核心，因而喜歡以成語來表達問題的內涵。這論點有其價值，但是研究者最好避免使用成語，主因有以下幾項：

1.成語可能有多種意義：一個成語可能有多種意義及內涵，受訪者若無法瞭解問卷編製者對成語的想法，因而誤解成語的意義，會造成誤勾選項，例如：「您認為公司的老闆具有『剛柔並濟』的特質嗎？□有　□沒有」。「剛柔並濟」有兩個意義：一是指待人處世能軟硬兼施、恩威並用；二是指性情剛柔相異的人相處在一起，卻能相輔相成、截長補短的現象。顯然，前者是指個人特質，後者是指個體與人相處情形，兩者意義顯然不同。若這次問卷調查，甲受訪者以第一種說法的認知來勾選選項，而乙受訪者以第二種說法的認知來勾選選項，結果就顯然不同；然而，研究者對於該題的「剛柔並濟」則是採取第一種說法，此時就與乙受訪者的認知有出入。如果兩位受訪者就有一位與研究者的認知不同，試想，如果該次問卷調查有六百名樣本，不也就約有三百名受訪者與研究者的認知不同，研究者如再以此資料做後續的分析，豈不造成錯誤的結果。

2.超出受訪者的認知範圍：如果研究對象為國小低年級學生、文盲或社會大眾，他們無法體會成語的意義，也對成語的使用無法精確掌握，研究者一味地將成語納入問卷題目中，會增加受訪者填答的困難，例如：「小朋友，您覺得學校校長常『假以詞色』的領導學校行政人員嗎？□常常 □不常 □沒有」。「假以詞色」是用來形容個體用溫和的臉色，中肯的言詞去對待別人，但有不少的國小低年級學生，對此成語的解釋為：假裝自己的臉色來對待他人。如此，研究者對此成語的意義與國小低年級學生的認知有明顯出入，所以，研究者得到的資料也會失真。

3.超出受訪者能掌握的意義：如果研究對象為越南、泰國、菲律賓、印尼、馬來西亞等國的新移民女性或歐美國家的外籍人士，他們對於中文的成語在跨國上有文化理解的困難，無法掌握成語的意義，若研究者再將成語納入問卷題目中，會增加其填寫問卷的困難，例如：對新移民女性的問卷調查的題目問到：「您來臺灣之後，您覺得臺灣的森林具有『蓊蓊鬱鬱』的特徵嗎？□是　□否」。這題目對於新移民女性太難了，一來「蓊蓊鬱鬱」有兩種意義：一是草木繁茂深密的樣子；二是雲氣很盛的樣子，這兩種意義很容易混淆，不易區辨。二來，「蓊」字與「鬱」字對新移民女性的認知太困難，超出她們的中文語彙能力範圍。

## 十五、問題呈現的概念要具體

問卷題目所呈現的概念，即所要測量的概念、變項或主體，應該要具體明確。如果問卷題目的概念、變項、項目含混不清、不具體、太籠統、抽象、概念太粗略、涉及範圍太廣等，易引起受試者誤解或難以理解，因而無法填答。例如：

1. 您家庭的收入為何？□20,000 以下　□20,001～40,000　□40,001？～60,000　□60,001～80,000　□80,000 以上

2. 您的就業狀況為何？＿＿＿＿＿＿＿

3. 問高中生：我對我自己的表現感到滿意的情形？□非常滿意　□滿意　□不滿意　□非常不滿意

4. 問高中生：我能勇於面對難題？□非常同意　□同意　□不同意　□非常不同意

第一題的家庭收入是指平均一年收入？或近半年收入？家庭收入是僅指父親的收入，還是包括母親的收入，或者包括其他家庭成員的收入呢？當然此一收入，是否僅有工作的薪資報酬收入，有沒有包括銀行利息或工作獎金收入等。如果受試者的家人近幾個月失業，可能沒有收入，此時就無法回答此問題。

第二題在詢問受試者的就業狀況，所期待的究竟是讓受試者填寫工作的時間性，如全時工作、計時工作、未就業呢？還是他們的滿意程度，如滿意、不滿意、沒意見？或是要他們填寫適應程度，如非常適應、適應、不適應、非常不適應呢？

第三題，我對我自己的表現感到滿意情形。其所指的表現，是期待高中生在課業、交朋友、升學、與家人相處、與老師相處、國文成績、數學成績、英語成績、化學成績、地球科學成績，或是在運動表現感到滿意呢？易言之，這類題目的設計太過於粗略、籠統、太過於模糊，難以測量到研究者所要的特質。如果將題目改為：我對我自己在數學成績的表現上感到滿意情形、我對我自己在運動表現上感到滿意情形、我對我自己在與家人相處的表現上感到滿意情形等，就會較為具體。

第四題，我能勇於面對難題。所指的難題，是指高中生在課業、升學、與老師相處，或是在各科的學習表現（國文、數學、英語、化學、地球科學），或是生理，如身高、體重、外表等的感受困擾呢？易言之，這種題目設計太過於粗略與模糊，遣詞用字過於籠統含混。如果將題目改為：我能勇於面對升大學的難題、我能勇於面對身高太矮的難題、我能勇於面對外貌不好的難題、我能勇於面對數學成績不好無法升學的難題等，則較為可以施測。

## 十六、正確使用標點符號

研究者所設計的問卷題目應該很短，然而有些題目雖然很短，但是也需要標點符號，以讓題意更為明確。不過，問卷題目若需運用標準符號，宜掌握問題的內容及重點，善用與準確運用標點符號，讓題意更清楚，以避免研究者所問的內容，不是研究者所期待，而受試者填答時，卻與研究者所設計的期待不同。清代趙恬養在〈增訂解人頤新集〉中的「下雨天留客天留我不留」這句，不加標點會衍生出數種不同意思，就如劉玉琛（1993）在《標點符號用法》一書中，對這句「下雨天留客天留我不留」指出，其有七種標點變化，如下：

1. 下雨天留客，天留我不留。
2. 下雨天留客，天留我？不留。

3. 下雨天留客，天留我不？留。

4. 下雨，天留客；天留我不留？

5. 下雨天，留客天，留我？不留。

6. 下雨天，留客天；留我不？留。

7. 下雨天，留客天，留我不留？


上述每一句的標點符號都不同，每句都有不同語意。也就是說，研究者在設計問卷題目時，若需要標點符號，就要使用在題目的正確位置，否則標錯標點符號，就容易讓受試者混淆題目的意義。

## 十七、避免讓受試者估計數額

設計問卷題目時，最好讓受試者很快就能回答，不需要運用太多思考及太多時間來填答。因此問卷題目要讓受試者在回答時，不必要再做進一步的估計數額，題目最好可以具體陳述，例如：


1. 你一年花費的旅遊費用有多少？□20,000 元以下　□20,001～40,000 元 □40,001 元以上

2. 你一年花費於子女補習費用？□2 萬元以下　□2 萬～4 萬元　□4 萬元以上

3. 你一年共買多少本課外讀物？□20 本以下　□21～40 本　□41 本以上

4. 你一年寫數學作業的時間？□30 小時以下　□31～60 小時　□61 小時以上

5. 你一年的課外運動時間？□80 小時以下　□81～160 小時　□161 小時以上

6. 你一年上網聊天的時間？□80 小時以下　□81～160 小時　□161 小時以上


上述問題若把一年改為一次、一天或一個月，其時間更短，讓受試者不用再估算數額，受試者做答的意願會比較高，回收問卷的意見準確度也會更高，例如：


1. 你一次的旅遊費用為何？□2,000 元以下　□2,001～4,000 元　□4,000 元以上

2. 你一個月花費子女的補習費用有多少？□2 千元以下　□2 千～4 千元　□4 千元以上

3. 你一個月買多少本課外讀物呢？□3 本以下　□4～7 本　□8 本以上

4. 你一天寫數學作業的時間為何？□1 小時以下　□2～3 小時　□4 小時以上

5. 你一週的課外運動時間為何？□8 小時以下　□9～16 小時　□17 小時以上

6. 你一週上網聊天的時間為何？□8 小時以下　□9～16 小時　□17 小時以上

## 十八、將題目中的重要概念劃底線

為了提醒受試者對於問卷題目的重要概念、名詞、變項、項目、數字，或研究者所要強調的重點，通常會在問卷題目中所強調的概念劃底線、以粗黑字、放大字、斜體字，或用不同顏色呈現，以讓受試者瞭解該題目所問的重點，例如：

1. 您在國中求學階段覺得<u>幸福</u>嗎？□非常幸福　□幸福　□不幸福　□非常不幸福

2. 您的<u>每月平均收入</u>有多少呢？□　3 萬以下　□3～5 萬　□5～7 萬　□7～9 萬　□9～11 萬　□11～13 萬　□13～15 萬　□15～17 萬　□17～19 萬　□20 萬以上

3. 您在「比西量表」所測得的**智商**有多少呢？＿＿＿＿＿＿

4. 您喜歡上學校的<u>英語課</u>嗎？□不喜歡　□喜歡

5. 您從 *3 月 1 日至 6 月 30 日*的補習時數有多少呢？＿＿＿＿＿＿

總之，研究者在撰擬問卷的題目一定要掌握問卷擬題的基本原則，這些原則如果可以掌握，對於問卷題目的編擬將會相當大的助益。尤其問題應該一個題目一個概念、問卷題目的概念不宜含混不清、題意不具體、太籠統、太抽象、不宜運用學術名詞、選項要窮盡，以避免引起受試者誤解。同時，問卷題目不應涉及社會禁忌、偏好、隱私、道德，甚至法律層面的問題。當然，問卷題目不得讓受試者產生暗示作用或有不當遐想。

# 貳　對特定受訪者的原則

## 一、針對國小低年級學生編製問卷原則

### （一）題目的文字敘述不要太長

　　國小低年級的學生在中文字詞的理解能力不高，其注意力也較短，因此研究者如果對國小低年級的學生進行問卷調查，問卷的文字敘述不宜太長，最好一個題目十個字左右為宜。同時文字亦需要放大，從原本的十二字級提高為十三、十四字級。試想，如果對這些注意力較不集中、文字理解能力不高的學生，又提供太長的問卷文字敘述，豈不是增加他們的填答負擔及困擾？筆者的經驗是，運用簡短、淺顯及有意義的文字來擬題，對於後續的問卷回收會有很大的助益。

### （二）適度的運用國語注音符號

　　國小低年級的學生中文字認識不多，研究者在文字描述上宜體諒及考量他們的認知思考能力，也就是，如果有需要，可運用國語注音符號，如ㄅㄆㄇㄈㄉㄊㄋㄌ……，做為問卷設計的語法表達，而這樣的表達，不僅在問候語、基本資料，甚至正式問卷的內容都應以國語注音符號為宜。這種問卷題目的設計，一方面呼應學生的認知思考能力，讓學生感受到填答不困難，就會願意配合的填寫，不但問卷的回收率會較高，甚至準確度也會較高。

### （三）問卷的題目最好不要太多

　　考量國小低年級的學生注意力較無法專注，也較無法長時間的回答問卷，因此研究者在題數的設計，不宜太多。筆者的經驗是，除了基本資料之外，問卷最好以能在二十至二十五題為宜，甚至更少一些，也就是填答時間不宜太長。研究者應思考，重點在於問卷的題目是否能測量到研究者所要的特質及問題核心；而問卷的題數多，不一定可以解決上述問題，如果題目少，但是每題都可以發揮功

能，測量到所要的特質，此時就可以獲得良好的資料。因此，問卷題數不需要多，尤其對於國小低年級的學生，更是如此。

## （四）問卷的敘述不宜為反向題

以國小低年級的學生為樣本，研究者在問卷題目的設計，最好不要用反向題目；如果是反向題，往往國小低年級學生在反應及填答題目時，他們會需要多一次思考問題的意義及內容，所以如以反向的題目，他們的回答會較無法順利的勾選，例如：

|  | 是 | 否 | 不知道 |
|---|---|---|---|
| 1. 您覺得無法適應學校生活？ | □ | □ | □ |
| 2. 您認為個人學習壓力不太大？ | □ | □ | □ |
| 3. 您認為其他的小朋友不喜歡您？ | □ | □ | □ |
| 4. 您認為老師不願意與您的媽媽分享課業經驗？ | □ | □ | □ |
| 5. 您認為您的數學成績不好？ | □ | □ | □ |
| 6. 您認為班級的學習環境不好？ | □ | □ | □ |

## （五）填寫問卷時間不宜太長

問卷會讓受訪者填寫太久（大約在 20 至 30 分鐘可以填完）的主因是：問卷的題目太多、問卷的題目敘述太長，或是問卷的設計不良，導致受試者填答到最後，會有亂勾選的現象。題目敘述太長會讓受訪者對於問卷所要問的內容呈現困擾，也就是受訪者無法瞭解問題核心，就無法有效地回答問卷題目。問卷設計不良則是因為有些問卷選項欄不一致，也就是有些勾選欄是三項，有些是四項，也有些僅有二項，受訪者必須對每一題項都有不同的選擇性，因此會影響填寫時間。更重要的是，對於國小低年級的學生，在選項的尺度也不要太多，選項的尺度，如從非常同意到非常不同意共有十個等級，也就是 1～10，或是有六個等級，即 1～6，選項過長會讓學生無法判別選項的準確度，這也會讓國小低年級

的學生在填寫時，耗費太長時間，不願配合填寫。

## （六）題目的敘述不要讓受訪者回憶太久

有許多研究者進行問卷調查時，題目的題項要讓受訪者想很久才得以回答，類似這樣的情境，研究者應該避免。就如研究者會問：「您幼兒時期曾偷竊？」「您國小一年級時曾被老師體罰？」因為受訪者要回憶太久，此時就會有幾種情形：一是不回答；二是亂答，也就是隨便地勾選選項；三就是不寄回問卷給研究者。因為這些因素，就會使得問卷的回收率降低。

## （七）問題內容須為受訪者可以回答的範圍

研究者對於國小低年級的學生，甚至中高年級的學生，其問卷題目設計的內容，宜掌握受訪者可以回答的範圍。往往有很多的研究者，會設計出一些受訪者無法在其親身經驗或感受中體會到的題目，因此受訪者就會對此題目亂填或是空白，如此一來就喪失問卷題目的價值。筆者常看到類似下列問卷的內容詢問小學生，例如：

1. 請問您父親目前的每個月總收入為何？
   □20000 元以下　□20001～30000 元　□30001～40000 元
   □40001～50000 元　□50001～60000 元　□60001 以上
2. 請問您的媽媽教育程度為何？□國中　□高中職　□大學以上
3. 小朋友，您的老師的教學信念很好嗎？□同意　□不同意
4. 小朋友，您的學校有進行學校本位管理嗎？□有　□無
5. 小朋友，您的老師在學校有做好知識管理嗎？□有　□無
6. 小朋友，您的學校校長是一位終身學習的好榜樣嗎？□是　□否
7. 小朋友，您支持一綱多本嗎？□支持　□不支持

第一題的敘述，不僅國中、高中生，甚至家中的大人都不一定瞭解家中的經濟收入，何況是一位小學生？因此這樣的題目超出受訪者可以回答的範圍，不是

好題目；第二題也是一樣，對於國小低年級的學生也不一定瞭解，會造成亂填的情形；第三題至第六題的題意中，教學信念、知識管理、學校本位管理、終身學習者等，對於小學生而言，也是超出其理解及可以填寫的範圍，這種題目不恰當；第七題，雖然是小朋友在社會中或學校常聽到，但是一綱多本仍會有誤解，如果調整為：「小朋友，您支持一個版本有多種類型的教科書嗎？」應該會更能理解。

### （八）問卷使用的紙張顏色要柔和

研究者往往會對於一些國小低年級的學生、特殊兒童、新移民女性或特定的團體進行問卷調查，為了讓這些國小低年級學生或特定的團體可以對問卷有較高的配合度，研究者不妨在問卷的紙張選擇上，以較為柔和的紙張為主，這樣可以提高他們願意填寫，也可以讓問卷的回收率提高。

## 二、針對新移民女性的編製問卷原則

研究者對於新移民的女性進行調查，以瞭解她們在另一個新的國度生活之生活適應、生活困難及相關的問題。要以這些樣本為受訪對象，研究者宜考量她們是否理解研究者所設計的問卷內容。畢竟，她們可能不瞭解臺灣的語言文字，如果只以中文設計之問卷對她們進行調查，得到的資料可能不可靠。

### （一）最好能運用其母國的語言

要對新移民女性進行問卷調查，一方面固然要掌握這些樣本的人數是否足夠，另一方面應瞭解她們是否具備中文的文字及其語法的理解能力。研究者應先瞭解受訪的樣本在這方面的能力，否則她們收到問卷之後，也無法回答問卷的內容。筆者建議，研究者應先瞭解她們的中文及其文字的能力，更重要的是，如果研究者可以將中文的文字問卷翻譯為受訪樣本的母國語言，這樣更能貼切她們的生活及可能理解的意義；對於研究者來說，也更能有意義的掌握研究資料。

## （二）以同理她們的文化擬題

　　研究對象如果是以新移民為主，研究者設計的問卷內容，就不能有偏見、預設立場，要以瞭解她們的文化為出發。研究者往往對於東南亞來的外籍配偶的問卷內容，在題目設計上都會以文化較落後、經濟發展比較差、教育程度不高，以及無法理解臺灣文化做為形容詞語，例如：有研究對於她們飲食習慣的調查，研究者就認為她們是重口味、喜歡吃辣、燒烤類的飯食。因此在設計問卷時，未能先以中立及瞭解外籍人士的飲食文化及習慣為立場，在設計問卷時就會有偏見及不客觀的題目產生。

## （三）如用中文宜掌握使用簡易的詞語

　　假如研究者仍決定運用臺灣的語言及文字做為內容呈現的方式，面對新移民也不宜運用過度困難、冷僻、筆劃太多、破音字、成語、俚語、較少使用的文字，同時研究者最好也不要用俚語、成語或破音字做為問卷的內容，很可能因為她們無法瞭解臺灣的文化及成語的意義內涵，而無法掌握問卷題意，對問卷的填答就會有誤答產生。

## （四）運用中文宜掌握題目字數

　　因為她們對於文字及語法的理解，仍無法完全的掌握，因此在問卷題目的撰擬上，仍不宜一個題目有太多文字的敘述及說明，否則文字過多會讓她們產生資訊龐雜，無法掌握重點的疑慮。因此每一題的文字字數不宜太多，最好都能在十五個字以內，問卷題目的文字語法簡單、易懂、易於辨識，不會產生誤解的敘述為主。

## （五）如用中文宜配合施測人員

　　如果真的使用中文做為問卷內容，一方面最好在擬定題目之後，先讓幾位來自同一個國家的新移民填答試填，以瞭解問卷文字敘述的適當性。當然，更重要的是，為了讓問卷有更高的回收率，以及更有意義地掌握填答者的反應，研究者

可以在問卷調查的施測過程中，請專人在旁配合施測，或是可以請專人用簡易的中文唸出來，再請受訪者填答，這會更容易讓新移民的問卷回收率提高。

## （六）問卷紙張穿插異國的圖像

對於這些樣本的問卷設計，除了在信度、效度及計分方式上，有重要的要求之外，文字及語法或字數的適當性也應要求。當然在問卷的美編上，研究者也可以挑選一些簡單的圖像，例如：這些樣本國家一些重要的代表性圖像，可以讓她們感受到溫馨及受到尊重，這更容易讓她們願意配合填寫問卷。尤其看到新移民自己母國的有關圖像，將會增加她們的認同，願意配合問卷的填寫。

## 三、針對社會大眾的問卷

研究者要訪問的對象若為社會大眾，例如：學生的家長、工人、計程車司機、商家老闆、家庭主婦……等，面對於這些母群體，研究者在設計問卷時，除了應掌握問卷題目與研究目的、研究問題、研究內容之外，題目的敘述及題數也應重視。但仍有一些是值得注意的原則。

## （一）依照受試者的年齡設計題目

通常年齡較長者，可能接受教育的機會較少，對研究創新的瞭解也比較少，因此對於年長的人，問卷的內容應該以簡單、題數少、文字敘述易懂，以及不會擔誤太多時間為考量，在問卷設計就要考量這些因素。

## （二）掌握受試者的教育程度

接受教育程度較高者，其文字使用及思考的能力較佳，也比較願意配合問卷的施測。因此面對教育程度較高的受試者，可以讓題數較多一些，文字的內涵可以較深入，同時可以詢問的內容也比較多，問卷設計就可以敘寫較多的文字。在基本資料欄的設計中，在配合研究目的前提下，也可以詢問較多的內容，這會對於研究者在進行後續的研究結果分析，有更多的助益。

### （三）以同理心的態度瞭解他們可能的反應

　　研究者在設計社會大眾的問卷時，應該先以同理心撰擬研究問卷：如果這些題目擬好之後，應瞭解他們的心態會有何反應，問卷的題目是不是會給他們帶來情緒困擾？問卷對於他們而言，是否能掌握研究者所要的研究的議題核心，又不會有文字、題數及內容不符合他們的認知能力，或超出了受訪者的思考能力範圍的現象？如果研究者自己都認為會有這種情形，就應該重新思考問卷的編製，或者調整編製題目方向。也就是說，研究者應該以同理心觀點，站在受訪者的立場來思考，編出來的問卷題目不會讓受訪者困擾，並能夠樂意的完成填答。

　　總之，研究者在進行問卷編擬，應掌握問卷編擬的一般性及特殊性的原則，尤其研究者應先瞭解，受訪者在填寫問卷時，可能有哪些疑慮？尤其是在問卷題目撰寫上，不要超出受訪者可以回答的範圍；研究者能以同理來掌握受訪者，可能在填寫問卷會有哪些障礙和困擾。如果研究者以理解他人的觀點，並掌握研究意旨，在研究者與受訪者雙方都能考量的前提下，問卷撰擬將可以順利完成。

# 問題與討論

## 一、問題

本章說明問卷的擬題原則。研究者可曾思考過,如果沒有把握擬題原則,會產生哪些影響呢?

## 二、討論

如果沒有掌握問卷的擬題原則,會產生以下幾種情形:

1.無法完成研究目的:所設計出的問卷題目無法回答研究問題,因而無法完成研究目的。

2.受試者難以理解題意:受試者無法瞭解問卷題目的意義,如概念不清、一個題目多個概念等,因而亂填,予以敷衍。

3.測量的誤差太大:因為設計出的題目之內容不具體,未能反應出研究構念及各面向的內涵,縱然施測,也有很大的誤差。試想一個題目有一個誤差,五百位受試者就有五百個誤差。

4.研究工具的信效度低:問卷擬題不當,使得測量誤差增加,會讓所要測量的特質無法從題目反應出來,同時也會降低研究工具的信度。

5. 研究結果的信度低:因為研究工具的信效度低,所蒐集到的資料可信度低,最直接的就會讓整體的研究結果之可信度也降低。

當然,還有其他因素的影響,讀者可以思考其中的問題,若能提出您的看法,代表已掌握了問卷的擬題原則,下一次再看到其他人的問卷時,就能胸有成竹地瞭解其問題何在,日後設計問卷時,一定會掌握擬題原則了。

CHAPTER

# 6 專家評定問卷

☑ 研究者設計問卷常會有一偏之見與以管窺天，無法完全掌握研究構念及要分析的問題，因此在設計完問卷之後，經由此領域的專家學者進行問卷評定，以提高問卷內容的效度，增加問卷的品質及問卷的可行性。本章說明專家學者評定問卷的重要性及其注意事項。

## 壹 專家評定的內容 ✎

### 一、專家評定問卷的重要

問卷設計之後，除了要掌握它的問卷信度之外，更應該有專家學者對研究者設計的問卷進行內容效度的評定。而專家評定有幾項的優點：

1. 可以提供更多的觀點及意見，讓研究者在設計問卷時可以參考。

2. 透過專家評定，可以使研究者在研究架構所建構的內容更為可行。往往研究者在問卷設計時，是依據研究架構中的構念向度，如果讓專家來替研究者提出的研究向度進行歸類，這對於後續問卷在因素分析上，將會更為容易分類。

3. 研究者在設計問卷的經驗尚不足，設計出來的題目在用語、題數、選項、研究的向度，甚至研究構念、研究向度與研究題目的關聯度等，都有待檢視，所以請專家學者對問卷進行專家效度，有其必要。

### 二、專家學者的代表性

進行專家評定問卷應該掌握專家學者的代表性，因此，首先研究者要問的是：究竟應該邀請幾位專家參與問卷評定呢？筆者建議，如果是學位論文的問

卷,專家評定的人數宜在六至十名,太少不好;若想請太多專家提供意見,雖然會有更多建議,但對一篇要在短時間及有限人力之下完成的碩博士論文,過多專家學者意見,往往會讓研究者在意見整理時無所適從。如果是有經費支應的大型研究,或問卷調查具有高度政策形成者,或要大規模掌握社會各界意見,以及該問卷調查結果與人民的權益具有密切關係者,此時的問卷設計當然需要更多的專家學者,以不同的觀點提供修改建議。致於碩博士學位論文有六位的專家學者,對問卷進行評定已足,太多專家也容易形成意見過於紛雜,研究者最後無法歸納每一個題目的審題意見,終究會讓研究者困擾;但如果專家學者太少,也可能在審查問卷題目不具代表性,對於問卷的品質就會降低許多。

## 三、誰是專家學者?

究竟誰是專家?研究者在進行專家評定時,往往會有這樣的疑問,究竟要將問卷寄給哪些專家評定呢?其實,「專家」是在某一個領域,具有相當長的實務經驗者,也可能是在該研究領域有研究及具有該專業領域的人員,因此他們不僅限於學術界的教授及學者,也可能是實務界人士,例如:一份關於人力資源如何獲得更有效使用的研究,此時的專家可以徵詢企業界人士、公司及產業的雇主,或在該領域已工作一段時間的從業人員,亦可詢問較具有專業學術領域的學界教授或行政機關的專業人士。而如果要瞭解臺灣健保制度的實施問題,此時研究者不僅要詢問該研究領域的學者,也可能要請在執行健保政策的主管或相關人士進行評定問卷。如果要瞭解國小教師、國中教師對於一綱多本、一綱一本的問題,此時在學校工作超過一段時間的學校校長、主任、教師,以及學術界的專家學者,只要他們在這方面有其獨到的見解,就可以請他們提供意見。專家徵詢意見往往不是一次就可以完成,也許第一次的專家徵詢效果不好,此時就要有第二次的專家徵詢意見。研究者設計的問卷過於粗略或不周延,此時就需要有更多次的專家評定才能對問卷具有共識。

## 四、郵寄式與會議式的專家評定

　　專家評定常見的有郵寄方式（包括網路進行）與會議式。前者是將研究者的問卷寄給專家學者，讓他們從紙本的資料中對於問卷進行評鑑。這種方式的主要優點是專家學者自主性較高，可以依據他們的時間進行問卷的修改，當然研究者需要投入的成本也較低；其缺點包括：往返郵寄時間較長、評定回收率較低，可能影響研究進度。

　　然而有很多情形，例如：研究問題是政策性的，或是研究者為了能與專家學者面對面討論，如此更能釐清問卷內容與研究目的。此時研究者可以透過邀請專家學者，面對面的在會議或現場互動式討論問卷的設計內容，這也是很好的問卷評定方式。在會議中，面對面討論是集合幾位專家學者以會議方式進行問卷的討論。研究者在進行此會議時，仍然要在事前就進行前置作業，亦即要將所要討論的內容，包括研究大綱、研究問題、研究目的、研究架構及問卷的初稿等都準備好，當然邀請函是必備的，同時也要找好會場。專家評定問卷會議中，最好由研究者主持，在會議一開始，就先把整個研究計畫簡報三、五分鐘，接續說明本次討論會的重點。會議過程中，最好詳實記錄，能錄音及錄影都可以，但需徵求專家學者的同意。圖 6-1 就是專家學者以會議方式來評定問卷的示例，圖中坐中間

圖 6-1　專家評定問卷的會議

者為研究者，其餘為專家學者。

　　會議式評定問卷的缺點在於比較不經濟，主因是有專家評定的成本在其中，如出席費（碩士班的研究生研究資源不多，較無法進行）以及專家的時間是否可配合。優點有幾項：(1)面對面的討論，更可以釐清問卷的問題，同時如果研究者在問卷設計或研究內容有疑問，可以當面釐清；(2)會議式的討論會更有效率，對於問卷的修改，從不同專家學者的論辯中，更可以瞭解哪些問卷題目不適合納入、哪些題目的文字敘述應修改與調整，讓問卷編排邏輯更有合理性；(3)討論的過程可能不僅一回合，可能一次會議就有多回合，可以重複地檢核問卷的內容。

# 貳　要給專家的資料

　　研究者將問卷初稿寄給專家審查，進行專家評定，研究者宜將以下幾種資料一併寄給專家，讓他們在進行問卷評定時有完整的資訊：第一，邀請及感謝信函，通常是以指導老師、研究機關及研究者名義發出；第二，一份約三頁的研究計畫綱要，簡要說明研究目的、納入的名詞、研究架構，以及預期效果；切記，篇幅不要多；第三，專家評定的問卷，在問卷最後，徵詢是否列在研究論文中，往往會請專家簽名。也就是，研究者應有簽名同意欄，許多研究會將專家學者名字呈現於論文中，但有些專家學者不願意，此時研究者宜徵詢專家學者的意願；最後，為感謝專家學者評定，研究者最好附帶一份精美的小禮物，同時在研究者的論文完成之後，贈送乙冊論文（光碟片）給評定的專家，以感謝他們在論文的協助。

## 一、邀請及感謝信函

　　邀請函的格式如下：

□□教授道鑒：敬維

　　公私迪吉，諸事順遂，為祝為頌。

　　茲為◎◎學校□□研究所研究生○○○同學，刻正在本人指導下進行「×××××××之研究」，特編製「××××××××問卷」，並即實施調查。素仰　臺端學有專精，尤富教育熱忱，故懇請就該問卷之內容，撥冗指導，惠賜　卓見，俾提供建立專家效度之參考。煩請逐於各題目之後修改或敘明，不勝感激，並請盡可能於　　月　　日之前，以該生所附之回郵信封擲回，以便能以您斧正之意見進行問卷之修正。勞煩之處，至深感紉。耑此奉懇。

　　敬頌

教祺

後學　　□□□　　敬啟
○○年○月○日

## 二、研究計畫綱要

　　研究者要給專家學者的評定問卷，一定要讓專家學者瞭解研究者所要進行的研究內容、研究目的、研究問題、研究對象、重要名詞，甚至研究架構，這是相當重要的。試想，如果沒有提供基本的背景資料，就要請專家學者提供建議，專家在評定時會造成不知如何進行。如果提供太多的研究計畫內容，一方面專家學者沒有太多時間來閱讀，一方面費用及成本比較高，並不經濟。這方面的內容研究計畫綱要，約以 A4 的三至五頁寄出即可。以林維彬（2007）對基隆市新移民與本國籍子女的家長教養信念、教育期望與成就動機之調查研究問卷（專家效度評定問卷）為例，其需要提供的大綱如下：

### 研究目的

　　……在學校生活方面，教師是否能瞭解多元文化的差異，能屏除刻板印

象或偏見，或能針對不同背景學生特質因材施教，在在都影響新移民子女在學校生活適應，往往一個無心的言語或舉止，常會造成學生心理傷害而不自知，學童甚至會因為在學校所接受的挫折或不愉快經驗，使得與母親的關係變得冷淡或刻意疏離，或因不願背負污名化之標籤而自暴自棄，影響追求學習或生活成就之動機。研究者擔任基隆市國小學生事務處主任，常發現學生的家庭環境背景如單親、隔代教養、失親或清寒家庭，是造成其偏差行為的可能原因之一。再者，父母管教方式也影響其行為模式及學生成就動機，此經驗讓研究者聯想到新移民子女是否也會有相同情形？也會因為家庭環境背景差異，父母教養信念不同，而使學生在追求成就之過程中有不同動機差異。

目前國內研究新移民子女的問題，大多屬於訪談之質性研究，或針對學業成就、生活適應等面向討論，尚未發現針對家庭環境、家長教養信念與成就動機之研究，也未見以結構方程模式（Structural Equation Modeling, SEM）進行檢定，加深了本研究的動機與興趣。

本研究依據研究動機，擬以基隆市國民小學新移民女性子女為對象，藉以瞭解新移民女性家庭環境、父母之教養信念與其子女成就動機之相關性，接著提出改善策略。本研究目的如下：

1. 分析基隆市國民小學，新移民與本籍之父母教養信念情形。
2. 瞭解基隆市國民小學，新移民與本籍之子女在成就動機的情形。
3. 分析不同背景變項之基隆市新移民（本籍）子女之父母在教養信念、子女成就動機之差異。
4. 瞭解基隆市新移民（本籍）之父母教養信念與子女成就動機之關聯。

## 研究架構

本研究架構包括背景變項、教育期望、家長教養信念及成就動機，其中背景變項包括父母社經背景、父母教育參與、家庭教育資源；家長教養信念包括認知建構、直接教導、回饋機制；教育期望分為父親教育期望與母親教

育期望；成就動機包括持續恆定、追求卓越、避免失敗等，如圖 6-2 所示。
圖中 A、B、C、D、E、F 線在探討不同背景變項在家長教養信念、教育期
望、成就動機的差異性，G 線在探討家長教養信念與成就動機的相關情形。

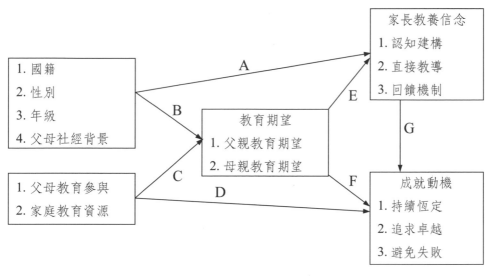

**圖 6-2　研究架構**

## 研究對象及重要變項

　　本研究以就讀基隆市國小四至六年級的新移民與本國籍子女為研究對
象。家庭環境包括家中的生活形態、生活習慣、經濟情況、父母管教子女的
態度、父母的婚姻狀況、與家人的相處情形、家庭的氣氛、親子溝通的技巧
……等。本研究以：(1)父母社經背景；(2)父母教育期望；(3)父母教育參與；
(4)家庭教育資源等四個家庭環境因素。它以受試者在「家庭環境問卷」得分
來代表受試者之家庭環境的表現。

　　1.家長教養信念：家長教養信念是父母以自身的價值教導與判斷孩子認
知發展與行為表現，並受到父母親所受到之教養經驗類化及家庭社經環境之
影響。本研究以認知建構、直接教導、回饋機制等家長教養信念因素為研究
面向。它以受試者在「家長教養信念問卷」得分來代表受試者知覺之家長教
養信念。

2.成就動機：成就動機係指驅使個人追求卓越成就，避免預期失敗，堅持並持續的內在推動驅力。本研究以持續恆定、追求卓越、避免失敗為面向。它以受試者在「成就動機問卷」得分來代表受試者之成就動機，分數愈高則代表受試者成就動機愈高；反之，分數愈低代表成就動機愈低。

## 三、一份專家評定問卷的內容

研究者要給專家評定問卷相當的重要。研究者應提供一份詳實的問卷內容，以提供專家評定的依據。這份資料包括評定的重點與評定的項目。以林維彬（2007）對基隆市新移民與本國籍子女的家長教養信念、教育期望與成就動機之調查研究問卷（專家效度評定問卷）為例，供參考。

### （一）評定的重點

研究者應該說明此次專家學者的評定內容有哪些？除了文字、題數及題目的排序邏輯之外，更重要的是否還有其他需要評定的。

---

敬愛的教授與先進們：教安！

本問卷在瞭解基隆市新移民與本國籍子女的家長教養信念、教育期望與成就動機之關係。藉由此調查結果，提供教育行政機關及學校在新移民女性子女生活輔導方案的參考。敬請各位教授、教育先進能惠賜寶貴意見，使本研究得以順利進行，謝謝您的鼎力支持及不吝指正。評定的填答說明：

1. 此部分題目由研究者依研究需要設計。

2. 煩請各位教授及先進在需要修正之題項下惠予您的建議。

國立臺北教育大學教育政策與管理研究所
研究生：林維彬敬上
指導教授：張芳全博士

---

## （二）評定的項目

　　評定的項目包括幾項：一是問卷的基本資料；二是問卷的題目。前者主要是包括在研究過程中所要納入的背景變項，基本資料的多寡依研究者在研究內容的需求而定；後者主要是針對問卷題目的文字敘述、題數、每題的字數，以及更重要的是研究向度的歸類。其中在問卷題目敘述之後，就列出一列文字敘述，如修正意見：□不修改　□修改＿＿＿＿＿＿＿＿＿。

## 第一部分　學生家庭基本資料

1. 請問您母親的原始國籍？□(1)中華民國　□(2)東南亞國家（越南、泰國、印尼等）　□(3)中國大陸　□(4)其他國家

　　修正意見：□不修改　□修改＿＿＿＿＿＿＿＿＿＿＿＿＿＿＿

2. 您的性別是？□(1)男　□(2)女

　　修正意見：□不修改　□修改＿＿＿＿＿＿＿＿＿＿＿＿＿＿＿

3. 您現在就讀的年級是？□(1)四年級　□(2)五年級　□(3)六年級

　　修正意見：□不修改　□修改＿＿＿＿＿＿＿＿＿＿＿＿＿＿＿

4. 父親教育程度？□(1)國中（含以下）　□(2)高中職　□(3)大學（專）□(4)碩（博）士

　　修正意見：□不修改　□修改＿＿＿＿＿＿＿＿＿＿＿＿＿＿＿

5. 母親教育程度？□(1)國中（含以下）　□(2)高中職　□(3)大學（專）□(4)碩（博）士

　　修正意見：□不修改　□修改＿＿＿＿＿＿＿＿＿＿＿＿＿＿＿

6. 父母親職業？請從以下「職業表」找出符合父母親目前的職業項目，請在職業項目上方數字代號（1、2、3、4、5）圈選出來，若無符合項目，請在「6其他」項空格處填寫父母職業名稱。

| 爸爸 | 1 | 2 | 3 | 4 | 5 | 6 |
| 媽媽 | 1 | 2 | 3 | 4 | 5 | 6 |
| | 家庭主婦、無業或退休、工廠工人、小攤販、清潔工、工友、警衛、服務生、學徒、農夫、漁夫、傭人、雜工、臨時工、舞(酒)女、僱工 | 店員、小吃店或商店老闆、司機、廚師、美容師、美髮師、郵差、水電工、保全、推銷員、裁縫師、技工、零售員、自耕農、士兵、打字、領班、監工 | 警察、消防原、服裝設計師、秘書、船員、演員、銀行行員、公務員(委任)、護士、技術員、技佐、科員、出納員、縣市議員、鄉鎮市民代表、批發商、包商、代書、尉級軍官 | 中小學校長、老師、法官、律師、作家、畫家、音樂家、記者、會計師、建築師工程師、警官、推事、公司行號科員、院轄市議員、經理、襄理、協理、副理、薦任級公務員、校級軍官 | 醫生、大學校長、大學教授、科學家、立法委員、監察委員、考試委員、特任或簡任級公務員、董事長、總經理、將級軍官 | 其他 |

修正意見：□不修改　□修改＿＿＿＿＿＿＿＿＿＿＿＿＿＿＿＿＿＿＿＿＿＿

7. 父母每週陪您寫功課的時間？□(1)無　□(2) 1～5 小時　□(2) 6～10 小時
□(4) 11 小時以上

修正意見：□不修改　□修改＿＿＿＿＿＿＿＿＿＿＿＿＿＿＿＿＿＿＿＿＿＿

8. 父母每週到學校次數？□(1)無　□(2) 1～2 次　□(3) 3～4 次　□(4) 5 次以上

修正意見：□不修改　□修改＿＿＿＿＿＿＿＿＿＿＿＿＿＿＿＿＿＿＿＿＿＿

9. 家中兒童圖書數量？□(1)無　□(2) 1～10 本　□(3) 11～20 本　□(4) 20 本以上

修正意見：□不修改□修改＿＿＿＿＿＿＿＿＿＿＿＿＿＿＿＿＿＿＿＿＿＿

10. 家中電腦數量？□(1)無　□(2) 1 台　□(3) 2 台　□(4) 3 台以上

修正意見：□不修改　□修改＿＿＿＿＿＿＿＿＿＿＿＿＿＿＿＿＿＿＿＿＿＿

11. 家中每週上網時間數？□(1)無　□(2) 1～5 小時　□(3) 6～10 小時　□(4) 11 小時以上

修正意見：□不修改　□修改＿＿＿＿＿＿＿＿＿＿＿＿＿＿＿＿＿＿＿＿＿＿

12. 每月參加社教活動數量？□(1)無　□(2) 1 次　□(3) 2 次　□(4) 3 次以上

　　修正意見：□不修改　□修改 _____

13. 每週參加才藝班（鋼琴、珠心算……等）時數？□(1)無　□(2) 1～5 小時

　　□(3) 6～10 小時　□(4) 11 小時以上

　　修正意見：□不修改　□修改_____

14. 每週參加補習安親班時數？□(1)無　□(2) 1～5 小時　□(3) 6～10 小時

　　□(4) 11 小時以上

　　修正意見：□不修改　□修改_____

15. 父親希望我的學歷達到？□(1)國中　□(2)高中職　□(3)大學（專科）

　　□(4)碩（博）士

　　修正意見：□不修改　□修改_____

16. 母親希望我的學歷達到？□(1)國中　□(2)高中職　□(3)大學（專科）

　　□(4)碩（博）士

　　修正意見：□不修改　□修改_____

---

★針對基本資料，其綜合意見：

---

## 第二部分　家長教養信念問卷

　　「家長教養信念」是父母以自身的價值教導與判斷孩子認知發展與行為表現，並受到父母親所受到之教養經驗類化及家庭社經環境之影響。評定的填答說明如下：

　　1. 本問卷係參酌相關文獻及論文，兼具理論與實務經驗自行編製而成。

　　2. 本問卷分為非常不同意、不同意、同意、非常同意等第。

3. (1)如您認為適合放在本問卷中請在「合適」欄下打勾；如不適合，請在「不合適」欄下打勾；如屬文字修正，則請在「修正後合適」欄下打勾。

(2)如某題項辭句不順，或語意不清，或需另作修正，敬請費神在「修正意見」處惠予指正。

| A.題目<br><br>我覺得我的父母認為…… | B.教養信念<br>向度歸類 | | | C.題目文字敘<br>述是否適當 | | |
|---|---|---|---|---|---|---|
| | 認知歷程 | 直接教導 | 回饋機制 | 合適 | 不合適 | 修正後合適 |
| 1.父母認為從別人教養孩子可學到方法來教導我。 | ☐ | ☐ | ☐ | ☐ | ☐ | ☐ |
| 修正意見：＿＿＿＿＿＿＿＿＿＿＿＿＿＿＿＿ | | | | | | |
| 2.父母認為我會為了獲得更多讚美而表現更好。 | ☐ | ☐ | ☐ | ☐ | ☐ | ☐ |
| 修正意見：＿＿＿＿＿＿＿＿＿＿＿＿＿＿＿＿ | | | | | | |
| 3.父母認為同樣的教養方式用久了就會沒有效果。 | ☐ | ☐ | ☐ | ☐ | ☐ | ☐ |
| 修正意見：＿＿＿＿＿＿＿＿＿＿＿＿＿＿＿＿ | | | | | | |
| 4.父母認為我的學習需要循序漸進，不斷地累積。 | ☐ | ☐ | ☐ | ☐ | ☐ | ☐ |
| 修正意見：＿＿＿＿＿＿＿＿＿＿＿＿＿＿＿＿ | | | | | | |
| 5.父母常常說以前祖父母都是這樣教他們的。 | ☐ | ☐ | ☐ | ☐ | ☐ | ☐ |
| 修正意見：＿＿＿＿＿＿＿＿＿＿＿＿＿＿＿＿ | | | | | | |
| 6.父母對於我與兄弟姊妹有不同要求。 | ☐ | ☐ | ☐ | ☐ | ☐ | ☐ |
| 修正意見：＿＿＿＿＿＿＿＿＿＿＿＿＿＿＿＿ | | | | | | |
| 7.父母對於我與兄弟姊妹有不同的教養方法。 | ☐ | ☐ | ☐ | ☐ | ☐ | ☐ |
| 修正意見：＿＿＿＿＿＿＿＿＿＿＿＿＿＿＿＿ | | | | | | |

---

1～7 題為教養信念中之「認知歷程」向度

綜合意見：

在上述第二部分的例子之中，研究者很重要的需求是，擬請專家學者對於問卷題目的內容、文字進行修改，或是有無不妥的需要進行刪除或增修；更重要的是每一個題目敘述之後，請專家學者對於該研究構面的歸屬也進行評定。這方式主要是讓專家學者來分析，研究者對於研究構面的分類是否合宜，如果不合宜，究竟應該調整至哪一個研究構面，如此進行有助於問卷預試，因素分析的因素結構之形成，這是專家評定的重要內容。當然研究者所進行的研究，不涉及研究構念，對研究構面的向度歸屬，則可以不必進行評定。

 專家評定意見彙整

## 一、基本內容的整理

當專家學者對於研究者寄出的問卷，在審題的意見回覆之後，研究者宜將每一位專家對於問卷所提供的意見進行整理。在整理的過程應掌握幾個重點：第一，專家對於每一題的題目內容都要有深入的分析及彙整，包括對於問卷基本資料的整理；第二，每位專家所提供的文字修改，研究者宜先全數列出來，接著試著歸納應該如何調整比較適當。關於文字及內容如有大幅修改者，研究者宜與指導教授討論哪些題目應保留，哪些題目可以刪除，或應再增加哪些題目。專家學者的建議中，也可能建議研究者對研究的內容或文獻探討重新釐清，並提議問卷初稿重新編製。以下提供林維彬（2007）的例子，他將十二位專家學者，按姓氏筆劃順序排列並以英文字母代表，如表 6-1 所示，而第一部分的基本資料彙整如表 6-2 所示，第二部分子為家長教養信念問卷如表 6-3 所示。

表 6-1　專家學者代碼

| | | | | | |
|---|---|---|---|---|---|
| 田教授 | A | 林教授 | B | 林教授 | C |
| 胡校長 | D | 姜教授 | E | 連校長 | F |
| 彭校長 | G | 謝教授 | H | 張教授 | I |
| 趙教授 | J | 鄭教授 | K | 劉教授 | L |

表 6-2　第一部分　基本資料的彙整

| 向度／題目 | 題目的說明 |
|---|---|
| 原始題目 | 1.請問您母親的原始國籍？□(1)中華民國　□(2)東南亞國家（越南、泰國、印尼等）　□(3)中國大陸　□(4)其他國家 |
| 專家建議 | D：未考慮到父親是外籍的事實。<br>J：移到較後面題數，以免讓填答者不舒服。 |
| 最後修訂 | 1.請問您母親的原始國籍？□(1)中華民國　□(2)東南亞國家（越南、泰國、印尼等）　□(3)中國大陸　□(4)其他國家 |
| 原始題目 | 2.您的性別是？□(1)男　□(2)女 |
| 專家建議 | 無 |
| 最後修訂 | 2.您的性別是？□(1)男　□(2)女 |
| 原始題目 | 3.您現在就讀的年級是？□(1)四年級　□(2)五年級　□(3)六年級 |
| 專家建議 | 無 |
| 最後修訂 | 3.您現在就讀的年級是？□(1)四年級　□(2)五年級　□(3)六年級 |
| 原始題目 | 4.父親教育程度？□(1)國中（含以下）　□(2)高中職　□(3)大學（專）□(4)碩（博）士 |
| 專家建議 | B：高中、高職；專科、大學<br>C：專科、大學；碩士（含以上）<br>F：增加國小（含以下）<br>J：專科、大學 |
| 最後修訂 | 4.父親教育程度？□(1)國中（含以下）　□(2)高中、高職　□(3)專科、大學　□(4)碩士、博士 |
| 原始題目 | 5.母親教育程度？□(1)國中（含以下）　□(2)高中職　□(3)大學（專）□(4)碩（博）士 |
| 專家建議 | B：高中、高職；專科、大學；碩士、博士<br>C：專科、大學；碩士（含以上）<br>F：增加國小（含以下）<br>J：專科、大學 |
| 最後修訂 | 5.母親教育程度？□(1)國中（含以下）　□(2)高中、高職　□(3)專科、大學　□(4)碩士、博士 |

| 向度／題目 | 題目的說明 |
|---|---|
| 原始題目 | 7.父母每週陪您寫功課的時間？□(1)無　□(2) 1～5 小時　□(3) 6～10 小時　□(4) 11 小時以上 |
| 專家建議 | C：每週改為每天，分為無、1 小時以下、1～2 小時、2 小時以上。 |
| 最後修訂 | 7.父母每週陪您寫功課的時間？□(1)無　□(2) 1～5 小時　□(3) 6～10 小時　□(4) 11 小時以上 |
| 原始題目 | 8.父母每週到學校次數？□(1)無　□(2) 1～2 次　□(3) 3～4 次　□(4) 5 次以上 |
| 專家建議 | C：父母每週到學校接送我的天數。<br>E：所謂到校語意不清，指的是每天接送學童來回算兩次呢？還是一次？或者到校指的是級任老師要求還是？<br>J：□(4) 5 次（含）以上。 |
| 最後修訂 | 8.父母每週到學校次數？□(1)無　□(2) 1～2 次　□(3) 3～4 次　□(4) 5 次（含）以上 |
| 原始題目 | 9.家中兒童圖書數量？□(1)無　□(2) 1～10 本　□(3) 11～20 本　□(4) 20 本以上。 |
| 專家建議 | C：我家裡的兒童圖書數量。 |
| 最後修訂 | 9.家中兒童圖書數量？□(1)無　□(2) 1～10 本　□(3) 11～20 本　□(4) 20 本以上。 |
| 原始題目 | 10.家中電腦數量？□(1)無　□(2) 1 台　□(3) 2 台　□(4) 3 台以上。 |
| 專家建議 | 無 |
| 最後修訂 | 10.家中電腦數量？□(1)無　□(2) 1 台　□(3) 2 台　□(4) 3 台以上。 |
| 原始題目 | 11.家中每週上網時間數？□(1)無　□(2) 1～5 小時　□(3) 6～10 小時　□(4) 11 小時以上 |
| 專家建議 | A：誰上網？對象？<br>C：我在家中每週上網時間數。<br>J：是誰上網？<br>L：可去除「家中」。 |
| 最後修訂 | 11.我在家中每週上網時間數？□(1)無　□(2) 1～5 小時　□(3) 6～10 小時　□(4) 11 小時以上 |

| 向度／題目 | 題目的說明 |
|---|---|
| 原始題目 | 12.每月參加社教活動數量？□(1)無　□(2) 1 次　□(3) 2 次　□(4) 3 次以上。 |
| 專家建議 | A：誰參加？對象？社教活動為何？<br>C：我每月參加社教活動數量。<br>J：社教活動應更明確說明。 |
| 最後修訂 | 12.我每月參加社教活動（音樂會、藝文展覽、宣導活動、園遊會……等）數量？□(1)無　□(2) 1 次　□(3) 2 次　□(4) 3 次以上。 |
| 原始題目 | 13.每週參加才藝班（鋼琴、珠心算……等）時數？□(1)無　□(2) 1～5 小時　□(3) 6～10 小時　□(4) 11 小時以上 |
| 專家建議 | C：我每週參加才藝班（鋼琴、珠心算、英文……等）時數。 |
| 最後修訂 | 13.我每週參加才藝班（鋼琴、珠心算、英文……等）時數？□(1)無　□(2) 1～5 小時　□(3) 6～10 小時　□(4) 11 小時以上 |
| 原始題目 | 14.每週參加補習安親班時數？□(1)無　□(2) 1～5 小時　□(3) 6～10 小時　□(4) 11 小時以上 |
| 專家建議 | C：我每週參加補習安親班時數。 |
| 最後修訂 | 14.我每週參加補習安親班時數？□(1)無　□(2) 1～5 小時　□(3) 6～10 小時　□(4) 11 小時以上 |
| 原始題目 | 15.父親希望我的學歷達到？□(1)國中　□(2)高中職　□(3)大學（專科）　□(4)碩（博）士 |
| 專家建議 | B：□(2)高中、高職　□(3)專科、大學　□(4)碩士、博士。<br>C：□(3)大學　□(4)碩士（含以上） |
| 最後修訂 | 15.父親希望我的學歷達到？□(1)國中　□(2)高中、高職　□(3)專科、大學　□(4)碩士、博士 |
| 原始題目 | 16.母親希望我的學歷達到？□(1)國中　□(2)高中職　□(3)大學（專科）　□(4)碩（博）士 |
| 專家建議 | B：□(2)高中、高職　□(3)專科、大學　□(4)碩士、博士<br>C：□(3)大學　□(4)碩士（含以上） |
| 最後修訂 | 16.母親希望我的學歷達到？□(1)國中　□(2)高中、高職　□(3)專科、大學　□(4)碩士、博士 |

| 向度／題目 | | | 題目的說明 | | | |
|---|---|---|---|---|---|---|

原始題目

6.父母親職業？請從以下「職業表」找出符合父母親目前的職業項目，請在職業項目上方數字代號（1、2、3、4、5）圈選出來，若無符合項目，請在「6 其他」項空格處填寫父母職業名稱。

| 爸爸 | 1 | 2 | 3 | 4 | 5 | 6 |
|---|---|---|---|---|---|---|
| 媽媽 | 1 | 2 | 3 | 4 | 5 | 6 |
|  | 家庭主婦、無業或退休、工廠工人、小攤販、清潔工、工友、警衛、服務生、學徒、農夫、漁夫、傭人、雜工、臨時工、舞(酒)女、催工 | 店員、小吃店或商店老闆、司機、廚師、美容師、美髮師、郵差、水電工、保全、推銷員、裁縫師、技工、零售員、自耕農、士兵、打字、領班、監工 | 警察、消防原、服裝設計師、秘書、船員、演員、銀行行員、公務員(委 任)、護士、技術員、技佐、科員、出納員、縣市議員、鄉鎮市民代表、批發商、包商、代書、尉級軍官 | 中小學校長、老師、法官、律師、作家、畫家、音樂家、記者、會計師、建築師工程師、警 官、推事、公司行號科員、院轄市議員、經理、襄理、協 理、副理、薦任級公務員、校級軍官 | 醫生、大學校長、大學教授、科學家、立法委員、監察委員、考試委員、特任或簡任級公務員、董 事長、總 經 理、將級軍官 | 其他 |

專家建議

A：第一類刪除舞（酒）女。

C：直接填寫數字代號，不要用圈選方式。

E：退休不應放置第一類。

F：第五類增加縣市長、五院院長、總統。

I：退休不應放置第一類。

K：農夫改為佃農。

最後修訂

第一類刪除退休及舞（酒）女。

第五類增加縣市長、五院院長、總統。

表 6-3　第二部分　子女知覺家長教養信念問卷的彙整

| 原始題目 | 1.父母認為從別人教養孩子可學到方法來教導我。 | 代碼 | 向度歸屬 | | | |
|---|---|---|---|---|---|---|
| | | | 認知歷程 | 直接教導 | 回饋機制 | 無法歸類 |
| 專家建議 | A：父母認為從別人教導孩子的經驗可學到教導我的方法。 | A | | | | V |
| | | B | V | | | |
| | C：父母認為從別人教導孩子的方式可學到方法來教導我。 | C | V | | | |
| | | D | V | | | |
| | | E | V | | | |
| | K：父母認為從別人教導孩子的經驗中可學到教導我的方法。 | F | V | | | |
| | | G | V | | | |
| | | H | V | | | |
| | | I | V | | | |
| | | J | V | | | |
| | | K | V | | | |
| | | L | | | | |
| 最後修訂 | 1.父母認為從別人教導孩子的經驗中可學到教導我的方法。 | | 認知歷程 | | | |

| 原始題目 | 2.父母認為我會為了獲得更多讚美而表現更好。 | 代碼 | 向度歸屬 | | | |
|---|---|---|---|---|---|---|
| | | | 認知歷程 | 直接教導 | 回饋機制 | 無法歸類 |
| 專家建議 | 無 | A | | | V | |
| | | B | V | | | |
| | | C | V | | | |
| | | D | V | | | |
| | | E | | | V | |
| | | F | | | V | |
| | | G | V | | | |
| | | H | V | | | |
| | | I | V | | | |
| | | J | | | V | |
| | | K | V | | | |
| | | L | V | | | |
| 最後修訂 | 2.父母認為我會為了獲得更多讚美而表現更好。 | | 認知歷程 | | | |

| 原始題目 3.父母認為同樣的教養方式用久了就會沒有效果。 | 代碼 | 向度歸屬 | | | |
|---|---|---|---|---|---|
| | | 認知歷程 | 直接教導 | 回饋機制 | 無法歸類 |
| 專家建議　無 | A | | V | | |
| | B | V | | | |
| | C | V | | | |
| | D | V | | | |
| | E | V | | | |
| | F | V | | | |
| | G | V | | | |
| | H | V | | | |
| | I | V | | | |
| | J | V | | | |
| | K | V | | | |
| | L | V | | | |
| 最後修訂 3.父母認為同樣的教養方式用久了就會沒有效果。 | | 認知歷程 | | | |

| 原始題目 4.父母認為我的學習需要循序漸進，不斷地累積。 | 代碼 | 向度歸屬 | | | |
|---|---|---|---|---|---|
| | | 認知歷程 | 直接教導 | 回饋機制 | 無法歸類 |
| 專家建議　無 | A | V | | | |
| | B | V | | | |
| | C | V | | | |
| | D | V | | | |
| | E | | V | | |
| | F | V | | | |
| | G | V | | | |
| | H | V | | | |
| | I | V | | | |
| | J | V | | | |
| | K | V | | | |
| | L | V | | | |
| 最後修訂 4.父母認為我的學習需要循序漸進，不斷地累積。 | | 認知歷程 | | | |

| 原始<br>題目 | 5.父母常常說以前祖父母都是這樣教他們的。 | 代碼 | 向度歸屬 | | | |
|---|---|---|---|---|---|---|
| | | | 認知<br>歷程 | 直接<br>教導 | 回饋<br>機制 | 無法<br>歸類 |
| 專家<br>建議 | 無 | A | | V | | |
| | | B | V | | | |
| | | C | V | | | |
| | | D | V | | | |
| | | E | | V | | |
| | | F | | V | | |
| | | G | V | | | |
| | | H | V | | | |
| | | I | V | | | |
| | | J | V | | | |
| | | K | V | | | |
| | | L | V | | | |
| 最後<br>修訂 | 5.父母常常說以前祖父母都是這樣教他們的。 | | 認知歷程 | | | |

| 原始<br>題目 | 6.父母對於我與兄弟姊妹有不同要求。 | 代碼 | 向度歸屬 | | | |
|---|---|---|---|---|---|---|
| | | | 認知<br>歷程 | 直接<br>教導 | 回饋<br>機制 | 無法<br>歸類 |
| 專家<br>建議 | 無 | A | V | | | |
| | | B | V | | | |
| | | C | V | | | |
| | | D | V | | | |
| | | E | V | | | |
| | | F | | | | V |
| | | G | V | | | |
| | | H | V | | | |
| | | I | V | | | |
| | | J | V | | | |
| | | K | V | | | |
| | | L | V | | | |
| 最後<br>修訂 | 6.父母對於我與兄弟姊妹有不同要求。 | | 認知歷程 | | | |

| 原始題目 | 7.父母對於我與兄弟姊妹有不同的教養方法。 | 代碼 | 向度歸屬 | | | |
|---|---|---|---|---|---|---|
| | | | 認知歷程 | 直接教導 | 回饋機制 | 無法歸類 |
| 專家建議 | 無 | A | V | | | |
| | | B | V | | | |
| | | C | V | | | |
| | | D | V | | | |
| | | E | | V | | |
| | | F | | | | V |
| | | G | V | | | |
| | | H | V | | | |
| | | I | V | | | |
| | | J | V | | | |
| | | K | V | | | |
| | | L | V | | | |
| 最後修訂 | 7.父母對於我與兄弟姊妹有不同的教養方法。 | | 認知歷程 | | | |

　　上述是在專家學者評定內容之後，研究者彙整及修正題目的過程。需指出的是，在許多封閉型的問卷之後，仍提供一、二題的開放型題目讓受訪者填答。此時，研究者在此部分的專家評定也不可以忽略，研究者應該將欲給受訪者之開放型題目，讓專家學者進行評定，一方面可能有文字修改，一方面可以提供相關的意見給研究者參考。

## 二、專家評定內容的數據整理

　　研究者需依文獻探討與設定研究架構之後，依據問卷大綱及相關研究之問卷編製問卷題目，並予指導教授就整體問卷進行討論、交換意見，反覆修正才完成。為提昇本問卷內容效度及切合實務，需經由專家學者提供修正意見，填寫專家效度評定問卷，研究者宜將評定的問卷之意見進行整理，這方面整理要耗費相當多時間。以林維彬（2007）的研究為例，表6-4的內容就是依據本章前節所列的基本資料，以及家長教養信念在問卷專家審題的情形，讀者可以參照兩者的內容更為清楚，說明如下。

　　本研究整理十二位專家學者所提供之意見，題目「適合」選項在50%以上與「修正後適合」之百分比相加，其值在80%以上，則予以保留；另參考專家學者文句潤飾等意見，而修正「學生家庭基本資料」第1、4、5、6、8、11、12、13、14、15、16題，「家長教養信念問卷」第1題。新移民與本國籍子女的家長教養信念、教育期望與成就動機調查問卷專家審題及篩選情形，如表6-4。表中的N代表專家學者的人數，以基本資料第一題來說，適合、修正後適合及不適合的評定人數各為十、二及零人，專家人數有十一名，所以各個項目的比率各為83.3%、16.7%及0%，整體的結果為修正後可以採用。

表6-4　專家對家長教養信念審題及篩選情形

| 向度 | 題號 | 適合 | | 修正後適合 | | 不適合 | | 結果 | | |
|---|---|---|---|---|---|---|---|---|---|---|
| | | N | % | N | % | N | % | 保留 | 修正 | 刪除 |
| 學生家庭基本資料 | 1 | 10 | 83.3 | 2 | 16.7 | 0 | 0 | | ∨ | |
| | 2 | 12 | 100 | 0 | 0 | 0 | 0 | ∨ | | |
| | 3 | 12 | 100 | 0 | 0 | 0 | 0 | ∨ | | |
| | 4 | 8 | 66.7 | 4 | 33.3 | 0 | 0 | | ∨ | |
| | 5 | 8 | 66.7 | 4 | 33.3 | 0 | 0 | | ∨ | |
| | 6 | 6 | 50 | 6 | 50 | 0 | 0 | | ∨ | |
| | 7 | 11 | 91.7 | 1 | 8.3 | 0 | 0 | ∨ | | |
| | 8 | 9 | 75 | 3 | 25 | 0 | 0 | | ∨ | |
| | 9 | 11 | 91.7 | 1 | 8.3 | 0 | 0 | ∨ | | |
| | 10 | 12 | 100 | 0 | 0 | 0 | 0 | ∨ | | |
| | 11 | 8 | 66.7 | 4 | 33.3 | 0 | 0 | | ∨ | |
| | 12 | 9 | 75 | 3 | 25 | 0 | 0 | | ∨ | |
| | 13 | 11 | 91.7 | 1 | 8.3 | 0 | 0 | | ∨ | |
| | 14 | 11 | 91.7 | 1 | 8.3 | 0 | 0 | | ∨ | |
| | 15 | 10 | 83.3 | 2 | 16.7 | 0 | 0 | | ∨ | |
| | 16 | 10 | 83.3 | 2 | 16.7 | 0 | 0 | | ∨ | |
| 子女教養信念 | 1 | 8 | 66.7 | 3 | 25 | 1 | 8.3 | | ∨ | |
| | 2 | 8 | 66.7 | 0 | 0 | 4 | 33.3 | ∨ | | |
| | 3 | 11 | 91.7 | 0 | 0 | 1 | 8.3 | ∨ | | |
| | 4 | 11 | 91.7 | 0 | 0 | 1 | 8.3 | ∨ | | |
| | 5 | 9 | 75 | 0 | 0 | 3 | 25 | ∨ | | |
| | 6 | 11 | 91.7 | 0 | 0 | 1 | 8.3 | ∨ | | |
| | 7 | 10 | 83.3 | 0 | 0 | 2 | 16.7 | ∨ | | |

## 三、專家評定問卷應注意的事項

在研究者進行專家評定問卷過程，宜注意幾項問題：

1. 上述指出需要有六位以上的專家學者，有效的評定內容份數，並非寄出去的專家人數，而是要以回收的問卷且有效的專家評定份數為基準。

2. 寄給專家學者之前，最好事先告知專家學者，徵詢是否有時間及意願進行評定，同時可否在時間內完成評定內容。有很多研究者沒有徵詢專家學者意願，就寄上問卷要人評定，這是很不禮貌的。

3. 如果專家學者同意評定內容，且已寄出問卷，但仍未在預計時間內寄回，可再等候幾天，若仍無法回收，可致電詢問，如專家學者無法評定，造成研究者專家評定人數不足，此時需要重新再找尋其他的專家。為避免專家學者評定內容無法回收，研究者一開始應多徵詢幾位專家，以避免影響研究進度。

4. 如果是學位論文，研究者寄出專家評定問卷的時間，最好在研究者的論文計畫審查通過之後，再進行最適當。

5. 專家學者的代表人最好應有統計領域專家，或在統計方面較有造詣者參與，如此一來，可以讓這些專家學者提供有關研究者所設計的問卷在統計方面的觀念。

其實，有很多研究者在寫完研究計畫與完成問卷設計之後，很高興的將所編製的問卷進行專家評定，回收意見就進行整理，這是不對的。一來，研究者的研究計畫尚未經過審查，未經過審查委員同意，如果研究計畫在論文計畫審查中，審查者要求研究者針對研究內容、研究目的，乃至於研究架構重新調整，此時，將會讓先前進行的專家評定有多此一舉之感；二來，如果論文計畫還沒有經過審查就先進行，後續調整過後的研究架構，勢必會更動研究者的問卷，這會花費研究者更多的時間，更不經濟，後續再寄給某些專家學者，也會造成困擾；最後，如果研究者所設計的問卷，無法對預試的資料進行信度及建構效度分析，此時專家學者對於問卷的評定就更為重要，就如研究者設計的問卷題目在各題題目的選項，有些以兩項，有些以三項，有些為四項，無法符合統計公式要求，就無法進行信度分析及因素分析，此時有更多及專業的專家學者進行問卷評定是很重要

的，否則研究者的問卷，就更容易陷於一偏之見的情形。

　　總之，專家評定問卷主要目的在於：問卷題目是否與研究目的相符、問卷題數、基本資料的題目是否適當、問卷題目的文字敘述是否合宜、問卷所要調查的各研究構念是否合理等。這樣的評定過程，對於研究者要進行的問卷調查，具有相當大助益。

# 問題與討論

## 一、問題

　　本章說明專家學者之審題情況，然而很多學術論文，尤其是學位論文，常僅以專家學者的意見做為研究工具的表面效度，就視為正式問卷、而發放問卷，這樣可以嗎？

## 二、討論

　　本書第一章的問題與討論提及：問卷類型區分為市場調查型問卷、政策型調查問卷、學術型調查問卷、工作型調查問卷，讀者可以再回頭翻閱複習。其中，學術型調查問卷一定要經過嚴謹的問卷設計流程才可以進行施測。尤其在研究者編製好問卷之後，最好經過專家學者的審題，透過專業的角度與觀點來瞭解設計的問卷之合宜性，這是必要的。然而，這僅是良好問卷設計的前提，它還無法提供確切的信度及效度來支持研究者使用的工具之可行性。試想，研究工具若設計不良，造成語意、文義、題目無法反應學理內涵等，就難以讓受試者會有好的反應，此時所造成的測量誤差將會更多。因此，為瞭解研究工具的性能，預試問卷回收之後的信度與效度之估計是必要的。若能透過因素分析及信度分析出研究工具的可信度及可靠程度，再來發放正式問卷，此時所獲得的研究結果將更能說服讀者，也更能與學術界對話。因此，嚴謹的學術論文或學位論文在研究工具的信效度上，務必要包括專家學者的審題，以及分析預試問卷的信效度。所以，統計方法，如因素分析、結構方程模式及信度分析等，就需要有一定的基礎才可以。

# 信效度的原理

✅ 為了瞭解一份問卷的信度及效度分析的原理，本章說明估計問卷信度及效度的常見方法；在問卷的建構效度是以因素分析法，而信度分析則是以相關係數及 Cronbach's $\alpha$ 係數，相關係數較為少用。本章介紹因素分析及 Cronbach's $\alpha$ 係數，這些方法是分析問卷信度及效度的基本工夫，研究者如要以自編問卷蒐集資料，宜掌握這些內容。

## 壹 問卷分析的前置作業

### 一、準確的資料登錄

　　研究者在預試問卷回收之後，就應該將回收問卷做一篩選，將受訪者未完整填寫或亂填者挑出來，保留有效的樣本。接著，研究者必須要把這些有效樣本登錄在電腦中，登錄電腦的基本格式如表 7-1 所示，表中的格式如電腦的 EXCEL 或 SPSS 的視窗一樣。表 7-1 顯示共有四千名樣本要登錄資料，其中性別為男性者，以 1 代表，2 代表女性；年齡為連續變項，依受訪者填答而定；教育程度以 1 代表國中（含國中以下）、2 代表高中職、3 代表大專校院、4 代表研究所；變項一至變項四的題目之選項均以非常不同意、不同意、同意、非常同意，讓受訪者勾選，以 1、2、3、4 做為分數轉換。就以第一位受訪者而言，他是男性、年齡為三十歲、教育程度為國中（含以下）的教育程度，變項一選擇不同意、變項二選擇非常同意、變項三選擇同意、變項四選擇非常同意。研究者依此類推來登錄各個受訪者的資料，以成為一個可以分析的資料檔。

　　研究者一定要記得，如果已經將資料編碼登錄完成，最重要的是要檢視資料

表7-1　資料登錄的格式

| 受試者／變項 | 性別 | 年齡 | 教育 | …… | 變項一 | 變項二 | 變項三 | 變項四 |
|---|---|---|---|---|---|---|---|---|
| 1 | 1 | 30 | 1 | | 2 | 4 | 2 | 4 |
| 2 | 2 | 35 | 4 | | 2 | 2 | 3 | 1 |
| 3 | 2 | 26 | 3 | | 3 | 3 | 1 | 4 |
| 4 | | | | | | | | |
| . | | | | | | | | |
| . | | | | | | | | |
| . | | | | | | | | |
| 3997 | | | | | | | | |
| 3998 | | | | | | | | |
| 3999 | | | | | | | | |
| 4000 | | | | | | | | |

有無登錄錯誤，此時可以打開 SPSS v.18 for Windows，在 Statistics 欄中點選，選擇 Summarize 中的 Frequence（次數分配），接著將所要檢查的變項投入右邊的欄位中，點選 OK，就可以跑出結果，研究者可以從報表中瞭解資料是否輸入有誤。關於 SPSS 視窗見本章後續說明。

## 二、選用適切的資料處理方法

　　研究者自編問卷，在資料蒐集之後，需要透過統計分析；在預試分析之後需要效度分析與信度分析；在正式施測之後，需要對於研究結果進行統計分析。不管是預試分析或正式施測，問卷選項的屬性或尺度與統計方法都有密切關係，例如：研究者在問卷題目的選項上，如果僅以「是否」、「對錯」、「支持與反對」的兩類選項，就無法進行分析，但是信度分析就需要以庫李 20 的公式進行估算，而不能使用 Cronbach's $\alpha$ 係數。而正式問卷的分析，就需要依據問卷的選項搭配，來選用不同的統計方法。因此研究者選用正確的統計方法，能將蒐集的資料做有意義及有價值的呈現。一篇好的論文會因為統計方法使用得當，使得該研究報告的價值提高；相對的，如果使用不對的統計方法來處理研究資料，就會使得該篇報告一點價值都沒有。因此，研究者在這方面宜慎重地使用統計方法。

在此說明變項尺度與統計方法選用。統計方法的決定必須在蒐集資料之前，多數研究的問卷蒐集到的資料不限於一種統計方法，可以同時使用多種方法，因此就需要瞭解研究者在問卷設計上的選項類型，以及研究的目的為何。

資料類型包括以下四種：

1. 類別尺度：它在區分類別，類別所代表的符號，並無法進行加總，例如：男生代表 1，女生代表 0，二者僅是一種類別而已。

2. 等級尺度：它主要讓研究者可以比較資料屬性的大小、高低、優劣、先後、等級，不可以進行加總。

3. 等距尺度及比率尺度：這二者都可以進行數據的加總，因為它們在變項屬性單位一致，所以它可以更精確地測量出現象的屬性，但是等距尺度沒有絕對零點，溫度及濕度屬之；而比率尺度則有絕對零點，身高、體重屬之。

上述前兩種尺度僅可運用「無母數統計」，例如：卡方考驗、ψ相關、等級相關等；後二者可運用「母數統計」，因為其資料特性為變項的單位一致與可以加減，這方面的統計處理，諸如以積差相關係數、多元迴歸分析、典型相關、因素分析進行等。此外，不同的資料屬性在考驗母數統計也有別，一是母數資料考驗需要幾個前提：(1)資料是常態分配或接近常態分配；(2)資料的變異數具有同質性；(3)資料是等距尺度和等比尺度資料。二是無母數的統計考驗，如果在資料屬性，不包括上述母數統計考驗的三項特性之一者，就算是無母數考驗。

## 貳 問卷的效度分析

### 一、基本原理

一份問卷是否具有可靠性，是否可以測量到研究者所列的研究構念及其特質，往往是研究者所關心的。如果研究者使用的問卷不可靠，或者無法測量到所預期的特質，即使該問卷後來在進行正式施測後，取得樣本反應的數量、特徵及題目數值的分配，也無法做有意義及合理的解釋。因此問卷的效度就格外重要。

所謂效度，是指一份問卷或測驗可以測量到所要測量的特質，或者說是測量

分數的正確性。就如一份問卷是要測量學生在科學推理的表現，如果測驗顯示不同的學生在此項科學測驗中，智商愈高者，其科學表現推理愈好，相反的就愈差；此時就可以說，此測量具有效度。當然，如果一份測驗要測量學生的數學信念、興趣、動機，但是該份問卷卻無法衡量這樣的特質，這就是效度不佳。然而，效度具有以下的特性（郭生玉，1997；Gronlund, 1976, p. 81）：(1)它無法直接測量，但可以從其他資料推論；(2)判斷效度的依據是以測驗分數使用的目的或結果的解釋；(3)它是程度上的差別，而不是全有全無的問題；(4)它在使用目的及情境上有其特殊性。

　　一項問卷的研究構念所形成的總變異量可以包括三個部分：一是共同因素的變異量；二是獨特的變異量；三是誤差的變異量。第一種變異量是指，某個問卷或測驗的變異量與其他測驗的變異量，有共同分享的部分；而第二種變異量是指，某個測驗或問卷的變異量，並非為其他測驗所分享；而誤差變異量是指該測驗或問卷無法測量到的，或是可能因為人為或測驗本身所造成的誤差。如果要運用公式呈現，三種變異量的關係如下：

$$Sx^2 = S_{CO}^2 + S_{SP}^2 + S_E^2$$

　　式中，$Sx^2$ 代表總變異量、$S_{CO}^2$ 代表共同因素的變異量、$S_{SP}^2$ 代表獨特的變異量、$S_E^2$ 代表誤差的變異量。

　　問卷效度的類型包括內容效度、構念效度、效標關聯效度。內容效度是指，研究者所編的問卷是否反應了研究者所要掌握的特質，是否具有代表性或是取樣的適當性；內容效度至今尚沒有一種數量的方式可以確認，它主要是運用研究者在問卷或題目的邏輯來進行分析，以瞭解每一個題目是否與研究者的內容有關；在社會科學中最常見的是由多位專家學者對問卷內容進行評鑑，透過他們對問卷內容所提出的建議，做為修改問卷的依據。

　　構念效度是研究者依據相關理論所建構出來的研究構念，通常它需要透過研究工具來蒐集，最後運用構念效度的檢定方法，來掌握問卷或測驗可以反應研究構念的程度。效標關聯效度是採取一份具有效度的研究工具做為參照，接著研究者將設計的問卷，運用統計技術進行分析，透過數據結果進行比對，例如：在智

力測驗中，研究者設計好智力測驗之後，通常需要找一份效標做為參照，而最常見的就是以學業成就做為智力測驗的效標。對於效標的特性，宜掌握其適切性、可靠性、客觀性與可用性。

## 二、檢驗構念效度的方法

研究者常使用一些社會科學理論，運用問卷調查法蒐集實際樣本資料來驗證理論的內涵，並依此來掌握社會現象，此時如果使用問卷或測驗來測量理論的構念或特質的程度，就稱為構念效度。本書第三章指出，構念是社會科學中，一種理論的構思或特質，它是無法觀察到的，但是社會科學仍假設這些現象存在。研究者為了將這些研究構念予以外顯化或可觀察化，因此運用測驗或問卷來對受試者測量，以瞭解該構念的程度。值得說明的是，這些研究構念雖然是假設性的，但是它們都有理論的支持或依據。就如個人的學習壓力與學業表現之間的關係，學習壓力愈高，學業成就表現不一定愈好；而沒有學習壓力，也不一定會讓學業成就有好的表現，唯有在一定的學習壓力下，學業成就才有適當的表現，可見兩者是呈現例 U 型關係；這種研究的構想或假設性的說法，還需要更多的研究來支持。

研究者一定很想瞭解，究竟這些構念的驗證方法為何呢？在構念效度證明的方法方面，研究者可以透過幾種方式進行：

1.進行相關研究：研究者將所編的問卷或測驗，和已經讓大家認可的類似測驗或問卷進行相關係數的分析。計算方式可以用研究者編製的問卷與其他研究的不同特質或相近特質的問卷進行相關分析，如果相同特質之間有高度相關，代表研究者所編的問卷具有高效度，反之亦然。

2.團體的差異分析：研究者可以找尋該測驗或問卷的不同受試者進行分析，例如：研究者在一份問卷中，是要瞭解有受過訓練者在某一研究構念的瞭解程度，此時研究者可以找尋未接受過訓練者做為參照，經過兩組樣本在問卷反應的結果，進行相關分析，亦可以檢驗效度。通常這兩群受試者的測量數值，經過相關係數的估算之後，其相關係數應該是愈低愈好，如果愈低，代表這問卷對於兩群是具有區別性的。

3. 進行實驗研究：研究者可以設計實驗情境，在實驗前先對受試者進行某一特質的前測分析，在實驗之後，再以該問卷或測驗進行後測分析，研究者對前測與後測的分數進行相關分析，以瞭解該問卷的效度；如果前後測的分數，經過相關係數估算之後，發現前後測的相關係數較高且達顯著，此時就可以說明該問卷在前後測是有關聯的。

4. 內部一致性分析：它是以該問卷或測驗的總分為效標，而與其他對照團體、類似的問卷進行相關，甚至也可以計算研究者的測驗或問卷總分與分測驗或分量表之間的相關，如果該問卷或測驗的分量表與總測驗或問卷有高度的相關，代表內部一致性較高，反之則否。

5. 多項特質——多項方法分析：它是需要以兩種以上的測量方法來測量兩種以上的特質，研究者再進行相同方法測量相同特質，與不同方法測量相同特質所得到的相關，要比相同方法測量不同特質，與不同方法測量不同特質的相關係數還高（郭生玉，1997）。如果研究者如此發現，就可以支持研究者編製的問卷具有構念效度。

6. 因素分析：構念效度常運用因素分析來掌握，研究者對於研究工具的設計往往較沒有把握，因此在依據理論與設計研究問卷之後，通常會運用因素分析將得到的資料簡化為一個或數個研究者預期的因素結構，此種分析過程簡單的說即是對因素的精簡程序。這也是本章的重點之一，以下將有更多的說明。

研究者一定要注意影響效度的因素。實務上，一份問卷的效度受到以下的因素影響：(1)問卷的品質：如題意不清、題數過少、題目的用字太難、題目超出受試者的忍受範圍等；(2)施測的情境：如受試者在接受問卷調查時的情境，是否天氣太熱、很吵鬧、填寫問卷的空間不舒服等；(3)受試者的因素：如受試者的意願、態度、沒有更多的時間填寫、疲勞感、健康不佳、不願意配合等；(4)效標的品質：上述的效標關聯效度中，如果研究者得到的效標不良，研究者所設計的問卷，就無法參考他人的效標，因而無法瞭解研究者所設計的問卷是好還是不好；(5)團體的性質：如果受試者的團體異質性愈大，效度係數愈高，反之如果受試者為同質性高，測驗或問卷的分數很容易集中，分數的範圍小，就會降低效度係數；(6)估算效度的樣本數多寡：如果樣本數太少，也不足以估算出良好的效度。

研究者如果以小樣本，經過因素分析之後，獲得與預期相同的研究向度，也不一定代表該研究工具的效度就已建立，研究者在推論時更應小心審慎。

 因素分析

## 一、基本原理

研究者以問卷設計的題目來掌握社會複雜現象，期待將複雜的變項進行簡化，例如：運用一份研究問卷來瞭解某一研究構念或研究變項的構念效度，因為研究構念愈多，問卷的題數也會比較多，研究者往往無法在短時間內掌握這些題目究竟是否真的可以有效地解釋研究構念，此時可運用因素分析（Factor Analysis）對這份問卷的題目數進行刪減。因素分析所要掌握的是問卷的構念效度。研究者自行設計一份研究問卷，一定會思考，究竟所設計出來的問卷是否可以測量到研究構念，測量到所要的特質呢？也就是，問卷是否有效度？這種問卷的效度又如何評估？

因素分析是數學中的一種精簡做法，它能夠將為數眾多的變數，濃縮成為較少的幾個精簡變數，即抽出共同因素。簡言之，它從 M 個觀察變數萃取出 N 個重要因素，這 N 個因素就是共同因素。因素分析是假定個體在變數之得分，由三個部分組成，即共同因素（Common Factor）、特殊因素（Unique Factor）和誤差因素。簡言之，因素分析的基本假定是任何一組變項所形成的觀察值，一部分是由「共同因素」所組成，另一部分則由「特殊因素」及「誤差因素」所組成。也就是：

所有數值＝特殊因素＋共同因素＋誤差因素

上述的式子，如果用變異數的觀點來說明，可以表示如下：

總變異數＝共同變異數＋特殊變異數＋誤差變異數

上述的共同變異數是指，在總變異數當中，與其他的變項有關的部分，它是

所有變項都有的共同特性；特殊變異數是指，在總變異數當中，與其他變項沒有關係的部分，也就是變項與變項之間，不具有共同特性的部分；而誤差變異數部分是研究者在進行問卷調查過程中，由於樣本取樣、問卷品質、施測情境以及其他可能形成誤差的條件，所形成的誤差，測量誤差的大小見第一章。

　　進行因素分析應先計算所要分析的「相關係數矩陣」或共變數矩陣（但往往在 SPSS 的視窗中，研究者並不需要進行相關係數矩陣，而是直接以原始資料進行估算），接著對因素進行「共同性」（communality）的估計，其次抽取共同因素。當共同因素抽取之後，所得到的資料結構，並不一定直交（即因素與因素之間並非呈現有意義的現象）。接下來的第三個步驟對於未轉軸的因素，進行因素「轉軸」，使得先前未轉軸的因素，可以兩個因素呈現直交的情形。此外，在因素分析過程中，需要決定共同因素的數目標準，它是在篩選問卷題目的重要特徵，其決定方式可運用「特徵值」（eigenvalue）做為決定依據。

　　特徵值是指每一個共同因素，或稱為潛在因素對於總共同性的貢獻程度，如果它的值愈大，代表對於共同因素的貢獻愈大。因素個數決定較常採用的評選方式是以 Kaiser 法，也就是將特徵值大於 1 者保留，其餘因素均刪除，或者可以運用陡坡（scree）考驗，來篩選重要的特徵因素。為了要讓共同因素具有意義，宜先將具有較大的因素負荷量（factor loading）找出來，並瞭解這些因素負荷量的共同特性，再給與因素命名，研究者再決定要賦予該因素何種意義。有關這方面的計算可參考林清山（1995）所著的《多變項分析統計法》一書。

## 二、操作實例分析

　　本節以林維彬（2007）研究基隆市新移民與本國籍子女成就動機預試問卷為例，說明因素分析的操作與解說。該項研究的新移民女性子女樣本共有二百四十六名。該份成就動機的問卷共有九題，題目的內容見第八章的 SEM 實例操作題目。在因素分析的過程中，研究者先打開 SPSS 視窗，在 Statistics 欄中點選，選擇 Data Reduction（中文版 SPSS 稱為資料縮減），選擇 Factor（因子），如圖 7-1 所示；接著，會有一個小視窗 Factor Analysis（因素分析），研究者再將所要納入分析的變項選入右邊的空白欄，如圖 7-2 所示。

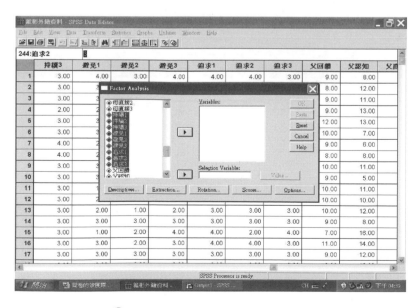

第三，在 Discriptives 選擇後，在小視窗選 KMO；第四，在 Extraction 中選取 Principal Components；第五，在 Rotation 中選取 VariMax，即最大變異抽取法；第六，在 Options 中可以不必選；最後再按 Continue 及 OK，就可以將資料結果檔跑出來。上述的操作步驟，如圖 7-3 至圖 7-6 所示。

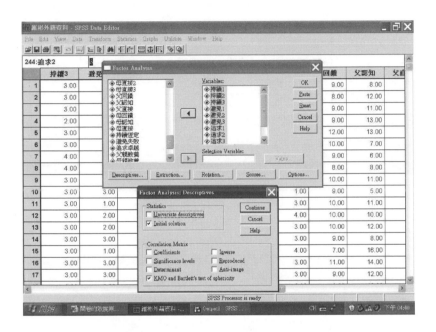

圖 7-3　因素分析操作步驟三

圖7-4 因素分析操作步驟四

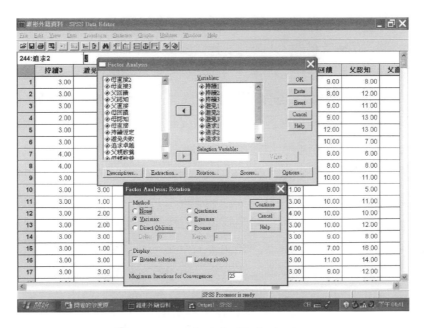

圖7-5 因素分析操作步驟五

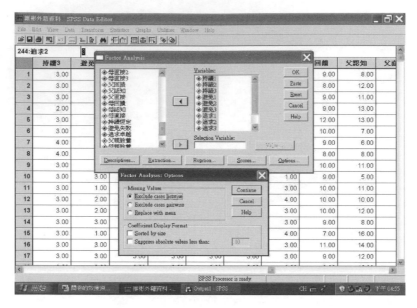

圖7-6　因素分析操作步驟六

　　研究者進行因素分析常見到的錯誤有幾項：

　　首先，將一個研究構念中的數個研究向度，分開來進行因素分析，也就是單獨地跑每個向度的因素分析。如果一份研究有「學校效能」與「組織文化」二個研究構念，每個研究構念又各有四個向度（如「學校效能」有A、B、C、D四個向度；「組織文化」有甲、乙、丙、丁四個向度），研究者很容易就對八個研究向度，分別進行因素分析，但這是不對的。研究者宜對於「學校效能」的A、B、C、D四個向度進行一次因素分析，以瞭解這個研究構念是否真的有四個向度在其中，而不是對「學校效能」的四個向度分別對A、或B、或C、或D進行因素分析，來瞭解「學校效能」的四個向度之建構效度。因為學校效能是整體概念，個別的研究向度加總之後，不一定等於全體的研究構念。

　　其次，研究者在因素標準的設定，是以預先設定要取多少個因素，而不是以特徵值大於1.0以上做為取決，此時很容易造成很多的題目並沒有達到一定的因素負荷量或特徵的標準，但是就納入某一項因素之中而言，這代表所獲得的因

素，無法完全的代表該問卷的內涵。這在 SPSS 的電腦操作上宜避免選取；強迫選取幾個因素的設定，即圖 7-4 中，研究者在 Number of factors 欄位勾選，就很容易有上述的問題產生。

　　第三，還有一種很容易犯的錯誤是：問卷題目並沒有以原先設定的研究向度歸類，而是以因素負荷量大小依次排列，打亂了原先因素結構的題目內容。這種作法是用於探索性因素分析，例如：研究者一開始設計的題目，是在一個研究構念下有三個研究構面或向度，每一個向度有五個題目。研究者在 SPSS 的因素分析操作視窗，如圖 7-6 中選取了 Sorted by size 欄位，此時所跑出來的因素負荷量將會依因素負荷量的大小排列，而不是以研究者所原先設定的問卷題目做為排列（如以圖 7-6 的方式來跑，就不會有研究構面之間的題目會亂跑的情形）。研究者如果在 SPSS 視窗功能鍵點選的不同，所跑出來的題目也會打亂，此時若打亂向度，以因素負荷量大小排列，列於研究報告中，並依此為因素命名，會造成研究結果的題目與研究者預期不同，就失去研究者一開始對研究構念歸納，以及設定不同面向的用意了。

## 三、因素分析的刪題原則

　　研究者以因素分析刪題，並不是一次因素分析就能完成。研究者需要考量到研究構念的完整性，以及各研究向度（構面）在題數上的平衡，並且要進行很多次因素分析。研究者在 SPSS 軟體中操作，進行因素分析在刪題過程，如果將研究的報表結果產出之後，研究者宜從轉軸過後的因素矩陣，即表 7-5 所示的內容（頁 198），來判斷要刪除題目的順序。假若研究者在題目中有一個研究構念，此構念包括有二個構面（向度），而有十二個問卷題目組成；照理說，因素分析跑出來的結果應該有二個特徵值超過研究者所設定的值，通常是以 1.0 為標準，也就是主要構面有二個，但是往往因素分析跑出來的結果不一定是二個，有可能是三個、四個、五個、六個或十個都有可能（因為每一個題目都代表是一個因素），假定跑出五個因素，此時就要刪題，刪題的順序如下：

　　1.這時要刪除不適當的題目，使這些題目能形成二個主要因素，宜先從報表的最右邊因素來刪題，以表 7-5 中的 Component 3 的該欄中進行。

2. 在最右邊的因素，即 Component 3，從該因素中找出因素負荷量最高的來刪除（因為它偏離了上述幾個因素中，所應包含的題目，也就是與預期的向度不同，另外，有很多情形可能還加上，偏離的題目往往僅是單一個題目，就形成一個因素，此時就應思考將它刪除）。以表 7-6 的「避免 3」為第一優先刪除，它的數值為 .839。

3. 如果第一次刪除，也就是在 SPSS 視窗中，以先前已投入進行因素分析的變項，將該題因素負荷量最高的題目（原因是它偏離了預期的向度，且單一題目形成一個因素），從視窗中由右欄點選，再將該變項往左欄送，此時在跑因素分析所點選的 SPSS 程式都不要改變，再跑一次。

4. 此時研究者從跑出來的已轉軸之因素負荷量中，有可能會從三個因素減少一至二個。如果是減少一個，代表有二個主要因素，與本研究需要有二個研究構面相同。但研究者所面臨到的因素結構並非如此的單純，此時就需要如上述過程，從報表中之轉軸後的因素負荷量中，在最右邊找出最大的因素負荷量（研究者要注意，一定要該題偏離了預期的向度，且一個題目或二個題目就形成一個因素者，可以考慮優先刪此題），予以刪除，即再跑一次因素分析，如此迭帶式的跑，將可以在最後獲得研究者所要的因素結構。

以筆者的經驗，在因素分析刪題過程中，其順序可以掌握以下的原則：

1. 以轉軸後的因素矩陣中，最右邊的因素負荷量著手，其中又以最大的因素負荷量為優先考量（因其偏離了預期的向度）。

2. 題目的刪減宜考量問卷題目的意義及內涵，如果該題是重要的，但卻在因素矩陣中的最右欄，研究者不妨先以因素負荷量居次的考量刪除，主要是該題可能的意義與價值比較不高。

3. 應考量每個構面題數的平衡，研究者不可以刪除同一構面的題數太多，一個構念刪除太多題目，會造成該構面的題數不足，以及與其他構面相比，有不平衡現象。記得，每一個構面刪完一題之後，都應觀察刪除該題之後，其總變異的解釋力是否變少：假若解釋力減少太多，就不宜刪除該題；相對的，如果刪除該題之後，有增加解釋力，代表該題值得刪除。

4. 在刪除過程中，研究者一定要隨時掌握刪題後的總解釋量，如果刪除後因

素的總解釋量偏低，往往是低於 50%，研究者應注意是否要刪除其他題目。

5.因素分析的刪題過程往往不是一次、二次因素分析就足夠，有可能三次、四次或更多次，研究者宜有耐心操作。同時，在一次因素分析之後，就觀察一下分析結果，以做為是否要再次進行因素分析的參考。

6.刪題的過程，最好一次以刪一題為原則，在刪除一題之後，研究者就再跑一次，來看看其因素負荷量、各向度的解釋力及總解釋力的變化，如果總解釋力在刪題之後仍有增加，代表刪題是有助於問卷的精簡化，這更符合因素分析要使問卷化繁為簡的功能了。

7.檢視總變異的解釋力：當研究者對於所認定應該刪除的題目都刪除，且符合上述刪除題目的程序之後，研究者應檢視刪除完題目之後，其總變異的解釋力大小。如果整體構面在刪除不適當的題目之後，總變異的解釋力在 50%以下，代表所保留的題目，無法有效的解釋研究者所期待的因素，此時就應檢討為何在所有題目之下，其解釋力仍如此的低。研究者應找出原因，適時修正，例如：研究者發現受試樣本數不足，就再一次發放問卷讓相同母群但不同受試者填答，接著再納入原有問卷，重新跑因素分析；或者再檢視問卷內容，是否有一個題目多個概念或是語意不清的題目在問卷中，甚至問卷是否應重新編製等都應加以考量。如果研究者還是無法操作，一定要找具有統計素養的專業人士諮詢。

就以本章所提的例子而言，刪題是以轉軸後的因素負荷量矩陣中，最右邊的因素著手，上述說明是以因素負荷量最大者進行刪除題目，但是研究者在刪除該題之前，都應再檢視一下，該題是否在該向度中，或是在該研究中具有重要的特質；如果該題很重要，研究者可以考量對同一個因素，即最右邊的轉軸因素負荷量矩陣中，找出次要的因素負荷量題目進行刪題。在進行此種刪題過程，研究者的依據是以因素分析跑出來的結果，然而研究者需要顧及到研究的內涵及價值性。據筆者經驗是，很多研究在因素分析的刪題之後，所形成的最後題目，並非研究者所期待，此時會很矛盾，這時就要仔細去思考，究竟是樣本數不足？構面分類不對？題目設計不當？題目反向題太多？題目敘述太長？還是問卷題數太多？

行文至此，進行因素分析仍有一些注意事項宜掌握：

首先，若問卷或測驗的題目有少數的反向題，在因素分析之前，最好先將反

向題的計分方式調整為正向，並與其他向度題目之意旨有相同的方向，讓所有問卷題目的計分方式具一致性。

其次，研究者在問卷題目上，反向題最好不要設計，如果真的研究需要，此時在問卷回收之後，也應將這些反向題的計分方式全部轉換為正向，再進行因素分析，不宜有些題目是正向計分，有些是反向計分。

第三，如果在因素分析之後，發現在正交轉軸之後的因素負荷量有呈現負數值，此時研究者應檢討是否未將反向題目的計分，轉換為正向計分方式。如果是這樣，研究者宜依上述方式來轉換，並重新跑一次因素分析，應可以改善因素負荷量有負向的問題。

第四，如果問卷的題目都是負向計分的題目，此時所跑出來的因素負荷量為負值，其解釋宜先看因素負荷量的大小。若該數值愈大，代表該題項愈具有影響力，接著再看因素負荷量的正負值，正負值僅在瞭解其問卷題目與因素之間的正負向關係而已，不是在比較他們的大小。

第五，因素分析的轉軸方法有正交轉軸及直接斜交轉軸法，前者是假定因素與因素之間毫無關係存在，所以兩個因素在雙向度間是呈現九十度的直交情形，後者是假定因素與因素之間具有關係存在。正交轉軸在解釋問卷所形成的因素較明確，畢竟兩兩因素之間已呈現獨立的狀態，解釋上較容易；直接斜交轉軸之後，所形成的因素之間有某種程度的關係，在解釋上較易混淆。

## 四、因素分析的報表結果

以下所提供的表 7-2 至表 7-6，是由上述的因素分析所跑出來的原始結果檔。這些原始檔內容，宜再進一步的整理成更為精簡與可讀性高的文字敘述。

**表 7-2　KMO and Bartlett's Test**

| Kaiser-Meyer-Olkin Measure of Sampling Adequacy. | | .717 |
|---|---|---|
| Bartlett's Test of Sphericity | Approx. Chi-Square | 626.132 |
| | df | 36 |
| | Sig. | .000 |

表7-3 共同性（Communalities）

|  | Initial | Extraction |
|---|---|---|
| 持續 1 | 1.000 | .733 |
| 持續 2 | 1.000 | .708 |
| 持續 3 | 1.000 | .726 |
| 避免 1 | 1.000 | .566 |
| 避免 2 | 1.000 | .669 |
| 避免 3 | 1.000 | .707 |
| 追求 1 | 1.000 | .696 |
| 追求 2 | 1.000 | .603 |
| 追求 3 | 1.000 | .671 |

Extraction Method: Principal Component Analysis.

表7-4 整體變異量解釋度（Total Variance Explained）

| Component | Initial Eigenvalues | | | Extraction Sums of Squared Loadings | | | Rotation Sums of Squared Loadings | | |
|---|---|---|---|---|---|---|---|---|---|
| | Total | % of Variance | Cumulative % | Total | % of Variance | Cumulative % | Total | % of Variance | Cumulative % |
| 1 | 3.058 | 33.983 | 33.983 | 3.058 | 33.983 | 33.983 | 2.147 | 23.850 | 23.850 |
| 2 | 1.713 | 19.032 | 53.015 | 1.713 | 19.032 | 53.015 | 2.033 | 22.587 | 46.437 |
| 3 | 1.306 | 14.513 | 67.528 | 1.306 | 14.513 | 67.528 | 1.898 | 21.092 | 67.528 |
| 4 | .658 | 7.307 | 74.835 | | | | | | |
| 5 | .615 | 6.830 | 81.665 | | | | | | |
| 6 | .521 | 5.784 | 87.449 | | | | | | |
| 7 | .454 | 5.041 | 92.491 | | | | | | |
| 8 | .347 | 3.856 | 96.347 | | | | | | |
| 9 | .329 | 3.653 | 100.000 | | | | | | |

Extraction Method: Principal Component Analysis.

表 7-5　未轉軸的因素矩陣（Component Matrix）

| 題目 | Component | | |
|---|---|---|---|
| | 1 | 2 | 3 |
| 持續 1 | .738 | -.346 | .260 |
| 持續 2 | .669 | -.386 | .334 |
| 持續 3 | .503 | -.283 | .627 |
| 避免 1 | .409 | .629 | -4.533E-02 |
| 避免 2 | .406 | .654 | .276 |
| 避免 3 | .380 | .723 | .198 |
| 追求 1 | .650 | -.104 | -.513 |
| 追求 2 | .677 | -4.272E-02 | -.377 |
| 追求 3 | .675 | -6.880E-02 | -.460 |

Extraction Method: Principal Component Analysis. a. 3 components extracted.

表 7-6　轉軸後的因素矩陣（Rotated Component Matrix）

| 題目 | Component | | |
|---|---|---|---|
| | 1 | 2 | 3 |
| 持續 1 | .365 | .773 | 4.263E-02 |
| 持續 2 | .269 | .797 | -2.419E-03 |
| 持續 3 | -6.768E-02 | .844 | 9.231E-02 |
| 避免 1 | .241 | -5.881E-02 | .710 |
| 避免 2 | 6.419E-03 | .140 | .806 |
| 避免 3 | 3.634E-02 | 4.238E-02 | .839 |
| 追求 1 | .827 | .102 | 4.335E-02 |
| 追求 2 | .742 | .182 | .140 |
| 追求 3 | .802 | .137 | 9.631E-02 |

Extraction Method: Principal Component Analysis.

Rotation Method: Varimax with Kaiser Normalization. a Rotation converged in 5 iterations.

## 五、報表的整理及解讀

　　研究者從上述的電腦報表結果檔,進行研究結果整理與解釋。研究者需從表 7-2 中,將 Kaiser-Meyer-Olkin 值抄寫於論文中,表 7-2 看出它的值為 .717,代表資料符合常態性。表 7-4 中的九個成分(Component)中,特徵值大於 1 的因素有三個:第一個因素與新移民子女在學業表現要更好有關,因此研究者將它命名為「追求卓越」的動機,它有三題,轉軸後的特徵值為 2.147,解釋變異量23.850%;第二個因素中的題目與新移民子女努力做事有關,因此命名為「持續恆定」的動機,它有三題,轉軸後的特徵值為 2.033,其解釋變異量為 22.587%;第三個因素與學生不想失敗有關,因此命名為「避免失敗」的動機,它有三題,轉軸後的特徵值為 1.898,解釋變異量有 21.092%,總共的解釋變異量有67.528%,將基隆市新移民子女成就動機問卷的因素分析摘要,如表 7-7 所示。

　　要注意的是,研究者在抄寫 SPSS 電腦報表時,往往會弄錯。第一,會將表7-4 的第一個特徵值,誤認為是摘要表(即表 7-7)的第一個排序因素,即持續恆定的因素,並誤認為表 7-4 的特徵值排第二者。為避免失敗的因素,研究者在抄寫時宜注意此,並應對應特徵值及解釋變異量。當然在整理過程中,應該將表7-3 的共同性抄寫於摘要表中;第二,在表 7-5 中,未轉軸因素矩陣不用理會它,因為它還未將因素轉軸為九十度,因此接下來就需要看表 7-6 轉軸後的因素矩陣,在表格中看到有一些數字之後有 E-02,例如:-6.768E-02,代表該項數字要取小數點二位,即-.06768;第三,在表 7-7 中,研究者可以驗證一下共通性的準確性,即 $(.365)^2 + (.773)^2 + (.043)^2 = .733$,可以做為驗證的參考。

　　最後,在特徵值的抄寫上,以轉軸的因素負荷量矩陣為依據,所以在表 7-4應以「轉軸後的特徵值」(Rotation Sums of Squared Loadings),不應抄寫未轉軸的特徵值,而在變異數的解釋力方面,也一樣需要以轉軸的數值為標準。研究者可以驗證變異數的解釋力之正確性,例如:本例有九個變項,一開始每個變項的特徵值都假定是 1.0,因此九個變項的特徵值為 9.0,而第一個成份(因素)在轉軸後的特徵值為 2.147,所以它的解釋變異量是:2.147 除以 9.0,等於 0.2385,正符合表 7-4 的內容,讀者可以試著驗證其他的特徵值。

表 7-7　新移民女性子女的成就動機之因素分析摘要

| 因素 | 題目 | 因素一 | 因素二 | 因素三 | 共同性 | 轉軸後特徵值 | 解釋變異量% |
|---|---|---|---|---|---|---|---|
| 持續恆定 | 1. 雖然已經很累了，我仍堅持把未做完的事完成 | .365 | .773 | .043 | .733 | 2.033 | 22.59 |
| | 2. 做任何事我都會盡力去做 | .269 | .797 | -.002 | .708 | | |
| | 3. 為了讓考試考好，我會花更多時間去準備 | -.067 | .844 | .092 | .726 | | |
| 避免失敗 | 7. 遇到失敗我會覺得很痛苦 | .241 | -.059 | .710 | .566 | 1.898 | 21.09 |
| | 8. 當我考試考不好時，最怕別人瞧不起我 | .006 | .140 | .806 | .669 | | |
| | 9. 比賽輸了，我會覺得很難過 | .036 | .042 | .839 | .707 | | |
| 追求卓越 | 4. 獲得成功，我會覺得很快樂 | .827 | .102 | .043 | .696 | 2.147 | 23.85 |
| | 5. 每次活動結束後，我都希望看到完美結局 | .742 | .182 | .140 | .603 | | |
| | 6. 當我解決一個困難的題目時，我會非常高興 | .802 | .137 | .096 | .671 | | |

# 肆　信度分析

## 一、基本原理

　　信度的意義可以從測量工具的一致性或穩定性，以及測驗沒有受到測量誤差的影響來說明。就前者來說，它是指相同的個人在不同時間，在運用相同測量工具或複本工具對樣本進行施測，或在不同時間下施測，所得到的測量結果之一致性與穩定性。如果不同時間測量，所得到的測量誤差相當小，如第一次測量為100 分，第二次測量為 99 分，兩次的差距僅 1 分，代表其測量誤差小，測量結果是值得信賴與可靠的；就後者來說，如果測量工具測量後並沒有誤差，也就是

反應出真實分數的程度高，誤差分數就小，此時就代表測驗工具的信度高。

　　研究者所設計的問卷究竟是否能在不同時間，由相同的受試者進行填答，而所獲得的結果具有一致性？如果一致性高，則代表問卷的信度較高。若從測量誤差的觀點來看，良好的問卷其測量誤差較小，也就是問卷測量的分數可以反應真實的數量程度較高。亦即在傳統的測驗理論觀點，一項測驗的實得分數可以分為兩類：一是真實的分數，一是誤差的分數。如以公式來表示，如下：

Y = T + E

　　Y 代表實際得到的分數、T 代表真實分數、E 代表誤差分數。實際得到的分數是受試者從測驗中所獲得的分數，就如同一位研究者拿一把尺來測量一張桌子的寬度，所得到的長度值。研究者無法正確地測量桌子的寬度，就會有測量的誤差產生。如果以一份問卷來進行施測，研究者在施測過程中可能會有誤差產生，這種誤差產生的原因包括：受試者狀況（配合度不高或情緒困擾）、測量情境，以及問卷試題（例如難度太難與取樣的不當）等因素。

　　估計信度的方法包括：重測方法、複本法、內部一致性法、評分者方法。第一項是指同一項問卷在不同時間，重複對一群受試者施測兩次，研究者依據這兩組的問卷分數求得相關係數，所得到的數值，就稱為信度係數；如果數值愈高，代表問卷的穩定度愈高。第二種是指研究運用兩份問卷的題數、形式（包括問卷題目的選項尺度、難度）、填寫時間，或指導語的內容應該類似或一致，研究者將這兩份問卷給同一群受試者進行施測，再據以所得到的兩份問卷，進行相關係數的估算，所得到的係數，稱為信度係數，數值愈高，代表穩定度愈高。

　　內部一致性的方法包括了折半方法、庫李法等。折半法是將一份問卷的題目，讓受試者填寫之後的測驗結果，把問卷題目各取一半，求兩半的相關係數，係數愈高，問卷的穩定度愈高。而庫李法則是依據受試者對問卷所有的題目反應，來估算其在題目間的一致性，以瞭解問卷內容是否測量到相同的特質；庫李法的基本假定是，題目是以「是否」、「對錯」的選項形式為主，同時並不是在測量速度與題目需要同質性（郭生玉，1997）。由於一份問卷題目的選項，不是僅有「是否」、「對錯」、「支持與反對」的兩種選項而已，它可能有「非常支

持」、「支持」、「不支持」或「非常不支持」，由 1 至 4 分計分的四等第方式，或者也有可能五等第、六等第或更多等第的選項，此時就需要 Cronbach's $\alpha$ 係數。它的計算公式如下：

$$\alpha \text{ 係數} = \frac{n}{n-1} * [\ 1 - \frac{\Sigma S_i^2}{S_x^2}]$$

上述的式子中，n 為題數，$S_i^2$ 為每一個題目分數的變異量、$S_x^2$ 為測驗總分的變異量。$\alpha$ 係數在 0 至 1.0 之間，通常如果計算出來的數值高於 .70 以上，就算是不錯的信度。而評分者方法主要是由不同的評分者對於某一個測量，進行評分，以瞭解不同評分者對於該測量的看法是否一致，如果一致性高，代表每位評分者在同一個測驗的結果有相同的看法。

## 二、簡單實例

以下就以一個簡單例子來說明。五位社會大眾在一項政府施政滿意度調查中產生五組數據，問卷題目有五題，在問題的選項為五等第，即「最支持」、「支持」、「尚可」、「不支持」、「非常不支持」，這五個選項分別以 1 至 5 分計分。五位社會大眾的資料及計算方式，如表 7-8 所示。

表 7-8　$\alpha$ 係數的計算過程

| 受訪者 | 題目 1 | 題目 2 | 題目 3 | 題目 4 | 題目 5 | 總分 |
|---|---|---|---|---|---|---|
| A | 3 | 4 | 4 | 5 | 4 | 20 |
| B | 3 | 4 | 3 | 4 | 4 | 18 |
| C | 1 | 2 | 1 | 1 | 1 | 6 |
| D | 4 | 5 | 5 | 4 | 5 | 23 |
| E | 5 | 4 | 5 | 5 | 5 | 24 |
| 平均數 | 3.2 | 3.8 | 3.6 | 3.8 | 3.8 | 18.2 |
| 標準差 | 1.48 | 1.10 | 1.67 | 1.64 | 1.64 | $S_x = 7.23$ |

$$\Sigma S_i^2 = (1.48)^2 + (1.10)^2 + (1.67)^2 + (1.64)^2 + (1.64)^2 = 11.6$$

$$\alpha \ 係數 = \frac{n}{n-1} * [\, 1 - \frac{\Sigma S_i^2}{S_X^2}\,]$$

$$= \frac{5}{4} * [\, \frac{1 - 11.6}{(7.23)^2}\,]$$

$$= .97$$

## 三、電腦操作

　　以下以林維彬（2007）研究基隆市新移民與本國籍子女的成就動機問卷為例。其問卷選項是以四等第尺度，因此採用 Cronbach's $\alpha$ 係數，以下就是他的信度分析。在信度分析過程中，研究者先打開 SPSS 視窗；接著在 Statistics 欄中點選，選擇 Scale，再選擇 Reliability Analysis，如圖 7-7 所示；接著會有一個小視窗 Reliability Analysis，研究者再將所要納入分析的變項選入右邊的空白欄，如圖 7-8 所示。研究者可以看到小視窗左下角有一個 Alpha 的符號，它就是 Cronbach's $\alpha$ 係數值；最後就點選 OK，即可以將資料結果檔跑出來。

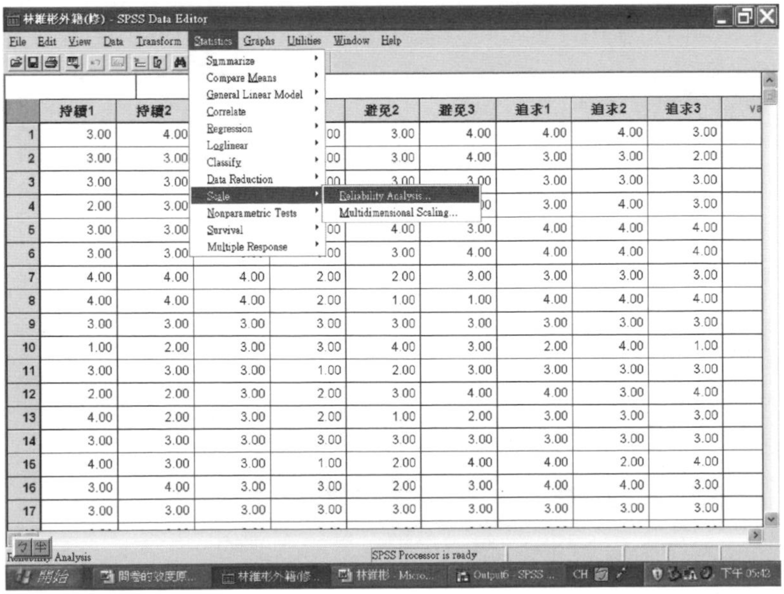

圖 7-7　信度分析的步驟一

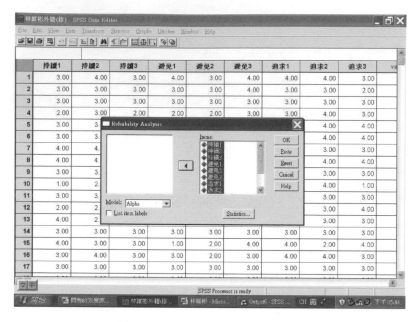

圖 7-8 信度分析的步驟二

## 四、報表結果與解析

SPSS 的原始報表結果呈現如下：

---

****** Method 1（space saver）will be used for this analysis ******

R E L I A B I L I T Y A N A L Y S I S - S C A L E（A L P H A）


Reliability Coefficients

N of Cases = 246.0　　　　　　　　　　N of Items = 9

Alpha =.7280

---

研究者根據上述的步驟，除了可以掌握總量表，也可以對三個研究構面的信度進行估算，各向度在 SPSS 的程式步驟也是如上述的一樣。因此研究者可以有以下的說明：

本研究根據預試樣本在「基隆市新移民與本國籍子女的家長教養信念、教育期望與成就動機之調查研究問卷」題目的反應,以信度分析考驗本問卷各向度與總量表的內部一致性。「成就動機問卷」藉由 Cronbach's α 考驗所得總 α 係數為 .728,持續恆定 α 係數為 .77,避免失敗 α 係數為 .70,追求卓越 α 係數為 .75,顯示內部一致性足以支持研究結果。

## 肆 信效度觀念的釐清

### 一、信度與效度的關係為何?

研究者一定會想要瞭解,信度與效度之間的關係為何呢?其實,信度與效度的關係相當密切。一份問卷最好信度與效度均具備最好,然而這種情形很難,此時信度與效度的關係就應掌握。一份問卷有信度,不一定代表有較高的效度,而有效度往往會有較高的信度。簡言之,信度僅是一份問卷的充要條件,並不是必要條件,但是效度是問卷的必要條件,而不是充要條件。他們之間的關係可以運用圖 7-9、圖 7-10、圖 7-11 來說明。圖 7-9 代表一份問卷是有信度,但是沒有效度,因為它沒有測量到特質的核心概念,而圖 7-10 代表是有信度,也有效度,也就是該問卷不僅測量到研究者所要的特質或構念,也具有穩定性及可靠性,這是一種最好的情境。圖 7-11 則是沒有信度,也沒有效度,也就是該份問卷並無

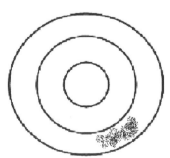

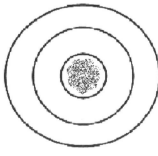

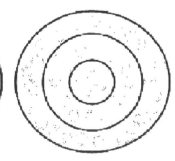

圖7-9 有信度無效度　　圖7-10 有信度有效度　　圖7-11 無信度無效度

法測量所要的特質或是構念，也並沒有可信度可言，這是最不好的情形。

## 二、信度與效度哪一項重要？

　　行文至此，研究者還是要問，究竟問卷的信度重要？還是問卷的效度較為重要？兩者之間的關係又是如何呢？如上所述，信度是一份問卷題目的穩定程度，也就是一份問卷如果可以在不同時間，測量相同的樣本，所獲得的結果一致性應該比較高，如果前後兩次測量的信度都很高，代表問卷的穩定程度較高，也就代表一致性比較高，此時就代表信度較高。而效度則是在反應問卷是否能真正測量到研究者所要的特質或研究構念。如果研究者測量的研究構念是個人的興趣、態度、人格、組織文化，興趣、態度、人格等是一項個體的特質，研究者在編製完成問卷對受試者測試之後，卻發現在此一問卷的效度低，此時代表設計的問卷無法測量到研究者所要測量的構念或特質，它就代表該份問卷的效度比較低。因此要衡量一份問卷是否適當，兩者都很重要，但是效度的重要程度，當比信度還高。這項說明見「信度與效度」之關係乙小節。

## 三、信度與效度哪一項先分析？

　　研究者編製問卷一定會有一個疑問，究竟要先進行信度分析？還是要先進行效度分析？筆者建議，研究者應先對於研究中的研究構念進行建構，在此所稱的建構是要先進行因素分析來確認，究竟研究者所蒐集到的樣本資料，是否與預期的研究構念之研究向度一樣；易言之，研究者需先對問卷進行效度分析。當研究構念的效度分析之後，接著再將所確定的研究構念之研究向度，一一地估算其信度，最後再估計問卷的總信度。簡言之，問卷的效度分析在前，而信度分析在後。

## 四、要採用哪一種效度的檢定方法？

　　至於研究者檢定問卷效度要採用哪一種方法？這需要依研究者在設計題目的內涵而定。如前所述，檢定問卷效度方式包括內容效度、建構效度、效標關聯效度，研究者可以依這些方法的特性不同而選用。內容效度的評估就好像是專家學

者對於一份問卷的評定一樣，透過專家學者瞭解研究者編製的問卷，在問卷內容是否具有邏輯性，或文字表達是否具合理性等都是。如果研究論文是一種以理論為基礎，依據理論或研究構念來建構問卷的話，研究者最好運用建構效度，也就是需要透過因素分析來檢定。效標關聯效度則是研究者找尋另一個具有相當標準數值或問卷進行比對，來瞭解研究者設計的問卷，與參照問卷之間的關係，這種方式是一種效標關聯效度；往往研究者要找到同樣問卷的效標很難，所以在實務上並不常見。

## 五、要採用哪一種信度的檢驗方法？

問卷的信度檢驗方法僅有 Cronbach's $\alpha$ 係數嗎？是否還有其他的檢驗方式呢？前一節中指出，估計信度的方法包括：重測方法、複本法、內部一致性法、評分者方法，其中內部一致性又包括折半方法、庫李法等。另外，在 SEM 中還可以運用組合信度進行估計。在這麼多種方法中，研究者要採哪一種方法較為適當呢？這需要依據測驗的題型與測驗的目的而定。實務上，如果是重測方法、複本法、折半法的問卷或測驗題目，其選項設計以李克特式，例如：「非常同意」、「同意」、「不同意」或「非常不同意」，由1至4分計分，或者也有可能以五等第、六等第或更多等第的選項，同時該測驗或問卷不在瞭解受訪者的速度，此時就可以運用Cronbach's $\alpha$ 係數及相關係數來估算其信度，但較常用的是 $\alpha$ 係數；然而，有一些測驗或問卷的選項為二分法，例如：「是否」、「對錯」、「贊同與反對」、「支持與不支持」，此時，檢驗方法就應以庫李法（Kuder and Richardson Method）來估算為宜，因為它的基本假定是：題目以「是否」、「對錯」的選項型式者為主，同時不是在測量速度，而且運用該種方法時，其題目需要同質性較高者為宜。評分者方法是以採用不同評分者評閱測驗，來估計這些評分的一致性。往往有很多的測驗（問卷）會受到評分者主觀的影響，例如：有些問卷的開放型題目、論文式的成就測驗；它的估計方法可以從受訪的問卷或測驗中抽取一些樣本，接著由若干位（最少應有兩位）對每一份問卷（測驗）評分，然後依據評閱的分數，進行相關係數的估算，如果係數愈高，代表評分者之間的評分愈一致。

　　總之，本章強調研究者所設計的問卷，需經過統計分析來確認問卷的信度及效度。因素分析是建立問卷建構效度的重要方式，而信度分析較為常見的是Cronbach's α 係數，研究者對於這方面的電腦操作，尤其應掌握正確的因素分析刪題原則，以及對於因素分析的報表結果與信度分析的報表解讀都應掌握，如此才能掌握問卷的信效度原理。

# 問題與討論

## 一、問題

本章以因素分析說明研究工具的效度原理，然而讀者讀完之後仍會有疑問：因素分析很難理解，是否有好的理解方式呢？

## 二、討論

因素分析是把將所設計好的問卷題目（如一開始設計 50 題來測量學生的學習動機），透過其原理，最後篩選出 30 題（總解釋量為 65%），即化繁為簡的統計技術。筆者運用打果汁的比喻來解讀，或許讀者更易瞭解。某天，李先生到市場買了 15 種水果各 1 個：橘子、柳丁、檸檬、香蕉、蘋果、芒果、草莓、葡萄、水蜜桃、鳳梨、西瓜、百香果、芭樂、棗子、蓮霧等。於是他背的包包裝滿了 15 種水果，共有 2 斤。回家後，想想營養要均衡，於是想把 15 種水果都來嚐嚐看。然而，李先生若想把 15 種水果都吃下去，他的肚子一定無法容納，他有點苦惱。此時，剛好看到一家冰果店，正在用果汁機打果汁。聰明的李先生於是把買來的 15 種水果都削好皮，只剩下 1 斤，再把 15 種水果放入果汁機，最後萃取出一杯 500 CC 的果汁。

在上述例子中，「用果汁機打 15 種水果的果汁」就如同因素分析萃取因素結構一樣。果汁機打果汁就是因素分析，15 種水果就是 50 個題目，最後的 500 CC 果汁（總解釋力）就是 30 題的因素結構。而這 500 CC 的果汁命名為「綜合水果汁」，就如同是因素分析之後對於 30 個題目的因素結構命名，例如：稱為「學習動機」。如果這「綜合水果汁」可以喝出三種口味（成分），例如：橘子味、蘋果味、草莓味，就可以把它稱為由三種主要口味組成的「綜合水果汁」，而在「學習動機」上則可以區分為「持續恆定」、「避免失敗」、「追求卓越」（因素）。記得，他在打果汁前先把水果皮或損壞的水果加以處理，所以僅剩下 1 斤，先行處理掉果皮或損壞的部分，就類似 50 個題目的「測量誤差」。同時，在「綜合水果汁」中的橘子味、蘋果味與草莓味都具有水份甜度，而此水份具有

水果甜，就如同因素分析所萃取出的「共同性」。此外，這一杯「綜合水果汁」除了具有橘子味、蘋果味、草莓味等三種主要口味之外，更有部分的香蕉味、葡萄味、水蜜桃味、鳳梨味或百香果味等。因為它們的味道及濃度沒有像三種主要口味一樣，所以其意義就如同因素分析中存有的「特殊性」。以本章在說明因素分析原理，再搭配此比喻，就很容易理解。如下：

所有數值＝共同因素 ＋特殊因素 ＋誤差因素

50 個題目＝學習動機 ＋非學習動機＋誤差

50 個題目＝（持續恆定、避免失敗、追求卓越）＋智商、態度＋誤差

總變異數＝ 65% ＋ 25% ＋ 10%

2 斤 15 種水果 ＝ 1.2 斤 ＋ 0.3 斤 ＋ 0.5 斤

2 斤 15 種水果 ＝ 500 CC ＋ 0.3 斤 ＋ 0.5 斤

2 斤 15 種水果＝（橘子味、蘋果味、草莓味）＋（如葡萄味＋水果皮、水蜜桃味）

# 8 SEM檢定問卷

> ☑ 第七章介紹了因素分析與 *Cronbach's α* 係數、檢定效度及信度
> 的原理,而本章介紹結構方程模式(Structural Equation Modeling,
> SEM)在檢定問卷的信度及效度的原理。SEM 自 1980 年代以
> 來,已逐漸為社會科學應用,究竟它如何運用在問卷的信度
> 及效度檢定呢?本章說明的重點。

## 壹 結構方程模式

### 一、基本原理

　　結構方程模式(SEM)是結合迴歸分析及因素分析的原理,所構成的一種統計技術,它也是路徑分析(Path Analysis)和因素分析的一種整合技術。SEM 依據共變數的概念做為技術發展的基礎,所以又稱為共變數結構分析(Covariance Structure Analysis),它在社會科學的應用已逐漸受到重視。SEM 是一種變項之間相互關係所建構的模式,它可以用來進行驗證性(Confirmation)及探索性的研究。探索性的因素分析(Exploratory Factor Analysis, EFA)強調共同因素與測量變數之間最簡單結構,以釐清測量變項在得分之間的關係;驗證性因素分析(Confirmation Factor Analysis, CFA)則是進一步檢驗不同數目的因素,以及不同方法的因素結構組成下的因素模型的檢驗。由於 SEM 是以大樣本為主的統計技術,樣本數最好在二百至五百份較好,且愈多愈好。

　　SEM 主要目的有幾項:

　　1. 在瞭解研究者所要探討的變項之間因果關係,也就是依據研究理論或過去研究發現,建立研究假設,接著蒐集資料來掌握變項之間的因果關係。

2. 驗證理論的可信度：社會現象中有很多是經過探索性地掌握變項之間的關係，研究者可能要瞭解該探索性的研究成果是否準確，因此可以運用結構方程模式，依據先前所設定的模式進行驗證，這種方式是在驗證理論的穩定性。

3. 驗證問卷及測驗工具的信度：SEM 可以檢定研究者所設計問卷的信度或測驗工具的信度。

研究工具設計之後，為了掌握研究工具的穩定性，運用 SEM 來檢定也是很好的方式。SEM 估計模式參數方法包括：一般化最小平方法（Generalized Least Square, GLS）、最大概似法（Maximum Likelihood, ML）。最常用的參數估計法是 ML，它反覆求解至得到參數的收斂為止。ML 的基本假設包括：觀察數據都是從母群體中抽到資料，以及參數必須符合多變量常態分配的假設。

SEM 與路徑分析可以探討變項之間的因果關係，但是二者最大不同在於，前者是運用多個觀測變項結合成為潛在變項，接著來掌握潛在變項之間的因果關係，也就是說，結構方程模式有二個重要的組成：一是測量模式（Measurement Model）；二是結構模式（Structural Model）。測量模式是指多個觀測變項所構成的一個潛在變項，以這個潛在變項來說，它有多個觀測變項的因素負荷量。判斷各測量變項對於該潛在變項的重要性，可以依據這些因素負荷量的大小為依據，如果因素負荷量愈大，代表它對該潛在變項的重要性愈強；而結構模式是對二個測量模式之間關係的探討，它可能有因果關係，也就是有可能一部分的測量變項是潛在自變項（或稱為原因變項），而另外一部分是潛在依變項（也就是稱為結果變項）。但也有可能各個測量變項是不具有因果關係，而僅有單純的關係，即並沒有原因與結果，或是沒有時間先後的問題。

路徑分析在探討社會現象的因果關係上，其路徑設計是以可以觀測到的變項做為自變項，同時以可以觀測到變項做為依變項，接著依據理論，繪製變項之間的因果關係模式圖，最後以蒐集的資料來分析是否與理論的模式相符。它並不像 SEM 的模式，可以將幾個可以觀察的變項，據因素分析的原理整合為一個潛在變項，而是單獨探討觀測變項之間的因果關係。進行路徑分析需要有理論的依據來論述哪些變項可能造成結果變項的因素，接著才依據這種社會現象的「因」與「果」來估算變數之間的關係。此外，路徑分析與 SEM 很大的不同在於路徑分

析的基本假定是：各個觀測變項的測量殘差之間，不能設定有相關的存在；而 SEM 的模式則假定潛在變項中的觀測變項之測量誤差可以有相關存在。

　　SEM 與典型相關（Canonical Correlation）不同，典型相關主要在掌握潛在變項之間的關係，而 SEM 除了在瞭解變項之間的相關性，也在掌握變項之間的「因果關係」，如上所述 SEM 也可以驗證問卷的信度高低及理論的驗證，而這方面卻是典型相關所無法驗證及檢定的。

　　黃芳銘（2006）指出，SEM 檢定步驟包括：(1)找出要檢定的理論；(2)模式界定；(3)模式辨識；(4)選擇測量變項及資料蒐集；(5)模式估計；(6)適配度評鑑及模式修正；(7)結果解釋。筆者認為其步驟如下：(1)依據理論設定理論模式；(2)建立研究假設，也就是提出潛在變項與潛在變項之間的假設關係；(3)蒐集資料，並依資料的屬性進行檢定。模式檢定之前必須先對蒐集到的資料瞭解是否為常態，接著選定統計方法。結構方程模式的估計方法有：工具性的估計方法、未加權最小平方法、一般化最小平方法、最大概似估計法、一般加權最小平方法、直角加權平方法。如果是大樣本且資料是常態分配，則運用最大概似估計法；(4)經過估計之後，會得到設定的參數估計值，以及模式有關的適配指標，這些指標如下一小節的說明。研究者依據理論來選定哪些適配指標已符合標準，哪些是沒有適配。當實證資料無法如預期結果，研究者需要進行模式修正；(5)模式修正。模式修正過程可以依據檢定過程中所顯現的最大修正指標以及最大標準化殘差做為判斷方向之一。最大修正指標如果大於 3.84，就要進行該變項的修正；(6)最後針對所估計出來的數字結果進行模式的解說。

　　SEM 常用的符號，如表 8-1 所示。

表 8-1　SEM 常用的符號

| 名稱 | 圖形 | 希臘字母 |
|---|---|---|
| 潛在變項 | 橢圓形 | η[eta]、ξ[xi] |
| 顯現變數 | 矩形 | X 變項、Y 變項 |
| 誤差項 | （橢）圓形 | δ[delta]、ε[epsilon]、ζ[Zeta] |
| 因素負荷量（外顯變數與潛在變數間之係數） | 直線箭頭 | λ [lambda] |
| 結構係數（潛在變數間之係數） | 直線箭頭 | γ[gamma]、β[beta] |
| 潛在的外生變數（ξ[xi]） | 曲線 | ξ[xi] |
| 誤差項（δ[delta]、ε[epsilon]、ζ[Zeta]）的變異數及共變數 | 曲線 | φ [phi]、ψ[psi]、θ[theta] |

## 二、檢定標準

SEM 運用以下各項檢定指標做為檢定依據（余民寧，2006；邱皓政，2003；馬信行，2000；黃芳銘，2006；Bagozzi & Yi, 1988; Jöreskog & Sörbom, 1993）。

### （一）絕對適配度檢定指標（Absolute Fit Measure）

絕對適配度檢定指標如下：

1. 卡方值（$\chi^2$）：它的值在檢定理論模式與觀察資料模式適配程度，以估計後不達顯著水準（即 $p > .05$）為判斷標準。

2. 適配指標（Goodness-of-Fit Index, GFI）：它的值會在 0 與 1 之間，但模式的適配理想數值在 .90 以上最好（Bentler, 1982）。

3. 調整後的適配指標（Adjusted Goodness-of-Fit Index, AGFI）：它的值會在 0 與 1 之間，但是適配模式的理想數值在 .90 以上最好（Bentler, 1982）。

4. 殘差均方根（Root Mean Squared Residual, RMSR）：它的理想數值必須低於 .05，最好低於 .025。

5. 近似誤差均方根（Root Mean Square Error of Approximation, RMSEA）：

主要在找尋母群體與模式的適配程度，其指標值應高於或等於 .05 表示良好適配；.05～.08 可視為「不錯的適配」；.08～.10 之間可視為「中度適配」；大於 .10 以上代表「不良的適配」（黃芳銘，2004）。

## （二）相對適配度檢定指標（Relative Fit Measure）

相對適配度檢定指標如下：

1. 非正規化適配指標（Non-Normed Fit Index, NNFI）：它的值在 0 與 1 之間，愈接近 1 愈好（Bentler & Bonett, 1980）。

2. 正規化適配指標（Normed Fit Index, NFI）：它的值在 0 與 1 之間，愈接近 1 愈好（Bentler & Bonett, 1980）。

3. 比較適配指標（Comparative Fit Index, CFI）：它的值在 0 與 1 之間，愈接近 1 愈好（McDonald & Marsh, 1990）。

4. 增值適配（Incremental Fit Index, IFI）：它的值應在 0 與 1 之間，愈接近 1 愈好（Bollen, 1989）。

5. 相對適配指標（Relative Fit Index, RFI）：它的值在 0 與 1 之間，愈接近 1 愈好。

## （三）簡效適配度檢定指標（Parsimony Fit Measure）

簡效適配度檢定指標如下：

1. 簡效正規化適配指標（Parsimony Normed Fit Index, PNFI）：它的值應大於或等於 .50。

2. 模式精簡適合度指標（Parsimony Goodness of Fit Index, PGFI）：它的值在 0 與 1 之間，應以大於 .5 以上會較好（Mulaik, James, Van Altine, Bennett, & Stilwell, 1989）。

3. 賀特的樣本指標（Hoelter's Critical N, CN）：它的值在反應樣本規模適切性，如果值大於 200 以上為佳。

4. 卡方值除以自由度（$\frac{\chi^2}{df}$）：它的適配值在 2 以下，就表示模式適合度頗高（Marsh & Hocevar, 1985）。

## （四）誤差分析的檢定指標

殘差分析有幾項檢定標準，包括：模式 Q 圖的殘差分布線，應在 45 度或高於 45 度；模式內部適配標準，例如標準誤是否很大；模型內品質，例如標準化殘差值是否都小於 1.96，或修正指標是否小於 3.84 等。

# 貳 實例與電腦操作

為說明如何以 SEM 進行問卷的信度及效度的檢定，以下以「基隆市新移民女性子女的成就動機問卷」的建構進行說明。該項研究調查的受訪者為二百零六名新移民女性子女，本章以 SEM 來建構其問卷的信度及效度。個體為何會有成就，往往歸因於個人的能力、努力、工作難度與運氣，新移民女性子女也不例外。當然，這些因素與家庭及社會環境有關，進而影響個體成就。本例探討新移民女性子女的成就動機，透過問卷編製來測量他們的動機傾向，試著找出新移民女性子女的動機構面。相關論點說明如下。

## 一、模型的建構

人類的動機甚為複雜，研究動機的理論學說也因研究方向而分歧。張春興（1994）認為，動機（motivation）是引發個體行為的內在動力，也是指引個體維持已引起的活動，並促使該活動朝向某一目標前進的內在歷程。胡金枝（1994）則認為，生物與本能學派、行為學派、人本主義學派及認知學派的動機理論大致可分為兩大類：一為生理取向，探討以生理做為基礎的動機，例如驅力、需求等；二為心理取向，探討以心理作用為基礎的動機，例如：追求成就、成長等。而需求理論學派則認為，人類的各種動機是彼此關連的，例如：Maslow的需求理論強調人類的行為皆由需求所引起，當低層次因目的達成獲得滿足後，較高層次的需求因應而生，此需求即為產生動機的要素。

## 二、成就動機的理論與相關研究

### （一）McClelland 的成就動機理論

　　McClelland主張成就需求就是成就動機，強調成就動機的社會起因及對社會的影響，重視個人的成就動機及成就導向對個體的影響，視成就動機為一種相當持久而穩定的人格特性，他認為人有追求卓越和成功的傾向，人類生活是目標導向，而不只為了獲得酬賞（劉佑星，1985）。McClelland 並採用 Murray 發展出來的「主題統覺測驗」（Thematic Apperception Test, TAT）之投射技術，來測量受試者的成就動機，這種測量的理論基礎是根據 Freud 的潛意識動機（unconsciousmotive）和自由聯想（free association）觀念。研究發現當個體面臨抉擇情境時，凡是抉擇正確、工作表現成功的人，其共同的特徵有：(1)面對未定成敗結果的工作情境會從事適度的冒險；(2)為求好心切儘量把工作做到盡善盡美；(3)能夠從成敗經驗中得到教訓（吳宗立，1993）。McClelland也認為，國民的成就動機是促使一個國家成為已開發國家的重要因素，而成就動機來自於社會化或教育的結果。國民的成就動機高，就會推動高水準的企業活動，轉而促進經濟成長與社會發展（林秀燕，1996）。

### （二）Atkinson 成就動機理論

　　Atkinson 與 Feather（1966）認為，成就動機取決於追求成功的動機趨向（tendency to achieve success, Ts），意即趨向既定目標的行動；和避免失敗的動機傾向（tendency to avoid failure, Taf），意即設法逃避工作情境，害怕因失敗所產生的羞愧及焦慮的交互作用，而這動機足以用來說明學生所表現與成就有關的行為（梁曉毅，2005）。Atkinson的成就動機理論歸納為：(1)個人對事、對物、對人，都有一種追求成功的傾向，此種傾向稱為個人的成就動機。而個人成就動機之強弱，是從其經驗學習得來，(2)每當個人面臨他所求事、物、人的情境時，有兩種性質相反的動機同時發生，其一是追求成功，另一是避免失敗，形成一種躊躇猶豫的矛盾心理；(3)個人成就動機的強弱，將決定於個人對其面臨情境的認知；(4)成就動機的強弱與個人的性格有關（林士翔，2003）。

## （三）Weiner 成就動機理論

Weiner（1985）認為，歸因理論是個體探求瞭解，尋求發現事件發生的原因，意即個體如何解釋成敗的原因，以及分析解釋的結果如何影響成就動機，一般人歸因為能力、努力、工作難度、運氣等四個因素。黃輝雄（1999）針對個體對成敗經驗歸因與其行為之間關係發現：(1)工作難度與運氣的歸因：皆為個體無法控制的外在因素；(2)能力歸因：若失敗歸因能力時，對類似事件將缺乏成功信心；(3)努力歸因：若失敗歸因努力時，相信再努力可以改變。林士翔（2003）提到成敗歸因是一種認知歷程，產生於某項行為結果與後來行為之間，亦即原先的成就行為和未來成就行為的中介變項，這項歷程會經由影響情感和成功的預測而影響後來行為的方向和希望。

## （四）Helmreich 與 Spence 的成就動機

Helmreich 與 Spence 綜合成就動機之多種定義，認為成就動機是由精熟（mastery）、工作取向（work orientation）、競爭（competiveness）、個人不在意（personal unconcern）所組成，分別表示個體具有向困難挑戰、努力工作、贏過別人和不害怕成功之傾向；並編製「工作與家庭取向量表」（Work and Family Orientation Questionnaire, WOFO），以測量成就動機和家庭事業的態度（黃秀霜，1987）。

林士翔（2003）提到，精熟、工作取向，分別是智能挑戰的慾望、努力工作的慾望；在人際情境中與人競爭成功的慾望；對人不在意則是指對成就的消極人際取向，觀念上是害怕成功。梁曉毅（2005）提到，精熟乃是偏好挑戰性、智能考驗及思考性的工作，在團體中扮演主動領導策劃的角色，並堅持完成一件已開始的工作；競爭係指具有勝過別人的慾望；工作取向只喜歡工作，從工作中滿足並追求自我充實；個人不在意，是指不害怕成功會引起別人的排斥。

### （五）研究構念的歸納與分析

綜合上述可知，個體的成就動機可以歸納為三個面向：一是持續恆定的成就動機；二是避免失敗的成就動機；三是追求卓越的成就動機。新移民女性子女也不例外，這三項成就動機的內涵說明如下：

首先，就持續恆定的成就動機而言，持續恆定是個體的人格特質。個體會有努力要完成一項任務的態度及傾向，如果個體在這方面表現或傾向比較高，就認為他是具有高度的持續恆定的特質。成就動機是個體具有一種擬要完成任務的持續性態度或傾向，這種傾向是屬於個體的一種人格特質，它會從個體的行為中顯現出來。

其次，就避免失敗的成就動機來說，生活中的個體面對事物，往往不喜歡錯誤、失敗。例如：學業成就不好、與朋友相處不佳、收入不佳、沒有好的工作，或是在學校常常受到老師因課業的責難等，如果個體在這方面的傾向較高，代表他們避免失敗的態度及期待成功的信念比較高，因此會有較好的表現。

最後，個體也有追求成功，以及好要更好之追求卓越的動機及信念。個體的成就動機不僅具有渴望競爭追求成功，以及避免失敗的內在動機趨向而已，個體仍然具有向困難的任務挑戰、持續的努力工作、追求卓越，好要更好的態度，以及不畏懼成功的傾向。本文將對於新移民子女的成就動機，以這三個構面來進行建構問卷的題目。

## 三、問卷的設計與實施

### （一）研究對象、問卷擬題與變項

本節以基隆市新移民女性的二百四十六名子女為研究樣本，這些子女包括來自東南亞及中國大陸地區，並沒有來自歐美國家。研究者擬出的題目已經過文字的修改，邀請十位專家學者進行問卷評定。本節的二百四十六名樣本是正式問卷所獲得的資料。問卷的題目撰擬如表 8-2。表中第一題的題目敘述為：「雖然已經很累了，我仍堅持把未做完的事完成」，它以 $X_1$ 代表，又簡稱為「持續 1」，它也代表持續恆定動機的第一個變項；以下的題目類推。

表8-2 新移民女性子女成就動機題目

| 向度 | 代表 | 符號 | 問卷題目－意義 |
|------|------|------|----------------|
| 持續恆定 | 持續 1 | $X_1$ | 1.雖然已經很累了，我仍堅持把未做完的事完成 |
| | 持續 2 | $X_2$ | 2.做任何事我都會盡力去做 |
| | 持續 3 | $X_3$ | 3.為了讓考試考好，我會花更多時間去準備 |
| 避免失敗 | 避免 1 | $X_4$ | 7.遇到失敗我會覺得很痛苦 |
| | 避免 2 | $X_5$ | 8.當我考試考不好時，最怕別人瞧不起我 |
| | 避免 3 | $X_6$ | 9.比賽輸了，我會覺得很難過 |
| 追求卓越 | 追求 1 | $X_7$ | 4.獲得成功，我會覺得很快樂 |
| | 追求 2 | $X_8$ | 5.每次活動結束後，我都希望看到完美結局 |
| | 追求 3 | $X_9$ | 6.當我解決一個困難的題目時，我會非常高興 |

**（二）研究假設**

本研究在瞭解新移民女性子女的成就動機，但是關於新移民女性子女成就動機的因素結構，並沒有理論認為有哪一種因素是最好的適切型態。因此本研究以SEM 進行檢定，並透過一系列的競爭模式的假設檢定進行比較，以瞭解哪一種型態比較好。本研究共設計了五個競爭模式，其研究假設說明如下。

假設：在設計的五個競爭模式中，以多因素斜交模式優於其他模式。

## 1. 虛無模式

它的前提是：新移民女性子女成就動機，並沒有共同的因素存在。每一項觀測變項不受到其他因素的影響。此模式主要做為競爭模式的基底模式，其他的模式要與此模式進行比較。虛無模式的圖形，如圖 8-1 所示。

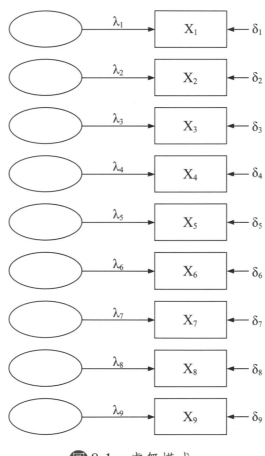

**圖 8-1　虛無模式**

## 2. 單一因素模式

　　此模式主要是將九個觀測變項，僅用一個共同的因素，而非三個因素。此一共同的因素，其前提為「新移民女性子女成就動機因素」。從圖 8-2 可以看出，每一個觀測變項之間沒有關聯，且每一個觀測變項都有一個非零的因素負荷量存在。如果此一模式被檢定是存在的，或是獲得支持，就表示新移民女性子女的九項成就動機變項無法區分。簡單地說，這九個變項僅能有一個共同的因素來替代。

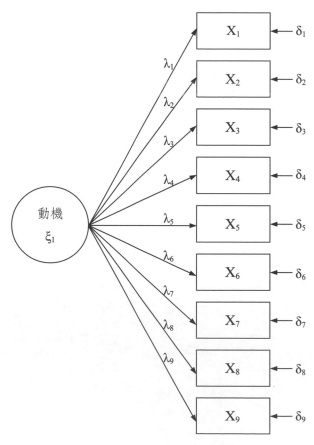

圖 8-2　單一因素模式

### 3. 多因素直交模式

　　這一個模式的前提為：新移民女性子女成就動機的因素區分為三個，且這三個因素之間是彼此獨立。也就是說，新移民女性子女成就動機，在持續恆定可以由三個題目來反應，如表 8-2 所示。而在避免失敗則也是由三個題目反應，追求卓越也是由三個觀測變項來反應。三個因素是彼此沒有關係；同時，各個觀測變項的測量誤差彼此之間，也是相關為零。最後，每一個觀測變項皆有一個非零的因素負荷量反應在其潛在變項上。其圖形如圖 8-3 所示。

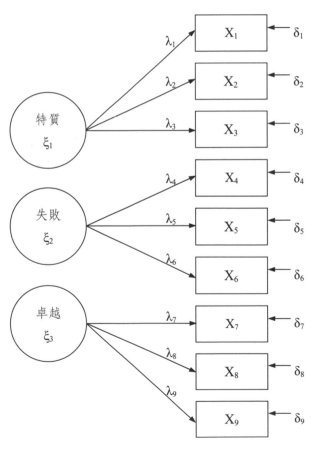

**圖 8-3　多因素直交模式**

### 4. 多因素斜交模式

這一個模式的前提是：(1)新移民女性子女成就動機的因素區分為三個，但是這三個因素是彼此相關；(2)新移民女性子女成就動機，在持續恆定、避免失敗、追求卓越上，分別都是由三個觀測變項來反應；(3)各個觀測變項的測量誤差彼此之間也是相關為零；(4)每一個觀測變項皆有一個非零的因素負荷量反應在其潛在變項上。其圖形如圖 8-4 所示。

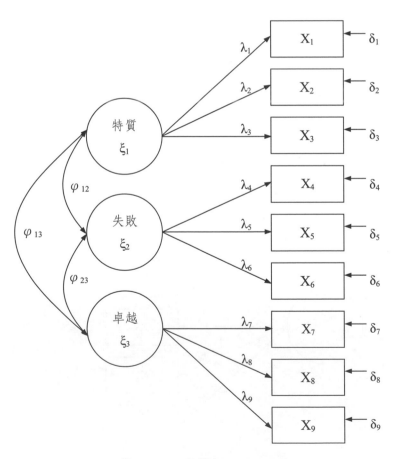

圖 8-4　多因素斜交模式

### 5. 二級因素模式

　　此一模式是指新移民女性子女的三項成就動機因素，可以用一個更高階的因素來說明。此一高階因素就命名為「成就動機」，此模式有以下的前提：(1)新移民女性子女成就動機的因素區分為三個，但是這三個因素是彼此獨立；(2)新移民女性子女成就動機，在持續恆定、避免失敗、追求卓越分別都是由三個觀測變項來反應；(3)各個觀測變項的測量誤差之間相關為零；(4)每一個觀測變項皆有一個非零的因素負荷量反應在其潛在變項上。其圖形如圖 8-5 所示。

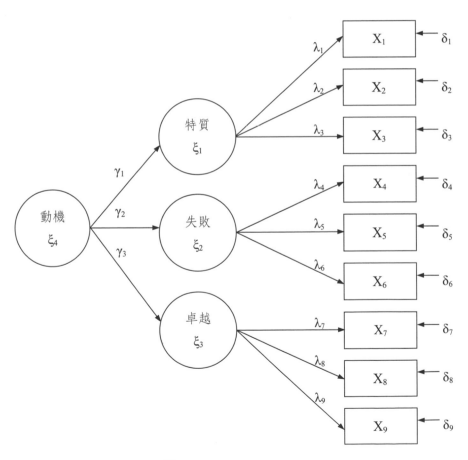

**圖 8-5　二級因素模式**

**（三）統計分析**

　　本研究以 LISREL 8.50 的統計程式的驗證性因素分析（CFA），來檢定模式一至模式五，包括：本研究檢定的估計方法、整體適配、信度評鑑、聚合效度評鑑、區別效度評鑑等。在估計方法的選擇上，因為 SEM 的估計方法受到樣本數及其樣本在變項的分配影響很大，如果峰度值大於 10 以上，以及偏態值大於 3，就被認為資料有問題（Kline, 1998）。從表 8-3 可看出，本研究的偏態及峰度都沒有違反此一標準。因此，本研究以常態分配的估計方法影響不大，而採取最大概似估計法進行估算。

**表 8-3　各變項的描述統計**

| 變項 | 平均數 | 標準差 | 偏態 | 峰度 |
|------|--------|--------|------|------|
| $X_1$ | 3.23 | 0.73 | -0.70 | 0.21 |
| $X_2$ | 3.25 | 0.69 | -0.60 | 0.08 |
| $X_3$ | 3.09 | 0.77 | -0.53 | -0.14 |
| $X_4$ | 2.81 | 0.99 | -0.46 | -0.79 |
| $X_5$ | 2.73 | 1.03 | -0.23 | -1.11 |
| $X_6$ | 2.88 | 0.96 | -0.49 | -0.70 |
| $X_7$ | 3.56 | 0.65 | -1.71 | 3.82 |
| $X_8$ | 3.57 | 0.60 | -1.39 | 2.55 |
| $X_9$ | 3.39 | 0.77 | -1.30 | 1.47 |

**（四）整體的適配指標**

　　本研究的模式適配指標以絕對適配度檢定指標、相對適配度檢定指標與簡效適配度檢定指標，這些指標的標準如前所述。

**（五）信度評鑑**

　　本研究在信度評鑑上是採以下的標準：

1. 個別測量變項的信度在 0.5 以上。

2. 潛在變項的組合信度 $\rho_c$（composite reliability），其標準在 0.6 以上（Bagozzi & Yi, 1988），計算公式如下：

$$\rho_c = \frac{(\Sigma\lambda)^2}{[(\Sigma\lambda)^2 + \Sigma(\theta)]}$$

其中，$\rho_c$ 表示組合信度，$\lambda$ 表測量指標的標準化因素負荷量，$\theta$ 表測量指標的測量誤。

## （六）聚合效度

在聚合效度方面，觀測變項的因素負荷量都需要達到顯著水準，且其量必須要大於 .45。同時潛在變項的變異數平均解釋量（又稱平均變異抽取量）需要在 0.5 以上（Bagozzi & Yi, 1988），計算公式如下：

$$\rho_v = \frac{\Sigma\lambda^2}{[\Sigma\lambda^2 + \Sigma(\theta)]}$$

## （七）區別效度

本研究以三個方式檢定區別效度：第一種是以模式的三個潛在變項配對出六個相關係數，檢定的過程是一次固定一個相關係數，假定它們之間關係為 1.0；第二種方式是讓三個相關係數自由估計，此時固定與自由估計之間的卡方值差距來檢定，它們是在自由度為 1 的前提下，若此差距大於 3.84，則表示兩個潛在變項是可以區別的；第三種是以潛在變項配對相關信賴區間的檢定法，將相關係數加減 1.96 個標準差，如果信賴區間值未包括 1.0，則表示潛在變項之間具有區別效度（黃芳銘，2004）。

## 四、程式語法及操作

　　LISREL 的操作介面包括：Syntax only（語法）、PRELIS Data（資料）、SIMPLES Project、LISREL Project、Path Diagram（劃圖）。本模式以 LISREL 8.50 程式之語法，如圖 8-6 所示。其中，Title 至 END OF PROBLEM 之間的語法都是必要的。在 END OF PROBLEM 之前的語法，都會依據其語法設定跑出來。LISREL Syntax 之操作，在開啟新的 LISREL Project 檔案時，即根據研究者設定的模型，輸入需要的 LISREL 語法，在本例中，除了圖 8-6 所列之外，再將 Co-variance MATRIX 將所需的變異數共變數矩陣納入，即可執行。LISREL Syntax 由四個部分組成：

　　1. TITLE（標題），即以下標題的（一）。

　　2. IMPUT SPECIFICATION（輸入設定），即以下標題的（二）至（五）。

　　3. MODEL SPECIFICATION（模型設定），即以下標題的（六）至（七）。

　　4. OUTPUT SPECIFICATION（輸出設定），即以下標題的（八）至（十一）。

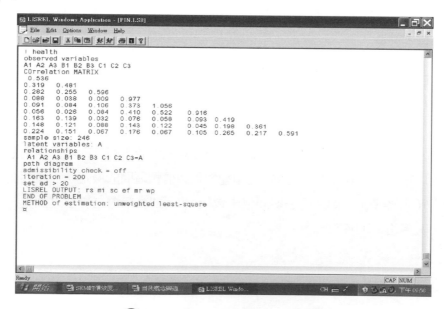

圖 8-6　單一因素模式的程式

為了瞭解 SEM 的操作，以下針對各項語法功能，說明如下。

## （一）Title 標題

!……

Title 是一個可有可無的語法，但是筆者建議，有此語法較好，研究者可以將本模式要跑的名稱簡要說明，通常以英文來界定。在 Title 之前需要有一個驚嘆號（！）做為界定的開始，而在此符號之後，即為研究者所要的界定內容。

本例是：

! health

## （二）observed variables 或 labels

它是一個必要語法，在說明所納入的觀測變項名稱，每個變項最多以 8 個英文大寫或小寫字母來呈現。所輸入的資料或矩陣的變項順序要與此所列的順序一致，即所要分析的資料或矩陣有幾項就應有幾項對應。研究者容易把依變項放在前，而將自變項放在後，此時在寫後續的關係語法時，就應注意依變項與自變項的先後關係。記得，每個變項之間要空一個半形的英文字空間。若變項的界定有連號，如 a1 a2 a3 a4 a5 則可以用 a1-5。此外，每一個界定的變項名稱必須要與其他的不同。

以本例來說：

observed variables
A1 A2 A3 B1 B2 B3 C1 C2 C3

## （三）輸入資料

它可以有以下幾種方式輸入：Raw data（原始資料）、Covariance matrix（共變數矩陣）、Correlation matrix（相關係數矩陣）。

若是輸入矩陣，輸入時僅提供下三角形矩陣即可。輸入資料也可以從外部資

料檔讀入，如 Covariance matrix from file filename。如果是輸入相關係數矩陣，也需要輸入變項的平均數與標準差。例如：

Mean: 2.10 3.12 1.23 2.54

Standard deviations: 1.20 1.45 1.36 1.25

以本例來說：

Covariance matrix


（四）sample size

它在界定樣本大小。以「sample size:」、「sample size=」或「sample size is」較為常見。

以本例來說：

sample size: 246


（五）latent variables

它在界定潛在變項的名稱，其語法是：「latent variables:」；如果模式中沒有潛在變項，此列則不必寫。

以本例來說：

latent variables: A

（圖 8-6 為 A、圖 8-7 為 A、B、C）


（六）Relationships 或 Relations

它在界定變項之間的因果關係或路徑關係，其中等號（＝）左邊為果變項，右邊為因變項，例如：C＝B 代表以 C 為結果變項，B 為因變項。在測量變項中，等號左邊為觀測變項，右邊為潛在變項。如果變項有其順序，可以將一串變

項用破折號（-）連接，例如：A1 A2 A3 A4 A5 A6 A7 A8 = A 可以寫為 A1- A8= A，即 A1 至 A8 的變項代表 A 的潛在變項；每條因果路徑寫一個關係式。

以本例（圖 8-6）來說：

A1 A2 A3 B1 B2 B3 C1 C2 C3= A

## （七）估計方法

LISREL 模式的參數方法有以下七種：

Instrumental Variables（IV）

Two-Stage Least Squares（TSLS）

Unweighted Least Squares（ULS）

Generalized Least Squares（GLS）

Maximum Likelihood（ML）

Generally Weighted Least Squares（WLS）

Diagonally Weighted Least Squares（DWLS）

較常使用的是 Maximum Likelihood（ML）：最大概似法。

以本例來說：

Maximum Likelihood（ML）因為電腦內設值，故沒有呈現出來

## （八）path diagram

Path diagram 要求劃出結構方程模式的圖。

## （九）admissibility check = off

iteration = 200

set ad > 20

admissibility check 在檢查估計值的適切性，它簡稱為 AD 或 ad。若模式中估計出不適合的數值時，會在疊代估計後，電腦內設值次數為 20 次，就會停止估

計。若無法估計，可以將其估計次數改為超過 20 次以上。本例如上所列。

（十）LISREL OUTPUT: rs mi sc ss ef mr wp se va

它要求 LISREL 所要產出的結果。

RS 代表列印殘差值（print residuals）。

Mi 表示要印出修正指標（modification index）。

Sc 代表要印出完整的標準化估計值（包括觀測變項及潛在變項）（solution completely standardized）。

Ss 表示要印出潛在變項的標準化估計值（standard solution）。

Ef 表示要印出整體、直接及間接效果、標準差和 t 值。

Mr 表示相當於 rs 及 va 的功能。

Wp表示設定報表印出來的寬度，最寬可設定為 132 個欄位，內設值為 80 個欄位。

Se 表示要印出標準化殘差值（standardized residuals）

Va 表示要印出變異數和共變數（variance and covariance）

最簡捷的就是寫 ALL，就會將所有的結果都跑出來，即 LISREL OUTPUT: ALL

（十一）END OF PROBLEM

它表示設定語法的最後一行，在此行之後的語法，均不在估計之列。

此外，還有一些有關語法，例如：Error Variances and Covariances 誤差項的變異和共變異，其語法為：Let the Error Variance of Variable A1 and A2 Are 0，代表 A1 與 A2 的誤差變異之相關設定為 0；再如：Set the Variance of A1 to 1.00 代表 A1 的變異量設定為 1.0。Number of Decimals 代表小數點的位數，如 Number of Decimals = 3，代表報表跑出來的結果，其數值在小數取三位。

## 五、結果分析與討論

本研究將所需的變異數共變數矩陣，列於表 8-4。

表8-4　各變項的共變數變異數矩陣　　　　　　　　　　　　　（ N = 246 ）

| 變項 | $X_1$ | $X_2$ | $X_3$ | $X_4$ | $X_5$ | $X_6$ | $X_7$ | $X_8$ | $X_9$ |
|---|---|---|---|---|---|---|---|---|---|
| $X_1$ | .536 | | | | | | | | |
| $X_2$ | .319 | .481 | | | | | | | |
| $X_3$ | .282 | .255 | .596 | | | | | | |
| $X_4$ | .088 | .038 | .009 | .977 | | | | | |
| $X_5$ | .091 | .084 | .106 | .373 | 1.056 | | | | |
| $X_6$ | .056 | .026 | .084 | .410 | .522 | .916 | | | |
| $X_7$ | .163 | .139 | .032 | .076 | .058 | .093 | .419 | | |
| $X_8$ | .148 | .121 | .088 | .143 | .122 | .045 | .198 | .361 | |
| $X_9$ | .224 | .151 | .067 | .176 | .067 | .105 | .265 | .217 | .591 |

## （一）整體模式的評鑑

在 SEM 檢定，如果模式有以下三種情形，就代表模式已違反估計：第一，有負的誤差變異數產生；第二，標準化的係數超過 .95 以上，即太接近 1.0；第三，有太大的標準誤。當模式有上述的任何一種情形產生時，就代表模式被判定為不適配。從表 8-5 中獲得許多結果，說明如下：在虛無模式中，因為卡方值過大，模式不適合；單一因素的模式中，各個絕對適配、相對適配及簡效適配指標都不符合標準；在多因素直交模式中，雖然比單一因素模式的適配指標更為適配一些，但是仍非完全的適配。從表中可以看出，不管是多因素斜交模式，或是二級因素模式的各個絕對適配、相對適配及簡效適配指標（僅有RFI不符合）都符合標準；令人訝異的是，這二個模式估計出來的數值均相同。從整個結果來看，資料支持了多因素斜交及二級因素模式，這也代表了這二種模式有比較好的整體建構效度。

## （二）各測量變項的信度

如表 8-6 所示，本模式各測量變項，在九個變項之中，最小的信度為 .58，最大者為 .86，三個潛在變項的建構信度各為 .61、.71、.75，均在 .60 以上；而

表8-5 模式適配指標

| 整體適配度檢定 | 虛無模式 | 單一因素模式 | 多因素直交模式 | 多因素斜交模式 | 二級因素模式 |
|---|---|---|---|---|---|
| **絕對適配度檢定** | | | | | |
| Likelihood-ratio$\chi^2$ | 635.93 | 284.48 | 113.86 | 54.68 | 54.68 |
| *df* | 36 | 27 | 27 | 24 | 24 |
| GFI | | .77 | .91 | .95 | .95 |
| AGFI | | .62 | .85 | .91 | .91 |
| RMR | | .11 | .084 | .031 | .031 |
| RMSEA | | .21 | .11 | .070 | .070 |
| EVIC | | 1.47 | .57 | .39 | .39 |
| **相對適配度檢定** | | | | | |
| NNFI | | .43 | .81 | .92 | .92 |
| NFI | | .55 | .82 | .91 | .91 |
| CFI | | .57 | .86 | .95 | .95 |
| IFI | | .58 | .86 | .95 | .95 |
| RFI | | .40 | .76 | .87 | .87 |
| **簡效適配度檢定** | | | | | |
| PNFI | | .41 | .62 | .61 | .61 |
| PGFI | | .46 | .55 | .51 | .51 |
| NormalChi-Square | | 323.75 | 107.57 | 52.81 | 52.81 |
| CN | | 41.45 | 102.5 | 193.58 | 193.58 |
| $\frac{\chi^2}{df}$ | | 11.5 | 4.1 | 2.1 | 2.1 |

三個潛在變項的平均變異抽取量各為 .54、.45、.50，僅有一個在 .50 以下，但仍接近 .50，表示模式中的各測量變項還不錯。它的意涵是，新移民女性子女成就動機的研究構念，在持續恆定動機、避免失敗動機與追求卓越動機的信度，都有達到 .60 以上的水準，代表本研究所建構的信度可以接受。

經過 SEM 的模式適配度的檢定，本研究將多因素斜交模式各個參數的原始估計值、完全標準化估計值、標準誤、*t*值的估計結果列於表 8-7。由表中可以看

表8-6　模式中各變項的信度

| 潛在變項 | 觀測變項 | $R^2$ | 建構信度 | 平均變異抽取量 |
|---|---|---|---|---|
| 持續恆定 | $X_1$ | .86 | .61 | .54 |
| | $X_2$ | .75 | | |
| | $X_3$ | .58 | | |
| 避免失敗 | $X_4$ | .57 | .71 | .45 |
| | $X_5$ | .68 | | |
| | $X_6$ | .77 | | |
| 追求卓越 | $X_7$ | .73 | .75 | .50 |
| | $X_8$ | .68 | | |
| | $X_9$ | .72 | | |

表8-7　多因素斜交模式的參數估計值

| 參數 | 原始估計值 | 標準誤 | $t$ 值 | 完全標準化估計值 | 參數 | 原始估計值 | 標準誤 | $t$ 值 | 完全標準化估計值 |
|---|---|---|---|---|---|---|---|---|---|
| $\Lambda x_1$ | .63 | .05 | 13.89** | .86 | $\delta x_1$ | .14 | .03 | 12.54** | .26 |
| $\Lambda x_2$ | .52 | .04 | 11.92** | .75 | $\delta x_2$ | .21 | .03 | 12.17** | .44 |
| $\Lambda x_3$ | .45 | .05 | 9.01** | .58 | $\delta x_3$ | .40 | .04 | 11.37** | .66 |
| $\Lambda x_4$ | .56 | .07 | 8.07** | .57 | $\delta x_4$ | .66 | .07 | 10.81** | .68 |
| $\Lambda x_5$ | .70 | .07 | 9.46** | .68 | $\delta x_5$ | .57 | .08 | 11.32** | .54 |
| $\Lambda x_6$ | .74 | .07 | 10.45** | .77 | $\delta x_6$ | .37 | .08 | 12.03** | .41 |
| $\Lambda x_7$ | .47 | .04 | 11.39** | .73 | $\delta x_7$ | .19 | .03 | 10.84** | .46 |
| $\Lambda x_8$ | .41 | .04 | 10.50** | .68 | $\delta x_8$ | .19 | .02 | 12.07** | .54 |
| $\Lambda x_9$ | .55 | .05 | 11.0** | .72 | $\delta x_9$ | .29 | .04 | 9.85** | .49 |
| $\varphi_{13}$ | .55 | .06 | 8.57** | .55 | | | | | |
| $\varphi_{12}$ | .17 | .08 | 2.07* | .17 | $\varphi_{23}$ | .28 | .08 | 3.41** | |

$^*p < .05;\ ^{**}p < .01$

出，新移民女性子女的每一項成就動機變項都達到顯著水準，測量誤差也達到顯著水準，標準誤也都在 .08 以下，顯示模式中，每個測量變項的誤差沒有很大。就模式的意義來說，新移民女性子女的持續恆定動機、避免失敗動機與追求卓越動機之間，是具有兩兩相關，其中又以持續恆定動機與追求卓越動機的相關係數 .55 為最高，代表新移民女性子女持續恆定動機與追求卓越動機是有顯著的正相關。

## （三）區別效度

本研究將多因素斜交模式的潛在變項之間的關係、卡方值的差異，呈現在（　）中，以及信賴區間，在 [　　] 之中。表 8-8 顯示，在三組潛在變項相關的信賴區間，沒有看到區間值有包括 1.0，例如持續恆定與避免失敗成就動機之間的相關，在信賴區間為 [.0132，.3268]，並有包括 1.0，其他兩組也是，這表示潛在變項是可以區別。同時，卡方值都達到顯著水準，它表示兩兩變項設定為 1.0 的模式，與所有相關自由估計的模式之間有顯著差異存在，也就是這三組設定相關為 1.0 的模式，與自由估計的模式不能視為是相等，它說明了潛在變項之間有區別，因此區別效度獲得支持。

### 表 8-8　相關與區別效度

| 潛在變項 | 持續恆定 | 避免失敗 |
|---|---|---|
| 避免失敗 | .17 | |
| | (194.32**) | |
| | [.17−1.96 ×.08，.17 + 1.96 ×.08 ] | |
| | **[.0132，.3268]** | |
| 追求卓越 | .55 | .28 |
| | (122.94**) | (119.39**) |
| | [.55−1.96 ×.06，.55 + 1.96 ×.06] | [.28−1.96 ×.08，.28+1.96 ×.08] |
| | [.4324，.6676] | [.1232，.4368] |

**$p < .01$

## （四）討論

　　本章運用 SEM 檢定新移民女性子女的成就動機問卷的信度及效度。本章一開始就先對成就動機的理論及相關研究說明，研究中歸納出成就動機可以區分為：持續恆定、避免失敗及追求卓越。本章為了要瞭解新移民女性子女的成就動機是否真的可以區分為這三個向度，同時也要瞭解本文依研究構念所建構的問卷題目是否具有信度與效度。本章對二百四十六名新移民女性子女進行分析，研究過程中建構了五個模式，並繪出五個假設圖形；接著本章一一地對於所提出的模式進行檢定。本研究檢定標準是以絕對適配度檢定指標、相對適配度檢定指標與簡效適配度檢定指標，同時本研究亦以區別效度及建構信度進行評估。

　　本章建構的五個模式中，以多因素斜交及二級因素結構者在適配指標最為適當。不過，二級因素模式與多因素斜交模式的各項參數估計值相同，會有此項的原因在於二級因素模式與多因素斜交模式的參數估計數目一樣。為了避免結構方程模式在模式更精簡，本章選定多因素斜交模式，也就是接受本節提出的假設。此外，持續恆定因素、避免失敗因素及追求卓越因素的建構信度各為.61、.71、.75，均在 .60 以上。接著再以區別效度對於新移民女性子女的三個潛在變項之相關程度進行檢定，檢定方式是將某兩個潛在變項之間的相關固定，接著進行其他潛在變項之間是否具有區別。分析發現，這種檢定發現，三個潛在變項具有區別的效果。從實際的意涵來看，基隆市新移民女性子女在持續恆定動機、避免失敗動機與追求卓越動機之間具有顯著關係存在，同時這三種動機可以區辨。這也說明了，新移民女性子女的成就動機存在，尤其持續恆定動機與追求卓越動機相關的程度更高，這代表新移民女性子女在成就動機是恆常的，且有努力追求最好表現的態度。

# 六、結論與建議

## （一）結論

　　針對上述的分析，有以下的結論：首先，基隆市新移民女性子女在成就動機的五個 SEM 模式中，以多因素斜交模式獲得支持，接受研究假設。它代表新移

民女性子女成就動機的持續恆定因素、避免失敗因素及追求卓越因素之間，是有相關聯的，並不互相獨立；其次，本研究也發現，持續恆定因素、避免失敗因素及追求卓越因素的建構信度，各為 .61、.71、.75，均在 .60 以上；第三，本研究進行新移民女性子女成就動機的三個潛在變項之間，是否具有區分性，研究發現，三個潛在變項具有區別的效果。

## （二）建議

基於上述的研究結果，有以下建議；首先，在實務建議上，新移民的家庭、學校及教師應注意新移民女性子女的成就動機表現。研究中發現，新移民女性子女具有持續恆定、避免失敗及追求卓越的成就動機，代表新移民女性子女在學習上，其學習態度及意願仍相當高。教師及家長應注意他們在這方面的表現，例如在課堂上給他們有表現的機會，以及提供更多的學習機會讓他們可以參與，以讓他們可以從活動中獲得肯定，並實現他們的成就動機。其次，在資料處理上，本章以 SEM 進行新移民女性子女的成就動機問卷的信效度檢定，研究發現新移民女性子女的成就動機顯現出了三個因素互相斜交的模式，這模型還需要後續的再驗證。雖然在適配模式中的建構信度都在 .60 以上，但是在模式的穩定度仍需更多樣本來驗證，未來在掌握模式的穩定度，最好能有更多新移民女性子女為研究樣本進行探索，如此才能瞭解模式的穩定度。

總之，SEM 是 1980 年代以來，常為社會科學所運用的統計方法；本章以SEM 來說明檢定問卷信度及效度的過程。目前，SEM 在估計問卷的信度及效度是研究趨勢，研究者宜好好掌握 SEM 的使用，並應用於問卷設計之中，對於論文寫作是很好嘗試。

本章所運用的程式，如圖 8-7～8-10 所示。

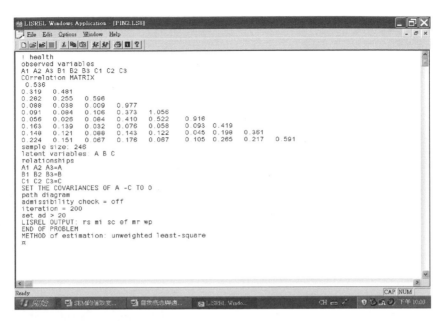

```
! health
observed variables
A1 A2 A3 B1 B2 B3 C1 C2 C3
COrrelation MATRIX
 0.536
0.319   0.481
0.282   0.255   0.596
0.088   0.038   0.009   0.977
0.091   0.084   0.106   0.373   1.056
0.056   0.026   0.084   0.410   0.522   0.916
0.163   0.139   0.032   0.076   0.058   0.093   0.419
0.148   0.121   0.088   0.143   0.122   0.045   0.198   0.361
0.224   0.151   0.067   0.176   0.067   0.105   0.265   0.217   0.591
sample size: 246
latent variables: A B C
relationships
A1 A2 A3=A
B1 B2 B3=B
C1 C2 C3=C
SET THE COVARIANCES OF A -C TO 0
path diagram
admissibility check = off
iteration = 200
set ad > 20
LISREL OUTPUT: rs mi sc ef mr wp
END OF PROBLEM
METHOD of estimation: unweighted least-square
```

圖 8-7　多因素直交模式的程式

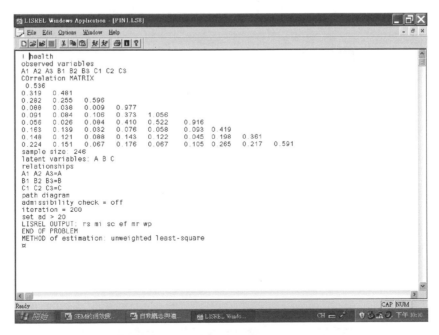

```
! health
observed variables
A1 A2 A3 B1 B2 B3 C1 C2 C3
COrrelation MATRIX
 0.536
0.319   0.481
0.282   0.255   0.596
0.088   0.038   0.009   0.977
0.091   0.084   0.106   0.373   1.056
0.056   0.026   0.084   0.410   0.522   0.916
0.163   0.139   0.032   0.076   0.058   0.093   0.419
0.148   0.121   0.088   0.143   0.122   0.045   0.198   0.361
0.224   0.151   0.067   0.176   0.067   0.105   0.265   0.217   0.591
sample size: 246
latent variables: A B C
relationships
A1 A2 A3=A
B1 B2 B3=B
C1 C2 C3=C
path diagram
admissibility check = off
iteration = 200
set ad > 20
LISREL OUTPUT: rs mi sc ef mr wp
END OF PROBLEM
METHOD of estimation: unweighted least-square
```

圖 8-8　多因素斜交模式的程式

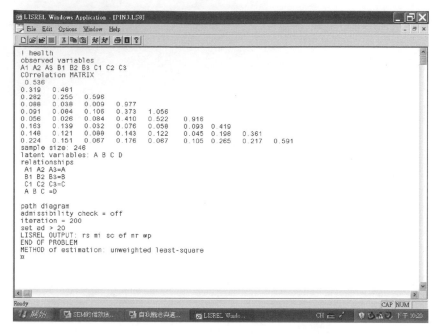

圖8-9　二級因素模式的程式

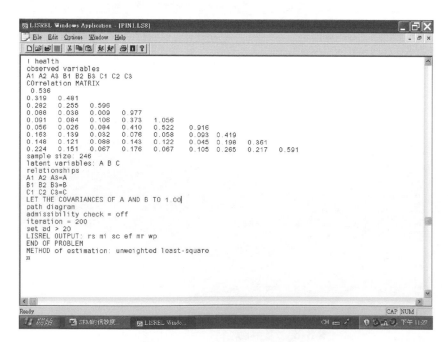

圖8-10　區別效度的程式

# 問題與討論

## 一、問題

本章說明以 SEM 來評估研究工具信效度的原理，然而讀者在此會有一個疑問：若改編他人的研究工具，是否要進行信效度的重新估算呢？

## 二、討論

每一份問卷或量表都有其形成的背景、年代環境、理論依據、適用對象、適用年齡層、計分方式、工具信效度、題目陳述的文字形態等。換言之，若直接取用他人的研究工具，除了要符合研究倫理之外，更要瞭解該工具是否適合本研究所要解決的問題，以及能否達成研究目標。因此，研究者若改編他人的研究工具，仍需遵守嚴謹的問卷設計流程。在此，研究者應反省幾項問題：改編的研究工具，其研究構念及向度符合自己的研究目的嗎？改編幅度大，不僅問卷題目的文字需要修飾，或者還將研究向度、選項由五等第改為四等第、整體的問卷題數也會減少，甚至所採取的學理觀點也會有所改變等。若是如此，在修改問卷之後，更應進行專家學者的審題工作，預試問卷、蒐集資料，以瞭解改編後的研究工具之信效度狀況。

但若改編幅度不大，僅修改他人研究工具的文字，也要再進行信效度檢核嗎？筆者的建議是：對於研究工具的任何文字修改，都代表它與先前的研究工具不同，尤其這其中更需要考量到研究者調查的研究對象、採用的學理觀點，以及研究構面等因素。為了讓研究工具更貼切於研究者所需，讓研究結果的可信度更高，重新估計信效度是必要的。要強調的是，既然是修編他人的研究工具，此時最好能以 SEM 來驗證研究工具，尤其 SEM 的主要功能之一在於具有驗證性因素分析的特性。現階段 SEM 已成為驗證研究工具信效度的方法之一，未來的重要性可以預見。

例如：研究者以驗證性因素分析評估以李克特量表建立的教育期望問卷為例，其研究工具之概念化如圖 8-11 所示，而三個觀測變項的標準化因素負荷量

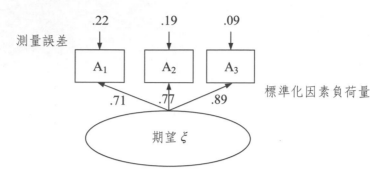

圖 8-11　教育期望構面

各為 .71、.77、.89，而測量誤差各為 .22、.19、.09。在探索性因素分析上，可以
運用 Cronbach's α 係數估計，α 係數值介於 0 與 1.0 之間，α 值愈大，表示研究
工具的信度愈高，α 值至少大於 .50 比較好，在實務上 α 係數最好大於 .70（Nun-
nally, 1978）。Gay（1992）認為，如果量表或問卷的信度大於 .90 以上，表示該
工具的信度甚佳。而 SEM 的驗證性因素分析，在每一個構面的信度由本章所提
供的公式 1 計算，它的評估標準為大於 .70 以上比較好，如果未達 .70，起碼也
要在 .60 以上的標準。它的計算是以每個測量變項的標準化因素負荷量總和的平
方，加上測量誤差的總和之後，再除以標準化因素負荷量總和的平方。而問卷效
度，在 SEM 以驗證性因素分析的效度上，也就是每一個構面的平均抽取量，它
以本章所列的公式 2 計算。以本例來說，信度與效度的計算如下，其信度值為
.91，而其平均抽取量（效度）為 .79，代表教育期望的信效度不錯。

$$教育期望的信度 = \frac{(.71 + .77 + .89)^2}{[(.71 + .77 + .89)^2 + .22 + .19 + .09]} = \frac{5.61}{6.11} = .91$$

$$教育期望平均抽取量 = \frac{(.50 + .59 + .80)}{[(.50 + .59 + .80) + .22 + .19 + .09]} = \frac{1.89}{2.39} = .79$$

# 問卷編製實例

☑ 讀者閱讀本書前幾章之後，仍會期待對於一份嚴謹的問卷，應如何設計及編製有整合性瞭解的需求。本章提供一份完整實例內容給讀者參考，讀者可以一面閱讀本章內容，一面與先前的各章內容作一呼應的對照閱讀，相信更能掌握問卷設計及編製的重點。茲以莊楹薏（2008）的「新竹縣新移民子女課後休閒活動調查之研究」為例，其內容說明如下。

## 壹 研究目的

……過去研究新移民子女的文獻，大多集中在生活適應（吳碧娥，2006；柯麗貞，2006）、自我概念（吳碧娥，2006）、學業成就（黃綺君，2005）、同儕關係（李怡慧，2003；張維中，2005；彭淑纓，2005）、家庭管教（柯麗貞，2006）等，並沒有研究他們的休閒活動情形；同時，研究的對象又集中在國民小學為主（吳碧娥，2006；李怡慧，2003；柯麗貞，2006；黃綺君，2005）。近年來，新移民子女不但人數增加，他們在國民小學畢業之後，也紛紛進入國民中學就讀，但是他們的休閒活動情形為何？並沒有相關研究。因此，本研究在瞭解新移民子女的休閒活動情形。

綜合上述研究動機，本研究之研究目的如下：

1. 探討新竹縣新移民子女實際參與休閒活動情形。
2. 瞭解不同背景變項的新竹縣新移民子女參與休閒活動之時間量。
3. 瞭解不同背景變項的新竹縣新移民子女參與休閒活動滿意度之程度。
4. 分析新竹縣新移民子女參與休閒活動時間量及滿意度之間的關聯性。

# 貳 休閒的理論

……休閒是人知覺的過程，是個體的行動，透過理論基礎來探究休閒與個體和工作之間的連帶性。有關休閒理論的論述包羅萬象，例如：生活預備說，此派認為休閒為與生俱來的本能，只是透過休閒活動發揮其本能，為將來生活做準備。有關休閒之理論眾多，各家論點皆有其主要的論述核心。筆者經文獻彙整，將眾多休閒的理論聚焦二方面說明：首先為心理學取向的休閒理論，在此層面關注的焦點為個體心理上的感受；其次為社會學取向的休閒理論，以社會學為背景探討個體在社會中所扮演的角色，以助於本研究更深入瞭解休閒的實質內涵。

## 一、心理學取向休閒理論

就心理學取向而言，是指個體在休閒過程中，心理的感受或經驗（王鳳美，2003）。放鬆說、熟悉理論（Familiarity Theory）即為心理取向的論點。

### （一）放鬆說

係指人為了生存，必須為各種事務及工作忙碌，形成個體高度的緊張與生活壓力。因此，需藉由休閒來減低自己生活所面對來自於生理、心理的壓力，因為壓力的解除才是情緒獲得放鬆的根本，也有助於工作的最佳表現（張耿介、陳文長，2004）。此論點認為，休閒活動有宣洩情緒的作用，具有放鬆的效果，本論點與休閒的定義不謀而合；在休閒的意涵中，即為藉由休閒活動的參與，達到個體放鬆滿足的情緒，放鬆論是本研究在休閒內涵界定較能接受者。對於國中階段的新移民子女而言，休閒活動的參與是否可紓解平日源自於學校的各項壓力，達成放鬆身心靈之功效？是值得探究的問題。吳萬福（2006）指出，適度的運動可以增加個體對於壓力的承受，減低不良情緒的產生，因此本研究在休閒活動的分類上，即規劃「體能運動類」做為新移民子女休閒活動參與的項目之一。

## （二）熟悉論

就熟悉論而言，是將休閒的行為看成個人受平日經驗習慣所影響，意謂個體所從事的休閒活動即為其平日習慣或經驗的展現。或者，人們會因對某些事物的熟練、重視或習慣，進而增加對該項事物感到特別的喜愛，而持續不斷的投入其情境中（張耿介、陳文長，2004）。所以個體的習慣會影響休閒活動的選擇，換言之，可以透過個人對於休閒活動參與類型，來推測其平日熟悉的人、事、物為何，並藉此瞭解其缺乏的部分。若以本研究的對象而言，可藉由受試者對於休閒活動類別的選擇，來推測出新移民子女日常生活中較常接觸的人、事、時、地、物，增加對其課後休閒生活的瞭解，做為提供有關政策訂定的參考，以提昇新竹縣新移民子女更完善的休閒活動空間及選擇。

## 二、社會學取向休閒理論

以社會學觀點對休閒理論的探討，多是把休閒與工作相結合，或是定位在休閒活動與社會互動的過程（王鳳美，2003）。若從休閒與工作關係層面而言，相關理論有補償理論（Compensatory Theory）與後遺說，此皆與工作有關聯。

### （一）補償理論

是目前最常被提及有關休閒的理論之一，其核心的想法在於突顯工作與休閒之間矛盾的情形，工作與休閒之間有很大的差距。提出補償理論的學者把工作視為生活的第一位，在此前提之下，休閒被認為是工作無聊或是工作後的補償。簡單的說，任何人脫離工作後，必會尋找有別於工作的事情來做，也就是為了平衡每天不斷而單調的工作，排除生活所積壓的苦悶，尋找補償性的活動，此為補償理論的主要論點（張耿介、陳文長，2004）。

### （二）後遺說

後遺說的立論，與補償理論剛好相反，它認為，休閒與工作是平行發展出來的結果，認為個體於工作中如有好的感覺、愉悅的經驗、開心的情緒，會讓個人

於工作結束後傾向於繼續延續這種感覺（張耿介、陳文長，2004）。所以會選擇相同或是類似於工作性質的休閒方式，又可稱為延展關係（Extension），把職場上的工作經驗延伸到休閒生活的經驗中（王鳳美，2003）。這種觀點說明：若在工作中有良好的刺激與工作氣氛，會讓工作者在結束工作之後，選擇類似於工作的休閒活動進行；相反的，工作的過程如果無聊苦悶，在下班後可能會轉向有別於工作內容的休閒方式，即變成補償理論的說法。

從工作與休閒的關係而言，工作與休閒有密不可分的相關性，補償理論與後遺說兩者理論正好相斥，補償理論把工作視為生活的重心，休閒活動僅是補償工作苦悶而來；若把休閒和工作視為同時，工作的愉快感會延續個人在休閒活動的選擇則為後遺說。歸納上述理論得知，休閒活動的參與是必然的現象，可透過休閒活動參與類型，來推測個體對於工作性質認同程度。在補償理論的基礎支持下，任何個體是渴望休閒生活，來平衡工作後的情緒；從後遺說的立論而言，休閒項目的選擇正是工作愉快的表現。引申於本研究對象新移民子女而言，可從休閒活動參與情況，來解釋孩子在休閒活動的滿意程度。因此，本研究對於新竹縣新移民子女休閒活動的調查研究，以此理論來進行。

## （三）發展說

如以休閒活動與社會互動的過程來看，有發展說、個人社區理論。這些理論認為休閒活動是個體與社會互動的結果，透過休閒活動的進行，讓個人可以增廣見聞，開拓社交關係，與不同的夥伴建立良好的關係，提昇自我生活的內涵。以發展說的理論而言，認為休閒是個人隨興而起之事，它除含有自由、輕鬆、多變化之型態外，且可以結合增廣見聞之益，所以把休閒視為一種社交性的活動，意謂在休閒的過程中，個體自我與社會群體發展出連帶關係的過程。工作只是附屬於人類生活的行為，休閒才是生活的重心，所以休閒是人類發展的重要部分（張耿介、陳文長，2004）。因此，依發展論的立論，休閒活動的參與是具有社交性的教育意涵，透過休閒活動的進行，個體與社會產生互動，藉此增廣知識，提昇人際互動。發展論是休閒活動重要的理論之一，其肯定休閒活動的正向價值，也間接說明了本研究之重要性與必要性。

### （四）個人社區理論

在個人社區理論中提到，休閒多半是以團體形式活動，所以一起參與休閒的夥伴可能都具有許多相同的背景，或其他類似的條件，也就是物以類聚的特質（張耿介、陳文長，2004）。Humbert、Rehman 與 Thompson（2005）的研究指出，「朋友」是影響國中階段學生參與休閒活動最顯著的因素。因此，休閒會受到同儕的影響，休閒夥伴彼此間具備較多相同條件，例如年齡、社經地位……等。所以，本研究把性別、年級、休閒夥伴等，做為背景變項，試圖探討新移民子女對於休閒活動的參與，是否也符合「個人社區理論」中，休閒同伴之間具有同質性的說法，以及在不同休閒成員陪伴時，是否會選擇不同類型的休閒活動種類，來瞭解休閒活動參與和休閒夥伴間是否具有相互影響的關係？

綜合上述文獻顯示，有關休閒的理論眾多，都僅從某一觀點來探討休閒活動，未有全面性的想法，若僅以其中一項理論做為本研究之理論稍嫌不足。本研究經文獻探討後，歸納出二大取向的休閒理論分別為：心理學取向休閒理論、社會學取向休閒理論，做為本研究的理論基礎。綜觀二大取向的觀點，心理學取向是從個體本人的感受及經驗出發，而社會學取向則在探求個體藉休閒活動與社會互動的過程，透過兩大取向的結合，將休閒活動的理論從個體出發，延伸到社會互動層面。

## 參 主要休閒活動的分類

休閒活動分類，包含靜態與動態、知識性與體育性、個人化與社會化、戶外的與室內的。各家學者分類不盡相同，但都儘量涵蓋所有的休閒活動項目，大抵而言，國內研究多以娛樂、知識、體能、藝文等四大項做為區分（李三煌，2003；陳冠惠，2003；陳萬結，2003）。仍有其較為特殊者，黃麗蓉（2002）的研究中，則依主觀分類法，將休閒活動分為九大類型，其中「嗜好型」較易於一般分類方式，其細目包括家事烹飪、飼養寵物、園藝、做手工藝、釣魚。綜合細

目發現，「嗜好型」的內涵沒有一致性，僅是研究者主觀分類的結果，如「釣魚」此細目即為一例。綜合近年來研究者對於休閒活動的分類，是從多個面向為研究基礎，歸納出基本原則，可稱面面俱到。本研究為探討新竹縣新移民子女課後休閒活動之研究，將休閒活動分為四大類型：體能運動類、知性藝文類、社交服務類、消遣逸樂類。影響本研究休閒活動分類的原則，說明如下。

## 一、體能運動類

在為體能運動類方面，許多的研究對於有關運動或體能的休閒活動皆有提及，但說法不一，有體能性、運動性、體育性、體能活動、社團體能等各種不同的說法，部分研究在分類上，還加上同質性高的「戶外遊憩」、「戶外」、「探險」等項目（余明書，2006；吳萬福，2006；蘇瓊慧，2004）。研究者整理文獻發現，不管是體能性或運動性等，其所包含的細目大抵相同，係指需要體能的活動，如各項球類活動、爬山、游泳、跳舞、健行等。至於有關戶外遊憩、戶外、探險的細目，有騎單車、登山、戶外游泳、攀岩、溜直排輪、郊遊、散步、露營等。詳細探究及歸納發現，戶外性或探險性的細目，與前述體能性的細目重複甚多，如「登山」重複在體能性及戶外性出現。為避免類似重疊選項影響問卷之信度，本研究傾向於將戶外性活動回歸於體能類的休閒項目，且不論是戶外性，或是探險性，仍需要較多體能的付出，故筆者認為並不需要另外獨立一類，來特別強調戶外的休閒活動，因此，本研究將需要體力的休閒活動全數歸於「體能運動類」。

## 二、知性藝文類

知性藝文類是綜合了知識性及藝文性而成，知識性與藝文性是每位研究者都會提到的分類項目，部分研究同時將知識性、藝文性列為二大類的休閒活動（林伯伸，2006；林金城，2005；胡信吉，2003；陳萬結，2003）。也有研究者分別單獨呈現知識性或藝文性的分類（王鳳美，2003；余明書，2006；吳萬福，2006；李世文，2003；許健基，2005；陳冠惠，2003；蘇瓊慧，2004）。在休閒理論之中的後遺說提到，個體為了延續工作產生的愉悅，在工作之後仍選擇類似

於工作的休閒活動內容。學生在校求學，其目的即為了知識能力的取得，如果學習過程開心，則顯示學生在課後會選擇相似於學校課程的休閒活動，例如：閱讀書報、參觀展覽、參加才藝活動等。因此，在休閒活動分類上，知識性與藝文性的休閒型態有其必要性。為避免休閒活動的分類影響細目過於繁雜，本研究將知識性及藝文性的休閒活動整合為一大類，稱為知性藝文類，細目部分則由筆者整理文獻，選擇平日較常見且差異性高的休閒活動內容。

## 三、社交服務類

社交活動類的分類方式各專家學者均有採用，名稱也沒有太大的差異，趨於一致性，但在細目的內容方面，卻有截然不同的認知。雖然都為社交性休閒活動的分類，但其細目界定不一，是各研究者主觀分類的結果。在休閒意涵中，個體滿足感的獲得是一項重要指標，藉由為他人提供服務的歷程獲得內心的喜悅，這與休閒定義吻合，也是有意義的休閒活動。所以，本分類名稱採用「社交服務類」，且服務與社交的性質較為相似，皆為與人互動的過程。另一個值得討論的部分是，吳家碧（2006）在休閒活動分類，提出「家庭性休閒活動」項目，此項目除了家務事的協助，還強調親子間溝通及親朋好友的拜訪與情感的連絡，其意涵類似於社交活動的性質。綜合上述所言，本研究也採用此項目做為休閒活動分類之一，將其界定為人與人之間的互動交流過程，個體藉此提昇人際關係，並獲得自我知覺上的滿足，親友間的拜訪、朋友間的聚會、聊天、志工服務，或是參與社區或各種團體活動，皆為本向度的內涵。至於和朋友去唱 KTV，本研究認為較偏向消遣逸樂方面的活動，故不列入本項分類中。

## 四、消遣逸樂類

第四類為消遣逸樂類，此名稱融合了娛樂性、消遣性休閒活動而成，稱為消遣逸樂性，此類型為休閒活動要項。一般而言，認為具有娛樂性的活動才定義為休閒活動，經文獻探討瞭解，不同的休閒理論是會影響個體對於休閒活動的選擇，娛樂性不再是休閒活動的代名詞，因此，本研究除了有消遣逸樂類外，還規劃了體能運動類、知性藝文類、社交活動類。在補償論中強調，個體在工作後會

尋找不同於工作性質的活動，做為補償作用；而國中階段的孩子，面臨學校課業，尋找異於學校環境的休閒活動是正常之事，故消遣逸樂類的休閒活動，是必要的選項。本分類的細目為玩線上遊戲、看電視、看電影、逛街、聽音樂、下棋、KTV 唱歌。

綜合上述，本研究為探討新竹縣新移民子女的課後休閒活動，重新歸納休閒活動類型及細目，配合文獻整理，參考教育部推行青少年育樂活動分類，歸納成以下四類：(1)體能運動類：係指以體能為主之活動，如游泳、登山、各項球類、各種舞蹈、溜直排輪、騎腳踏車、散步、慢跑、攀岩、武術、跆拳道等；(2)知性藝文類：係指以提昇參與者在知識、藝能方面能力的活動，如閱讀書報、參觀展覽、參加學藝活動、寫書法、DIY 手工藝品、攝影、彈奏樂器等；(3)社交服務類：係人與人之間互動交流的過程，個體藉此提昇人際關係，並獲得自我知覺上的滿足，如拜訪親友、聊天、參與社區或各種團體活動、志工參與、社區服務學習等；(4)消遣逸樂類：係指可以達到放鬆且愉快的感覺之活動，如玩線上遊戲、看電視、看電影、逛街、聽音樂、下棋、KTV 唱歌等。

# 肆 休閒滿意度的構面

休閒滿意度及休閒參與時間量，為本研究探討的變項之一，從休閒的定義而言，特別強調個體在參與休閒活動後，內在所獲得的滿足感。因此，滿意感的獲得是休閒重要的要素之一，對於新竹縣新移民子女休閒滿意度知覺是值得探討的。藉由對休閒滿意度的討論，分析新竹縣新移民子女在參與活動的過程中，是否達到休閒真正的意涵。除了對休閒滿意度的分析外，本研究再加上休閒參與時間量等為討論變項，期瞭解休閒時間的長短是否影響休閒滿意程度的獲得。

有關休閒滿意度的構面，目前有關此方面的研究，絕大部分採用 Beard 和 Ragheb（1980）根據文獻探討暨整理各家之言而成，所編製的「休閒滿意量表」（王鳳美，2003；李枝樺，2004；林佑隆，2006；Allison, Berg, Schneiaer, & Trost, 2001），兩位學者將「休閒滿意量表」分為六個層面，分別為：心理性、教育性、

社交性、放鬆性、生理性、審美性。本研究參酌相關文獻且結合 Beard 和 Ragheb 的分類法，將休閒滿意度分成三個層面，分別為心理性、生理性、教育性等。

## 一、心理性

它是以個體的內在因素為主，強調內心的感受，如喜悅、放鬆、愉快等。此向度也融入 Beard 與 Ragheb 的「放鬆性」而成，本研究認為透過休閒活動的參與是可以紓解心理層面的壓力，達到心理放鬆的感覺，是為一種心理狀態，不會受外界環境所影響。所以，心理層面的滿足是休閒滿意度的重要元素，基於此，本研究將心理性的構面列入判斷休閒滿意度的因素之一。

## 二、生理性

在生理性部分，Beard 與 Ragheb 的分類中亦有規劃此類別，係指個體參與休閒活動的過程，透過休閒活動的進行，身體得以活動，本面向所代表的滿足感是較為具體性，如達到鍛鍊身體的效果、讓身體更強壯、保持良好的體適能，也滿足個體需求，如減重、預防肥胖、長高等目的。

## 三、教育性

教育性方面是指個體經由休閒活動的參與，自我從中獲得知識增廣見聞，且習得新的技巧與能力，活動的同時也滿足個體求知的好奇心及求知的渴望，也增加個人對自己及生活環境的瞭解，並得到他人的欣賞及肯定。本研究把教育性的範圍擴大至，除了知識性的獲得外，亦強調自我瞭解與瞭解他人部分，也就是個體在休閒活動中，透過活動的參與，增加人與人之間的互動及溝通。

另外，在 Beard 與 Ragheb 的分類中，尚有「審美性」、「放鬆性」及「社會性」，此三構面為本研究所未涉獵之層面。其原因在於審美性較屬於個體知覺休閒環境及休閒場域情境的部分，和本研究所要探討的內容相關性不大，有關休閒環境的滿意與否，不在本研究討論範圍內，所以排除「審美性」此一構面，而休閒環境滿意度，則有待更多專家們的投入。至於「放鬆性」部分，本研究將放

鬆性與心理性視為同一面向，因放鬆是由心理主觀而成，所以，本研究並沒有將放鬆性單獨成為一個構面。另外，有關社交性的部分，考量國中學生生活環境較為單純，在人際關係上多為和同儕間的相處，可視為認識自我與瞭解別人，故本研究不將社交性獨立為一面向，是將社交性融入教育性及心理性層面中。是故本研究休閒滿意度的構面即可分為三面向，分別是心理性、生理性、教育性等。筆者將從不同的個人背景變項及家庭變項，分析新竹縣新移民子女在休閒滿意度上的差異性，以及休閒活動參與時間量和休閒活動滿意度之間的相關性。

# 伍 背景變項的選取

## 一、性別

對於休閒活動的研究，專家學者均提出不同的見解，在背景變項的部分卻有相似之處。研究上有以性別做為背景變項進行研究，可見性別為影響休閒活動參與重要因素之一。在各項研究結果中可見，男生和女生在各類型的休閒活動參與中均有顯著的差異性，是不分地區，從都市化較高的臺北市到較有鄉土特色的苗栗縣或是雲林縣，均呈現差異性。性別雖會影響研究對象對於休閒活動之選擇，卻因地區的不同突顯出不同的差異，普遍研究顯示，國中階段的男生在動態方面的休閒活動參與均顯著高於女生。胡信吉（2003）指出，花蓮地區的青少年在實際參與休閒活動的類型中，女生在知識性、藝文性、社交性方面顯著高於男生；男生則在體能性、娛樂性顯著高於女生。呂有仁（2006）提到，嘉義地區的青少年男女在休閒活動參與上達顯著差異，戶外性除外。換言之，性別會是影響國中階段學生在休閒活動參與上的因素之一，有時會因地區性差異，而出現不同的結果。因此，本研究在探討有關新竹縣新移民子女課後休閒活動現況部分，性別列為背景變項之一，以瞭解新竹縣新移民子女在參與休閒活動的過程中，是否也會因性別的不同而有差異性。

## 二、年級

在年級背景變項部分,謝天助(2003)指出,不同年齡階段會有不同體能狀況,所參與的休閒活動及態度均有所差異。依研究結果顯示,年級愈低,參與休閒活動愈積極。吳家碧(2006)是以年齡做為背景變項,所得之結果亦為年齡愈小愈投入休閒活動。胡信吉(2003)針對花蓮地區的青少年研究顯示,國中學生實際參與休閒活動程度顯著高於高中職學生,社交類除外。從不同區域所得之結果可見,年級與休閒活動的參與是有其相關性。因此,本研究也把年級規劃為個人背景變項之一,從年級角度來探討新竹縣新移民子女是否也會因年級的不同,而改變對休閒活動參與之積極性。

## 三、零用錢

有關休閒活動的研究中,有不少是以零用錢做為背景變項進行探討(吳家碧,2006;胡信吉,2003;陳冠惠,2003)。謝天助(2003)研究發現,個人的經濟來源,會影響個人從事休閒活動項目的選擇,相關研究結果顯示,研究對象每月可運用零用錢的多寡,對於整體休閒活動的參與有顯著差異存在,尤其以娛樂性質的休閒活動最為明顯。胡信吉(2003)的研究指出,每月休閒費用愈高者,實際參與娛樂性休閒活動程度愈高。因此,將每月可支配零用錢的多少做為本研究背景變項之一,除了可瞭解新移民子女每月零用錢的所得外,期探討零用錢的多寡是否如一般國中階段的學生一樣,均花費在娛樂性或消遣性的休閒活動。

## 四、休閒夥伴

在休閒理論中的個人社區理論強調,人具有群性,喜好社交,會尋找相似背景的同伴共同參與活動。因此,本研究將休閒夥伴列為背景變項之一,探討新移民子女在休閒活動參與的過程中,對於休閒夥伴的選擇為何?再加上青少年階段的孩子已進入心理學上的風暴期,較傾向於同儕間的相處,逐漸想脫離家庭的管教,同儕和朋友的態度扮演極重要角色。Shannon(2006)的研究發現,父母及家庭成員會引導青少年在休閒活動方面的選擇,而新移民子女之父母親在休閒活

動的參與是否也具有引領作用，是值得深入探討的問題之一。除此之外，以休閒夥伴為背景變項的相關研究較少，亦是值得深入探討此變項的原因之一。藉由對新移民子女參與休閒活動夥伴，來探討休閒活動的參與是否會因夥伴的不同而有差異性，並以此分析陪伴新移民子女參加休閒活動的對象為何，可做為日後相關政策制定上的考量依據。

## 五、家庭背景變項

Feinstein、Bynner 與 Duckworth（2006）的研究指出，青少年初期休閒活動選擇情形會影響日後的發展，而影響休閒活動參與的關鍵之一，為家庭社經背景的高低。因此，本研究除了從研究對象的性別、年級、零用錢的使用，以及休閒夥伴等四個構面，來分析新移民子女課後之休閒活動情形外，亦加入家庭背景變項部分。鑑於目前有關此方面的研究甚少，若以新移民子女為研究對象者更少，故本研究期待藉由個人背景變項與家庭變項之結合，來分析影響新移民子女課後休閒活動參與關鍵的因素為何？再者，目前有關家庭背景變項之研究，以整體「家長社經地位」討論最多，其他分別以父母親的教育程度，或是父母親的職業探討者，未能具體解釋家庭層面所形成之影響。因此，本研究將從受試者不同之背景變項及家庭背景變項，來探討其休閒參與、休閒時間量、休閒滿意度之差異性。

# 陸 問卷的設計與實施

## 一、研究架構——問卷設計的藍圖

本研究目的係在瞭解新竹縣新移民子女平日課後參與休閒活動之現況，並進一步分析不同背景變項參與休閒活動之差異情形、參與休閒活動的時間量，以及參與休閒活動中所獲得的滿足感，分析參與時間量與滿意度之間的相關程度，做為未來相關政策制定上的參考依據。依據前述文獻探討，經過深入研究分析與歸納後，統整出「新竹縣新移民子女課後休閒活動現況之研究問卷」，研究架構如

圖 9-1 所示。其中，A、B 線代表要分析不同背景變項對休閒活動參與時間量，以及休閒活動滿意度的差異，而 C 線則分析休閒活動參與時間量，以及休閒活動滿意度之間的關係。

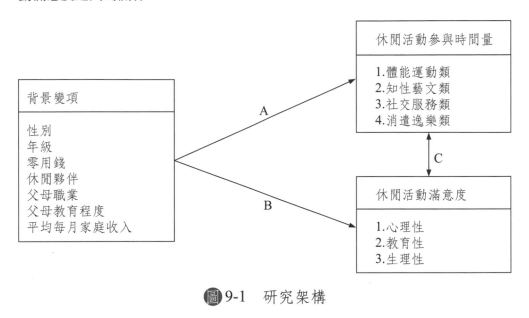

背景變項

性別
年級
零用錢
休閒夥伴
父母職業
父母教育程度
平均每月家庭收入

休閒活動參與時間量

1.體能運動類
2.知性藝文類
3.社交服務類
4.消遣逸樂類

休閒活動滿意度

1.心理性
2.教育性
3.生理性

A

B

C

**圖 9-1　研究架構**

## 二、研究對象

　　為瞭解本研究「新竹縣新移民子女課後休閒活動現況之研究問卷」的適用性，本研究預計於新竹縣國民中學階段新移民子女中，抽取一百六十五名做為預測對象，亦於每份研究調查問卷說明研究目的，冀能得到受試學生的協助與合作。預試樣本如表 9-1 所示。

## 三、研究工具

　　本研究為探討新竹縣新移民子女課後休閒活動之參與現況、參與休閒活動之時間量、參與休閒活動的滿意程度，以及休閒活動時間量與滿意度之相關性。在參酌相關文獻後，自行編製「新竹縣新移民子女課後休閒活動現況之研究問卷」，本問卷第一部分為「新移民子女背景資料」，第二部分為「新移民子女休

表9-1　預試調查對象

| 編號 | 發出問卷份數 | 回收問卷份數 | 可用問卷份數 |
|---|---|---|---|
| A1 | 11 | 11 | 10 |
| A2 | 33 | 33 | 33 |
| A3 | 22 | 20 | 20 |
| A4 | 38 | 32 | 32 |
| A5 | 29 | 18 | 18 |
| A6 | 27 | 25 | 25 |
| A7 | 5 | 5 | 5 |
| 總 計 | 165 | 144 | 143 |

閒活動參與時間量調查問卷」，第三部分為「新移民子女休閒活動參與滿意度調查問卷」。上述研究工具係透過文獻探討後，建構研究向度，兼具理論與實務編製而成，且經過專家意見問卷調查、預試、資料處理與統計分析等工作，最後修訂成正式問卷。茲就問卷編製依據與內容及編製程序說明如下。

## （一）問卷編製

　　筆者自行編製「新竹縣新移民子女課後休閒活動現況之研究問卷」，本問卷內容，共包括：「受試者基本資料」、「休閒活動參與時間量」、「休閒活動滿意度」三部分。其中「休閒活動參與時間量」部分，結合休閒活動參與項目及時間量編製而成；而「休閒滿意度」部分，分三個構面編製而成。筆者在參考相關研究後，考量本研究係以學生為研究對象，故在文字說明部分以淺顯易懂的句子為原則，讓學生填答時更容易瞭解問卷各題的意涵及本研究之目的，以提昇本問卷之信度。

## （二）問卷編製及其流程

　　本研究量表之編製係依照擬定問卷大綱、擬定問卷題目，並建立專家內容效度、編製預試問卷、進行預試問卷之施測，以及編製正式問卷等六個步驟，說明

如下：

1. 擬定問卷大綱：由文獻探討中歸納出本研究新竹縣新移民子女課後休閒活動參與現況之架構，以此架構擬定問卷大綱。背景變項包括個人及家庭二部分，休閒活動類型分為體能運動類、知性藝文類、社交服務類、消遣逸樂類等四大類。在休閒活動滿意度方面分為心理性、生理性、教育性等三個構面，做為編製問卷的架構。

2. 擬定問卷題目：參考相關文獻後，依據問卷大綱及相關研究之問卷，編製本研究問卷題目，並與指導教授就整體問卷設計進行討論、交換意見，反覆修正完成初稿。

在整體的問卷題目內容方面，說明如下：

首先，「休閒活動參與時間量」方面：此部分的問卷包含「休閒活動參與項目」及「休閒活動時間量」二大面向，共三十五題，每一題目皆代表一個休閒活動內容。各向度問卷題目分析如下：

⑴體能運動類：係指以體能為主之活動，題目包括 1、2、3、4、5、6、7、8、9、10、11、12、13、14、15、16、17 等十七題。

⑵知性藝文類：係指以提昇參與者在知識、藝能方面能力的活動，題目包括 18、19、20、21、22、23、24 等七題。

⑶社交服務類：係人與人之間的互動交流過程，個體藉此提昇人際關係，題目包括 25、26、27、28 等四題。

⑷消遣逸樂類：係指可以達到放鬆且愉快的感覺之活動，題目包括 29、30、31、32、33、34、35 等七題。

其次，「休閒滿意度」方面：本問卷包含心理性、生理性、教育性等三個面向，共十六題，每一題目皆設計一個概念，以釐清各層面問題，各項問卷題型分析如下：

⑴心理性：獲得壓力紓解，獲得自我實現與滿足，題目包括 2、3、4、5、6、12 等六題。

⑵教育性：知識能力的成長，獲得自我成長的滿足，題目包括 1、8、9、10、15、16 等六題。

問卷 就是要 這樣 編

⑶生理性：身體健康強壯，獲得身體上的滿足，題目包括 7、11、13、14 等四題。

本問卷在計分上分別為「非常滿意」、「滿意」、「不滿意」、「非常不滿意」四個項目，分別代表 4、3、2、1 分，分數愈高代表休閒滿意程度愈高。

3.建立專家內容效度：為提昇本問卷內容效度及切合實務，特敦請指導教授薦請八位專家學者提供修正意見，經寄出專家效度評定問卷後，確實回收八份專家學者之修正意見。回收之學者代號及任職單位、職稱、系所，如表 9-2 所示。

表9-2　專家效度之學者專家任職學校、系所

| 學者專家代號 | 任職單位 |
|---|---|
| B 教授 | 國立臺灣師範大學教育政策與行政研究所 |
| C 教授 | 國立新竹教育大學職業繼續教育研究所 |
| D 教授 | 輔仁大學教育領導與發展研究所 |
| E 教授 | 國立編譯館 |
| F 教授 | 國立暨南國際大學教育政策與行政學系 |
| G 教授 | 淡江大學教育政策與領導研究所 |
| H 教授 | 臺北市立教育大學教育行政與評鑑研究所 |
| I 教授 | 臺北市立教育大學教育行政與評鑑研究所 |

就問卷中之研究向度是否適合、題項是否可測量該因素、題項的語氣和用詞是否適合三個要點，內容是否具有代表性，以進行專家問卷之鑑定。本問卷（一開始設計有五十九題，後來專家問卷評定之後，增加一題）共計有六十題，採「適合」、「修正後適合」、「不適合」三點量表，並請專家學者填答修正意見（如附錄 1）。謹將審查意見加以彙整，做為專家內容效度（如附錄 2），俾發展為預試問卷（如附錄 3）。

4. 編製預試問卷：專家學者對於本研究問卷題目，表達之修正意見有所差異，茲將學者對於問卷「受試者基本資料」、「休閒活動參與時間量」及「休閒滿意度」等三部分之建議彙整成表（如附錄 2），最後依據學者專家提供之想法，與指導教授共同討論後，就問卷題目適合度評定內容效度，加以增刪修正。

問卷第一部分，受試者基本資料增列一題；問卷第二部分，增列一題「其他」為開放性題目，提供受試者自由填答，以求更瞭解新移民子女在休閒活動參與的類型；第三部分，休閒滿意度部分，未有增減，最後完成預試問卷（如附錄 3）。

5. 進行預試問卷之測試：首先，在實施問卷預試方面，預試問卷編製完成後，於新竹縣國民中學階段新移民子女中，抽取約一百六十五名做為預測對象，共發出問卷一百六十五份，回收一百四十四份，有效問卷一百四十三份，無效問卷一份，回收率達 87%，問卷可用率為 99%。

其次，在預試問卷統計分析方面，預試問卷回收後進行問卷資料處理，並進行效度分析與信度分析，以考驗問卷的信效度。因素分析目的在於求得問卷的建構效度（construct validity）。本研究採用主成分分析法（principal component analysis），再以最大變異法進行正交轉軸，以特徵值大於 1 者為選入因素參考標準。在第一次因素分析後，抽取出四個因素，比本研究原先建構之向度多一個向度，對跑離原建構向度之題目予以刪除，即為本研究預試問卷「休閒滿意度」原題號 13「參與休閒活動可以讓我恢復體力」，刪除後再進行第二次因素分析。

經第二次因素分析後，本研究新竹縣新移民子女課後休閒活動休閒滿意度預試問卷特徵值大於 1 之因素共計有三個，符合本研究建構之向度。為求本問卷具有高度的建構效度，分別刪除心理性之原題號 5「參與休閒活動可以讓我和朋友間的情感更加融洽」，以及教育性之原題號 1「參與休閒活動能讓我增長知識」，因以上二題因素負荷量偏低，且與原建構向度不符，故予刪除，並進行第三次因素分析。

最後，因素分析結果是：第一因素為休閒滿意度之「心理性」共五題，特徵值為 5.73，解釋變異量為 24.34%；第二因素為休閒滿意度之「教育性」共五題，特徵值為 1.29，解釋變異量為 23.99%；第三因素為休閒滿意度之「生理性」共三題，特徵值為 1.15，解釋變異量為 14.49%；三個因素總解釋變異量為 62.82%。邱皓政（2006）指出，因素負荷量大於 .55，代表解釋變異量尚可，超過 .71 是非常理想的狀況。顯示，本研究預試問卷新竹縣新移民子女課休閒活動參與現況之休閒滿意度，因素分析結果良好。摘要如表 9-3 所示。

在休閒活動項目方面，本研究分為四大類，共有三十五項活動項目，本研究

表9-3　休閒滿意度調查因素分析

| 因素 | 題號 | 題目內容 | 特徵值 | 共同性 | 因素負荷量一 | 因素負荷量二 | 因素負荷量三 | 解釋變異 |
|---|---|---|---|---|---|---|---|---|
| 心理性 | 2 | 參與休閒活動可以緩和我不愉快的情緒 | 5.73 | .678 | **.806** | .166 | .045 | 24.34% |
| | 3 | 參與休閒活動可以紓解我的壓力 | | .756 | **.804** | .180 | .279 | |
| | 4 | 參與休閒活動可以拓展我的人際關係 | | .462 | **.495** | .365 | .291 | |
| | 6 | 參與休閒活動可以放鬆我的心情 | | .766 | **.833** | .221 | .150 | |
| | 12 | 參與休閒活動可讓我獲得內心的喜悅 | | .577 | **.681** | .329 | .072 | |
| 教育性 | 8 | 參與休閒活動讓我學得新的技能 | 1.29 | .573 | .313 | **.672** | .152 | 23.99% |
| | 9 | 參與休閒活動讓我增廣見聞 | | .383 | .099 | **.606** | .074 | |
| | 10 | 參與休閒活動讓我獲得別人的肯定 | | .610 | .130 | **.696** | .330 | |
| | 15 | 參與休閒活動可以讓我更瞭解別人 | | .662 | .277 | **.765** | −.014 | |
| | 16 | 參與休閒活動有助於瞭解自己 | | .570 | .340 | **.665** | .110 | |
| 生理性 | 7 | 參與休閒活動讓我的身體變得更強壯 | 1.15 | .684 | .320 | .427 | **.632** | 14.49% |
| | 11 | 參與休閒活動可以讓我恢復體力 | | .813 | .101 | −.031 | **.896** | |
| | 14 | 參與休閒活動可以讓我保持身體健康 | | .630 | .191 | .503 | **.584** | |

並未將休閒活動進行因素分析，其原因為休閒活動項目之分類方式，目前並無一定標準，各專家學者對於休閒活動分類方法看法不相同。因此，本研究以專家效度評定之建議內容，做為本向度信效度依據。

再者，在信度分析方面，在因素分析完成後，為進一步提高問卷的可靠性及

有效性，進行信度考驗。內在信度考驗最常使用的方法是 Cronbach's $\alpha$ 係數，$\alpha$ 係數值應大於 .70 以上為佳，如此問卷才具有相當高的準確性。

　　本研究根據預試樣本「新竹縣新移民子女課後休閒活動現況之研究預試問卷」題目反應，以信度分析考驗本問卷各向度與總變項的內部一致性。「休閒滿意度」藉由 Cronbach's $\alpha$ 係數估計發現，在心理性的 $\alpha$ 係數為 .85，在教育性的 $\alpha$ 係數為 .79，而生理性的 $\alpha$ 係數為 .73，總問卷之 $\alpha$ 係數為 .89，顯示內部一致性高（邱皓政，2006），有相當高的信度，應足以支持研究結果，如表 9-4 所示。

**表 9-4　休閒滿意度調查總變項及各向度之信度**

| 向度 | 心理性 | 教育性 | 生理性 | 總變項 |
|---|---|---|---|---|
| $\alpha$ 係數 | .85 | .79 | .73 | .89 |
| 題數 | 5 | 5 | 3 | 13 |

　　6. 編製正式問卷：根據上述之效度分析與信度分析後，將「新竹縣新移民子女課後休閒活動現況之研究問卷」（預試用）中題意不清、文句不順，或題型呈現不當者予以修改或刪除，經與指導教授詳細討論後，確定將休閒滿意度定為三個面向，最後編製成「新竹縣新移民子女課後休閒活動現況之研究問卷」（見附錄4），共選五十九題，受試者背景資料十題，休閒活動及時間量三十六題，休閒活動滿意度十三題。

　　總之，本章提供一個很實際的例子，讓讀者瞭解如何在實際情形中，來建構一份有信效度的問卷。本章從研究問題開始說明，接著說明該問題的研究目的、建構休閒理論問卷的理論依據、對國中生在休閒活動及休閒滿意度的相關研究說明，同時也分析背景變項在休閒活動中的重要，研究者並依此說明此研究的重要。當然，也說明了問卷的信度及效度的估計過程，以及如何將蒐集到的資料轉換為有意義的內容，最後編成正式問卷。在此要說明的是，為了讓讀者對於不同領域的問卷更能掌握，本書在附錄 5 及附錄 6 提供不同的例子供讀者參考。

# 問題與討論

## 一、問題

本章提供一個問卷編製的實例，其中預試施測樣本為 165 份，有效樣本為 143 份。讀者可曾思考過，如果研究者要發出正式的問卷施測，該例以新竹縣國中之新移民子女，研究者應抽取多少樣本才足以代表該母群體（4,000 名）呢？

## 二、討論

假設新竹縣國中階段之新移民子女的母群體為 4,000 名，此時需要依據樣本決定公式及抽樣人數公式來計算。樣本決定公式：$n_0 = \dfrac{Z^2_{\alpha/2}}{4d^2}$；抽樣人數 $n = \dfrac{n_0}{1+\dfrac{n_0}{N}}$，$Z$ 為常態分配在信賴水準下相對應的機率，以 $\alpha = .05$，在幾乎沒有誤差情況下進行抽樣，$Z^2_{(\alpha/2)} = 9$，且錯誤概率設定 $d$ 為 .05，$N$ 代表母群體人數。研究者應抽取的樣本數如下：

樣本決定公式：$n_0 = \dfrac{9}{4 \times (.05)^2} = 900$

抽樣人數公式：$n = \dfrac{900}{1+\dfrac{900}{4000}} = 734.69$

從上述可以瞭解，研究者應抽取至少 735 名，較能代表母群體。

# CHAPTER 10 類型問卷編製

☑ 社會科學中有很多研究是在探究個體的行為類型、模式與風格，或者是組織、企業團體的文化與氣氛類型；這種以個體或組織形成的組型、類型或風格為題的問卷設計，應有不同的思維。本章說明其設計方式，並提出實例讓讀者瞭解其中的原理。

## 壹 類型與風格的問卷 ✏️

### 一、直接列類型的選項

　　本章的章名稱為「類型問卷編製」，為何稱為類型與風格的問卷編製呢？在社會科學中，有很多研究是在探討社會現象的滿意度、認同感、同意或支持程度，然而也有很多研究在探討人類行為或組織所反應出來的類型、組型或風格，例如：心理學上的學習風格（learning style）指出，有些人習慣與人一起學習（合作型學習）、有些人喜歡獨立學習（獨立型學習）、有些人喜歡在很多刺激環境下學習（互動型學習）；又如：家庭氣氛常可以區分為和樂型、嚴肅型、爭吵型；一個學校或企業的組織文化，常包括科層型、創新型、保守型與支持型；一位領導者對於部屬的領導，可以區分為民主式領導、權威式領導、關懷式領導、權變式領導與目標式領導。研究者常針對這類屬於人類行為或組織、文化類型所反應出的特質，編製出可以測量所要的特質之問卷，這就稱為類型問卷編製。

　　研究者可曾思考過，這種類型或風格如何從研究工具測量出來呢？同時，這種有關個體行為、組織、團體所反應出來的組型、風格、文化類型，其問卷如何編製呢？第二個問題在本章後面會加以說明，而第一個問題，簡單的問卷設計及

測量方式，是研究者將問卷題目直接將所要的型態列為選項，供受試者填答，例如：

1. 您的上司是屬於哪一種領導風格呢？□民主式　□權威式　□合作式
2. 您的學校文化屬於哪一種類型？□科層型　□科技型　□支持型　□創新型
3. 您的學習風格屬於何種類型？□獨立型　□依賴型　□合作型　□互動型
4. 您的公司氣氛屬於何種類型？□開放型　□封閉型　□自主型　□管制型
5. 您的人格特質屬於何種類型？□外向型　□內向型　□溫和型　□暴躁型

上述這些題目直接將類型、風格及組型列為選項，讓受試者填寫，固然是一種方式。然而，這種設計有一些問題：一是，對於選項所列出的型態與類型，問卷的指導語應該對於每項類型的特徵有著詳細而明確說明，例如：在第一題的選項中，「民主式」是指縱使員工對公司管理與營運的意見很多，但是主管都會尊重員工的意見，不會阻擾員工的各項建言，在正式會議中，主管只要認為員工表達的意見正確與合理都會採納。「權威式」是指員工在公司中不能表達意見，縱使在正式會議上，也不可以有表達創新與改進的意見；員工對於工作壓力的心情無法抒發，只能以主管的意見為意見，不可以有個人的意見。「合作式」是指在公司中，主管會讓員工表示意見與討論，不僅會尊重員工，而且也會要求員工合作；二是，僅有一個題目的選項，就要讓受試者反應出個體的人格特質、組織類型或文化型態，實在太過於簡化，測量誤差會很大，難以獲得正確的社會現象；三是，所列的選項很容易有重疊情形，如上述第四題的開放型與自主型在屬性上會有重疊，而第五題的人格特質，外向與內向型，也可能是溫和型，也就是說，選項之間很難維持互斥的狀態。簡言之，這種方式的主觀性較強，操作型定義不易，而且測量誤差也比較大。

## 二、多題項的設計

如上所述，如僅以單一題項來詢問受試者的類型與風格，易有較大的測量誤差。因此，如果用多個題目來測量所要的特質，究竟要用何種方式才可以分類

呢?試想,研究者想要瞭解員工對於領導者是屬於民主式、權威式、放任式的領導,於是設計了以下的題目:

| | 非常符合 | 符合 | 不符合 | 非常不符合 |
|---|---|---|---|---|
| 1. 您的主管對員工意見能高度採納? | ☐ | ☐ | ☐ | ☐ |
| 2. 您的主管對員工加班能感同身受? | ☐ | ☐ | ☐ | ☐ |
| 3. 您的主管對員工健康會加以關心? | ☐ | ☐ | ☐ | ☐ |
| 4. 您的主管對於員工充分授權? | ☐ | ☐ | ☐ | ☐ |
| 5. 您的主管對員工家屬關心? | ☐ | ☐ | ☐ | ☐ |
| 6. 您的主管常關心您的工作狀況? | ☐ | ☐ | ☐ | ☐ |

上述僅有六題,若對五百位受試者加以測量,在選項計分由「非常符合」至「非常不符合」各以 4、3、2、1 分計算,此時要將五百位受訪者對這六題所得的分數區分為民主式、權威式或放任式領導,要如何分類呢?受訪者在這六題的最低分為 6 分,最高分為 24 分,如何從 6 至 24 分做截斷分數來區分三種領導方式呢?再者,上述僅有一個面向,如果一個構念有二、三、四,甚至有五個面向的問卷,應如何分類呢?Costa 與 McCrea 在 1986 年提出的人格五因素論(five-factor model of personality, OCEAN)就有五個面向,這五大人格特質為(Steunenberg, Braam, Beekman, Deeg, & Kerkhof, 2009):(1)經驗開放性(openness):包含心胸寬大、大膽、冒險、不喜歡熟悉或例行公事;(2)勤勉審慎性(conscientiousness):包含謹慎、小心、思慮周到、負責、有組織、有計畫、勤奮和成就取向;(3)外向性(extraversion):包含善交際、群居性、愛說話和活躍;(4)友善性(agreeableness):包含禮貌、可彈性、信任、和藹、合作、寬恕和心腸軟;(5)神經質(neuroticism):包含低自尊、容易緊張、過分擔心、缺乏安全感、較不擅長控制自己的情緒、憂鬱與挫折。類似這類問卷該如何區分上述五項人格特質呢?這些是值得思考的問題。以下以學校組織氣氛為例進行說明。

# 貳 以學校組織氣氛為例

## 一、Hoy 與 Clover 的學校組織氣氛界定

Halpin 與 Croft（1963）設計了 64 題的問卷題目（items），並區分為八個向度，其中有四個向度是在測量教師與教師的互動（teacher-teacher interactions），另外四個向度是在測量教師與校長的互動（teacher-principal interactions）。他們把這八個向度的測量分數計算為一個連續的學校組織氣氛量尺，並將它區分為六種類型的學校氣氛：開放型氣氛（open climate）、自主型氣氛（autonomous climate）、控制型氣氛（control climate）、親密型氣氛（familiar climate）、管教型氣氛（paternal climate），以及封閉型氣氛（closed climate）。Hoy 與 Clover（1986）則根據 Halpin 與 Croft 發展的「組織氣氛描述問卷」（Organizational Climate Description Questionnaire, OCDQ）之缺點，加以修訂成「修訂組織氣氛描述問卷」（The Revision of Organizational Climate Description Questionnaire, OCDQ-RE），其問卷包含校長行為及教師行為面向的六個層面，再以這六個層面的分數，將學校組織氣氛區分為開放型（open climate）、封閉型（closed climate）、投入型（engaged climate），以及隔閡型（disengaged climate）等四種。教師行為與校長行為的內容如下。

### （一）校長行為面向

1. 支持行為（supportive behavior）：校長對教師給予真誠的關懷和支持，尊重教師的專業教學能力。

2. 指示行為（directive behavior）：校長為達成學校目標，表現出高度工作傾向的行為，但對於教師的需求，則很少給予關懷和支持。

3. 限制行為（restrictive behavior）：校長給予教師額外的工作事務，以致於阻擾或影響教師的正常教學。

## （二）教師行為面向

1. 同僚行為（collegial behavior）：教師為追求學術與專業知能，彼此之間所進行的專業與教學互動。

2. 親密行為（intimate behavior）：教師間不論於校內外所建立的親密情誼，並相互給予關懷。

3. 疏離行為（disengaged behavior）：教師對於教師和學校所保持的心理距離，而不從事份內工作。

# 二、分數的計算

Hoy 與 Clover（1986）根據受試者在六個面向的得分，計算求得校長行為的開放指數與教師行為的開放指數。這兩類指數的計算方式如下：

校長行為的開放指數＝（支持行為分數）－（指示行為分數）－（限制行為分數）

此一指數愈高，表示校長的行為愈開放；反之，則表示校長的行為愈封閉。

教師行為的開放指數＝（同僚行為分數）＋（親密行為分數）－（疏離行為分數）

此一指數愈高，表示教師的行為愈開放；反之，則表示教師的行為愈封閉。

Hoy 與 Clover 再將兩類的開放指數轉換成四種氣氛類型：開放型氣氛、投入型氣氛、隔閡型氣氛、封閉型氣氛，如表 10-1 所示。在開放型氣氛的學校中，校長的支持行為較高，指示行為較少，而教師之間會相互關心；在投入型氣氛的學校中，校長會指示及提供額外的工作給老師，支持學校教師的專業發展較少，而教師則是彼此互相尊重、教師能發揮專業、相互關心，疏離行為比較少；在隔

閣型氣氛的學校中，校長的支持行為較多，命令指示教師工作與提供額外工作較少，然而教師彼此之間較不關心，甚至彼此相互攻擊的情形也較多；在封閉型氣氛的學校中，校長支持學校教師的專業成長較少，命令指示、提供額外工作給教師較多，而教師相互關心較少、彼此疏離感較為強烈。

表 10-1　Hoy 與 Clove 的四種學校氣氛

| 層面 | 氣氛類型 | | | |
|------|------|------|------|------|
| | 開放型 | 投入型 | 隔閣型 | 封閉型 |
| 支持行為 | 高 | 低 | 高 | 低 |
| 指示行為 | 低 | 高 | 低 | 高 |
| 限制行為 | 低 | 高 | 低 | 高 |
| 同儕行為 | 高 | 高 | 低 | 低 |
| 親密行為 | 高 | 高 | 低 | 低 |
| 疏離行為 | 低 | 低 | 高 | 高 |

資料來源：*Culture and climate in school educational administration: Theory, research, and practice* (p.194), Hoy, W. K., & Miskel, C. G. (2001). New York, NY: McGraw-Hill.

　　Halpin 與 Craft 所提出的 OCDQ 六種學校氣氛類型是一連續體，而 Hoy 與 Clover 修正後的 OCDQ-RE 四種氣氛類型彼此獨立，且特徵相當明確，每一個組織氣氛層面代表測量組織傾向，而不是個人傾向。雖然 Hoy 與 Clover 的分類提供一個組織氣氛的思考架構，可以用來衡量學校氣氛，以作為營造學校氣氛及改進學校經營的參考，但是從校長行為與教師行為的兩個面向所獲得的六個領域分數，僅說明教師行為的開放指數，以及校長行為的開放指數之計算，並沒有說明這兩種分數計算後是如何切割為四種學校氣氛。也就是說，四類學校氣氛的區分標準並沒有說明，同時如何分類也並沒有說明。本章嘗試以 Hoy 與 Clover 的觀點來進行學校氣氛問卷的編製，並說明其應用情況。

**實際編製的情形**

## 一、問卷編製依據與內容

　　茲以黃叔建（2009）之論文的問卷調查資料為例，他編製的「桃園縣國民小學學校氣氛問卷」，係參考吳怡君（2005）的「國民小學學校組織氣氛調查問卷」、林貴芬（2005）的「學校組織氣氛問卷」、張毓芳（2002）的「學校組織氣氛問卷」、許顏輝（2004）的「國民中學組織氣氛量表」，並採取 Hoy 與 Clover（1986）的觀點編擬問卷。該問卷包括教師行為及校長行為兩類，其中校長行為包括支持行為、指示行為、限制行為等面向；而教師行為包括同僚行為、親密行為與疏離行為等面向。問卷題目以四等第選項，以非常符合為 4 分，符合為 3 分，不符合為 2 分，非常不符合為 1 分。

## 二、專家學者審題與預試問卷

　　本研究問卷的編製流程為：擬定問卷大綱、擬定問卷題目、專家審題、編製預試問卷、進行預試問卷測試，以及編製正式問卷。本研究的預試問卷初稿完成之後，係採用隨機抽樣方式，從桃園縣抽取預試樣本共 10 所學校、200 位教師，回收預試資料後，先剔除答題不完整之問卷，再進行資料處理，有效樣本為 179 份。接著，以 SPSS v12.0 for Windows 軟體進行因素分析與信度分析，以估計問卷的信效度。

## 三、信效度估計

### （一）問卷的效度

　　本研究的學校氣氛之效度係採用因素分析的主成分分析法（principal component analysis method），再以最大變異法（varimax method）進行直交轉軸，以特徵值（eigenvalue）大於 1 者為選入因素參考的標準。學校氣氛問卷的特徵值大

於 1 之因素總計有 6 個，第一個因素之題目反應出教師同僚行為，有 5 題，特徵值 4.521，解釋變異量 15.07%，命名為「教師同僚行為」；第二個因素反應出與校長支持行為有關，命名為「校長支持行為」，有 5 題，特徵值 4.262，解釋變異量 14.21%；第三個因素與校長會給予教師額外工作有關，命名為「校長限制行為」，有 5 題，特徵值 4.103，解釋變異量 13.68%；第四個因素，從題目來看是與教師不互相關心有關，命名為「教師疏離行為」，有 5 題，特徵值 3.586，解釋變異量 11.95%；第五個因素命名為「校長指示行為」，有 5 題，特徵值 2.495，解釋變異量 8.32%；第六個因素與教師之間會參加校外聯誼活動有關，命名為「教師親密行為」，有 5 題，特徵值 1.750，解釋變異量 5.83%。六個因素的總解釋變異量為 69.56%。這六個因素與歸類構面數相同；考量六個因素題數的一致性與需藉由六個因素來轉換學校氣氛類型，因此不再進行刪題調整。「國民小學學校氣氛調查問卷」的因素分析摘要，如表 10-2 所示。

## （二）問卷的信度

本研究工具共 30 題，每個向度有 5 題，為了瞭解學校氣氛問卷的可靠性與一致性而進行信度估計，以 Cronbach's Alpha 係數估計問卷各向度與總量表的內部一致性。「國民小學學校氣氛調查問卷」經由 Cronbach 的總 α 係數為 .79，達 .70 以上，「校長支持行為」α 係數為 .88、「校長指示行為」α 係數為 .56、「校長限制行為」α 係數為 .90、「教師同僚行為」α 係數為 .89、「教師親密行為」α 係數為 .77、「教師疏離行為」α 係數為 .89，顯示本問卷的內部一致性高，信度佳，足以支持研究結果。

表10-2　「國民小學學校氣氛調查問卷」的因素分析摘要

| 題號 | 因素與題目 | 共同性 | 特徵值 | 解釋變異量% | 因素一 | 因素二 | 因素三 | 因素四 | 因素五 | 因素六 |
|---|---|---|---|---|---|---|---|---|---|---|
| **校長支持行為** | | | 4.262 | 14.21 | | | | | | |
| 1 | 校長會給予教師充分表達意見的機會 | .74 | | | .11 | .82 | -.21 | .08 | .04 | .05 |
| 2 | 校長會主動協助教師解決教學問題 | .77 | | | .09 | .80 | -.10 | .02 | .24 | .23 |
| 3 | 校長會主動關心教師的權利 | .76 | | | .15 | .82 | -.14 | -.09 | .17 | .06 |
| 4 | 校長積極改善學校的教學環境 | .59 | | | .18 | .62 | -.10 | -.13 | .37 | -.10 |
| 5 | 校長充分信任教師的專業能力 | .63 | | | .17 | .74 | -.32 | -.11 | .07 | -.10 |
| **校長指示行為** | | | 2.495 | 8.32 | .07 | -.10 | | | | |
| 6 | 校長處理校務時完全依據法令規定 | .75 | | | .17 | .80 | -.16 | -.14 | -.01 | .21 |
| 7 | 校長嚴密監督教師在校的教學活動 | .54 | | | .12 | .17 | .28 | -.05 | .57 | .31 |
| 8 | 校長親自指示或指導各項校務工作 | .61 | | | -.04 | .35 | .01 | -.18 | .64 | .21 |
| 9 | 校長關切教師會議的出缺席情況 | .56 | | | .07 | .18 | .03 | -.07 | .68 | .22 |
| 10 | 校長推展校務完全依個人主觀意識 | .63 | | | -.01 | -.18 | .71 | .10 | .25 | -.15 |
| **校長限制行為** | | | 4.103 | 13.68 | | | | | | |
| 11 | 校長會要求教師辦理無關教學的工作 | .78 | | | -.03 | -.09 | .88 | .09 | -.00 | -.05 |
| 12 | 校長會要求教師參加無關教學的會議 | .78 | | | -.01 | -.08 | .83 | .26 | .00 | .-09 |
| 13 | 校長會變更原定的計畫,增加教師的工作負擔 | .70 | | | -.07 | -.18 | .77 | .26 | .02 | .00 |
| 14 | 校長經常干涉教師的教學活動 | .69 | | | -.09 | -.14 | .75 | .31 | -.03 | .11 |
| 15 | 校長的理念常會阻礙教學工作的進行 | .67 | | | -.18 | -.40 | .64 | .26 | -.00 | .03 |
| **教師同僚行為** | | | 4.521 | 15.07 | | | | | | |
| 16 | 教師能共同解決教學工作上的問題 | .64 | | | .76 | .17 | .06 | -.18 | .07 | -.02 |
| 17 | 教師能互相鼓勵共同參與專業進修 | .72 | | | .81 | .13 | -.09 | -.12 | .17 | .06 |

表10-2 「國民小學學校氣氛調查問卷」的因素分析摘要（續）

| 題號 | 因素與題目 | 共同性 | 特徵值 | 解釋變異量% | 因素一 | 因素二 | 因素三 | 因素四 | 因素五 | 因素六 |
|---|---|---|---|---|---|---|---|---|---|---|
| 18 | 教師能彼此分享教學資源 | .75 | | | .82 | .21 | -.04 | -.04 | .15 | .11 |
| 19 | 教師能相互探討班級經營的問題 | .71 | | | .80 | .11 | -.13 | -.13 | -.00 | .13 |
| 20 | 教師能在合作氣氛中完成團隊工作 | .71 | | | .68 | .12 | -.04 | -.24 | .05 | .41 |
| | **教師親密行為** | | 1.750 | 5.83 | | | | | | |
| 21 | 教師能主動幫助新進教師適應學校環境 | .66 | | | .59 | .22 | -.12 | -.20 | .28 | .38 |
| 22 | 教師能利用課餘閒暇共同從事休閒活動 | .66 | | | .50 | -.00 | -.06 | .16 | .59 | -.16 |
| 23 | 教師們經常舉辦聯誼活動 | .62 | | | .37 | .06 | .06 | .05 | .65 | -.22 |
| 24 | 教師支持學校措施並全力配合 | .67 | | | .43 | .12 | -.05 | -.23 | .19 | .62 |
| 25 | 教師之間彼此相互關懷與信任 | .79 | | | .49 | .17 | -.09 | -.23 | .17 | .65 |
| | **教師疏離行為** | | 3.586 | 11.95 | | | | | | |
| 26 | 教師們常有勾心鬥角的情況 | .76 | | | -.02 | -.04 | .20 | .84 | .01 | -.12 |
| 27 | 教師們經常想調職到其他學校服務 | .68 | | | -.11 | -.14 | .24 | .76 | .04 | -.12 |
| 28 | 教師對於學校指派的工作漠不關心 | .69 | | | -.29 | -.02 | .21 | .75 | -.05 | -.00 |
| 29 | 教師討論學校事務時，經常缺乏共識 | .72 | | | -.22 | -.16 | .28 | .74 | -.13 | .02 |
| 30 | 學校大多數教師不關心其他同仁 | .74 | | | -.15 | .05 | .31 | .69 | -.09 | -.38 |

資料來源：黃叔建（2009）

## 肆　學校氣氛之情形與分類

　　基於上述信效度的分析，再針對桃園縣 600 位國小教師發出問卷，共回收 578 份有效樣本。桃園縣國民小學學校氣氛的情形及其分類情形計算，說明如下（黃叔建，2009）。

### 一、教師與校長行為的情形

　　問卷各題項以「非常符合」為 4 分，「符合」為 3 分，「不符合」為 2 分，「非常不符合」為 1 分。每題參照標準為 2.5 分，當某一題之平均分數高於 2.5 分時，表示受試者在校長支持行為、校長指示行為、校長限制行為、教師同僚行為、教師親密行為、教師疏離行為上表示同意；反之，若小於 2.5 分時，則表示受試者在校長支持行為、校長指示行為、校長限制行為、教師同僚行為、教師親密行為、教師疏離行為上傾向不同意。由表 10-3 得知，受試者在校長支持行為、校長指示行為、教師同僚行為、教師親密行為等四個向度的平均數與各題項之平均數均高於 2.5 分以上，除了題項 10「校長推展校務完全依個人主觀意識」之外，表示桃園縣國民小學教師對於校長支持行為、校長指示行為、教師同僚行為、教師親密行為有較高的認同；而在校長限制行為、教師疏離行為的平均數與各題項之平均數均低於 2.5 分以下，表示桃園縣國民小學教師對於校長限制行為、教師認為他們會互不關心、勾心鬥角較不認同。

表 10-3　國民小學學校氣氛之情形　　　　　　　　（N = 578）

| 題目 | 平均數 | 標準差 |
| --- | --- | --- |
| **校長支持行為** | 3.16 | .60 |
| 1　校長會給予教師充分表達意見的機會。 | 3.17 | .60 |
| 2　校長會主動協助教師解決教學問題。 | 2.98 | .62 |
| 3　校長會主動關心教師的權利。 | 3.05 | .59 |
| 4　校長積極改善學校的教學環境。 | 3.41 | .61 |
| 5　校長充分信任教師的專業能力。 | 3.20 | .58 |

表 10-3　國民小學學校氣氛之情形（續）　　　　　　　（ N = 578 ）

| 題目 | 平均數 | 標準差 |
|---|---|---|
| **校長指示行為** | 2.86 | .64 |
| 6　校長處理校務時完全依據法令規定。 | 3.24 | .61 |
| 7　校長嚴密監督教師在校的教學活動。 | 2.65 | .69 |
| 8　校長親自指示或指導各項校務工作。 | 3.01 | .59 |
| 9　校長關切教師會議的出缺席情況。 | 3.06 | .60 |
| 10　校長推展校務完全依個人主觀意識。 | 2.31 | .71 |
| **校長限制行為** | 1.98 | .61 |
| 11　校長會要求教師辦理無關教學的工作。 | 2.05 | .67 |
| 12　校長會要求教師參加無關教學的會議。 | 1.94 | .58 |
| 13　校長會變更原定的計畫，增加教師的工作負擔。 | 2.10 | .61 |
| 14　校長經常干涉教師的教學活動。 | 1.86 | .57 |
| 15　校長的理念常會阻礙教學工作的進行。 | 1.94 | .63 |
| **教師同僚行為** | 3.19 | .52 |
| 16　教師能共同解決教學工作上的問題。 | 3.13 | .52 |
| 17　教師能互相鼓勵共同參與專業進修。 | 3.15 | .50 |
| 18　教師能彼此分享教學資源。 | 3.24 | .52 |
| 19　教師能相互探討班級經營的問題。 | 3.25 | .54 |
| 20　教師能在合作氣氛中完成團隊工作。 | 3.19 | .53 |
| **教師親密行為** | 2.94 | .58 |
| 21　教師能主動幫助新進教師適應學校環境。 | 3.16 | .51 |
| 22　教師能利用課餘閒暇共同從事休閒活動。 | 2.96 | .63 |
| 23　教師們經常舉辦聯誼活動。 | 2.53 | .70 |
| 24　教師支持學校措施並全力配合。 | 2.99 | .54 |
| 25　教師之間彼此相互關懷與信任。 | 3.08 | .53 |
| **教師疏離行為** | 1.97 | .58 |
| 26　教師們常有勾心鬥角的情況。 | 1.90 | .59 |
| 27　教師們經常想調職到其他學校服務。 | 1.98 | .64 |
| 28　教師對於學校指派的工作漠不關心。 | 1.97 | .52 |
| 29　教師討論學校事務時，經常缺乏共識。 | 2.10 | .57 |
| 30　學校大多數教師不關心其他同仁。 | 1.92 | .58 |

資料來源：黃叔建（2009）

## 二、校長行為與教師行為之開放程度

本問卷採四點量表計分，由表 10-4 得知，依層面平均得分：校長支持行為
是 3.16、校長指示行為為 2.86、校長限制行為為 1.98、教師同僚行為為 3.19、教
師親密行為為 2.94、教師疏離行為為 1.97。依四點量表而言，每題得分 1.00～2.00
分為低程度，2.01～3.00 分為中程度，3.01～4.00 分為高程度。由數據得知，桃
園縣國小學校氣氛各層面，以校長支持行為、教師同僚行為屬於高程度；以校長
指示行為、教師親密行為屬於中程度；以校長限制行為、教師疏離行為屬於低程
度。

表10-4　學校氣氛各層面得分

| 面向 | 題數 | 最小值 | 最大值 | 層面平均 |
|---|---|---|---|---|
| 校長支持行為 | 5 | 1 | 4 | 3.16 |
| 校長指示行為 | 5 | 1.2 | 4 | 2.86 |
| 校長限制行為 | 5 | 1 | 4 | 1.98 |
| 教師同僚行為 | 5 | 1.2 | 4 | 3.19 |
| 教師親密行為 | 5 | 1.6 | 4 | 2.94 |
| 教師疏離行為 | 5 | 1 | 3.6 | 1.97 |

接著計算校長行為及教師行為的開放指數，即：

1. 校長行為的開放指數＝（支持行為分數）－（指示行為分數）－（限制行為
   分數）
2. 教師行為的開放指數＝（同僚行為分數）＋（親密行為分數）－（疏離行為
   分數）

本研究的校長行為開放指數與教師行為開放指數，如表 10-5 所示。由表中
得知，校長行為的開放指數最低到最高分為 -26 分到 3 分，其中得分以 -26 至 -17

分為低度開放、−16～−7 分為中度開放、−6～3 分為高度開放，而校長行為的開放指數平均數為 −8.38，在學校氣氛的校長行為屬於中度開放。教師行為的開放指數最低到最高分為 6 分到 35 分，其中得分以 6～15 分為低度開放、16～25 分為中度開放、26～35 分為高度開放，而教師行為的開放指數平均數為 20.82，在學校氣氛的教師行為屬於中度開放。

表 10-5　校長行為的開放指數與教師行為的開放指數得分

|  | 範圍 | 最小值 | 最大值 | 平均數 | 標準差 |
|---|---|---|---|---|---|
| 校長行為的開放指數 | 29 | −26 | 3 | −8.38 | 4.26 |
| 教師行為的開放指數 | 29 | 6 | 35 | 20.82 | 5.22 |

## 三、 學校氣氛的分類方法

在學校氣氛分類上，本研究採用相對的分數為截斷點，即總受試者對校長行為的開放指數為 -8.38 分、而教師行為的開放指數為 20.82 分，來做為截斷點，將學校氣氛類型進行區分，說明如下：

1. 開放型氣氛

「校長行為的開放指數」≧整體受試平均數（教師對校長的認知）

「教師行為的開放指數」≧整體受試平均數（教師對教師的認知）

2. 投入型氣氛

「校長行為的開放指數」＜整體受試平均數（教師對校長的認知）

「教師行為的開放指數」≧整體受試平均數（教師對教師的認知）

3. 隔閡型氣氛

「校長行為的開放指數」≧整體受試平均數（教師對校長的認知）

「教師行為的開放指數」＜整體受試平均數（教師對教師的認知）

4. 封閉型氣氛

「校長行為的開放指數」＜整體受試平均數（教師對校長的認知）

「教師行為的開放指數」＜整體受試平均數（教師對教師的認知）

接著，在學校氣氛分類的統計上，可以將四個學校氣氛類型的數據，匯入SPSS統計軟體視窗中，把計算出的教師行為指數及校長行為指數之兩個欄位上，從這兩個欄位的數值，以截斷點數值對每位受試者在兩個數值的程度來判斷應歸屬何種類型。在確立類型之後，於另一個空白欄位，將判斷類型填入，例如：封閉型、開放型、隔閡型與投入型氣氛，並各以1、2、3、4為代碼，分類代碼填入代表分類完成，接著就可以進行後續的分析與應用。經過統計分析後，如表10-6所示，桃園縣國民小學學校氣氛的四種類型所占之比率，以封閉型氣氛比率最高，占 35.47%；開放型氣氛次之，占 26.47%；隔閡型氣氛居第三，占22.32%；投入型氣氛最少，占 15.74%，此代表桃園縣國小教師在教師專業發展上較少。如再以座標軸散布圖來看（如圖 10-1 所示），虛線 X 軸為教師行為指數，虛線 Y 軸為校長行為指數，而實線 X 軸及 Y 軸是從虛線原點挪移至實線 XY軸至其平均數（20.82, -8.38），由圖中看出，桃園縣 578 位國小教師中，有 153位認為學校的組織氣氛為開放型，其他則依此類推。

表 10-6　國民小學學校氣氛類型統計

| 學校氣氛類型 | 次數 | 百分比 |
|---|---|---|
| 開放型氣氛 | 153 | 26.47 |
| 投入型氣氛 | 91 | 15.74 |
| 隔閡型氣氛 | 129 | 22.32 |
| 封閉型氣氛 | 205 | 35.47 |
| 總和 | 578 | 100 |

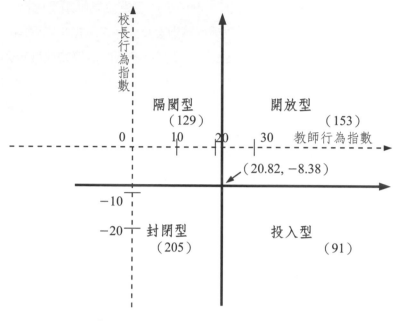

圖 10-1　學校氣氛次數散布情形

# 伍　應用與啟示

## 一、應用

　　上述為學校組織氣氛的編製過程，然而在編製完成之後，可以多重應用於學校的校務經營。接下來，再以上述例子說明其應用情況，透過學校氣氛問卷，來瞭解它對於教師在組織公民行為之影響。本節採用的問卷及資料係取自黃叔建（2009）對 578 位桃園縣國小教師的施測資料。上述分析指出，學校氣氛問卷區分為四種學校氣氛，接著以學校氣氛類型對教師在組織公民行為的影響分析。受限篇幅，以下僅提供開放型學校氣氛對組織公民行為（區分為關懷組織、敬業樂群、守法盡己、公私分明等向度）的影響。在 578 位教師中有 153 位認為桃園縣國小氣氛是開放型，於是研究者建立檢定模式：開放型氣氛對組織公民行為的影響。經過 SEM 檢定，其結果如下：

模式的 $\chi^2 = 747.46$，$df = 205$，$p = .00$（即 $p < .05$），表示模式不適合。惟卡方值極易受樣本數影響，所以仍須參考其他適配指標。模式 GFI = 1.00、AGFI = .99，在 .90 以上是良好適配度；RMR = .06、SRMR = .16、RMSEA = .13。從圖 10-2 發現，開放型的學校氣氛，教師感受到教師會關懷組織、敬業樂群、守法盡己、公私分明的影響力，都達到統計的 .01 顯著水準，同時開放型氣氛對公民組織行為的影響力大小，依序為關懷組織、敬業樂群、守法盡己、公私分明。這代表一個組織氣氛對組織公民行為有正面助益，組織氣氛愈好，教師展現公民行為就愈強烈。

## 二、問卷編製的啟示

從上述編製的學校氣氛問卷之過程有以下幾項啟示。

首先，採用相對的平均數為截斷點分類有其優劣。本章說明的學校氣氛問卷係參考 Hoy 與 Clover 修正後的 OCDQ-RE 之四種氣氛類型與國內論文編製而成。本例（黃叔建，2009）採用 Hoy 與 Clover 之教師行為與校長行為測量的六個面向，並依據受試者在教師行為的開放指數及校長行為的開放指數之公式加以計算，調查樣本為 578 名教師，運用上述兩種指數之平均數做為分類的截斷點。雖然在四種學校氣氛的分類上還算是具體明確，但是在截斷點的標準認定中卻沒有一致性論點。換言之，截斷點係採取相對分數，而不是絕對分數。

Hoy 與 Clover 並沒有指出，依據何種標準做為四種學校氣氛類型的分類依據，如果在學理上有具體參考標準，未來研究參採分類會更客觀。然而，以教師及校長行為平均數為截斷點有其優劣，優點在於容易將教師與校長行為分類，其限制在於平均數為截斷點易受到樣本屬性、樣本數多寡、兩類指數之極端值影響，因而在學校氣氛分類不易穩定。雖然有這些情形存在，但仍比起本章一開始就提出的問題：研究者僅運用選項，讓受試者勾選其所感受的類型、風格或型態等，若在這些類型沒有明確界定，僅以一個題目就確定個體、組織或團體的類型與風格，就顯得測量的不穩定，同時也會有較大測量誤差的疑慮。

其次，未來在類型問卷編製時應思考幾項重要論點。當然在編製過程中仍需以上述各章節的內容，嚴謹地依照順序編擬。然而，對於類型問卷編製更應注意

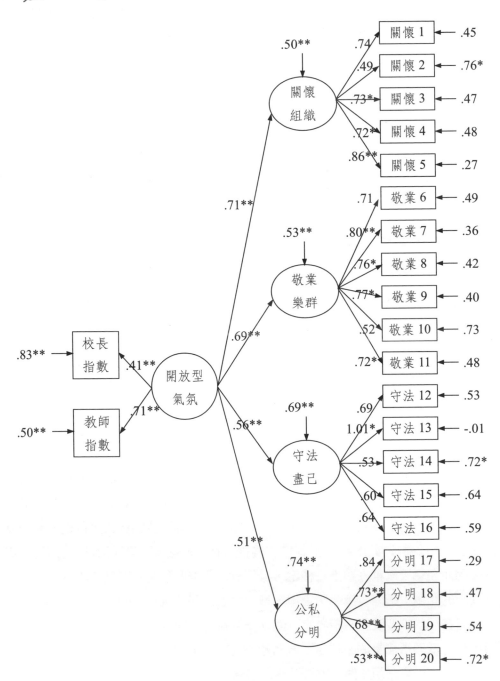

圖 10-2 開放型氣氛與組織公民行為之路徑

到以下幾項重點：⑴研究者應先從理論衍生出所要建構的類型（風格、型態），思考該理論究竟有幾種類型（風格、組型），編製時應先釐清；⑵依據理論的內涵編製問卷題目，這些題目應符應該理論所衍生出的各個類型（風格、型態）之內涵；⑶應指出不同類型（風格、型態）應有的特徵、內涵或特色；⑷不同類型的特徵應具互斥特性，類型與類型之間不應有重疊；⑸以研究工具獲得分數做為類型區分方式時，有明確標準，若是研究工具有幾個構面（面向、向度），不同構面之間是否有相加、相減，不同構面是否有加權，簡言之，在不同構面之加減或加權間應有依據，它需要學理論證。接續不同面向進行加減之後，類型分類若以切截點分數（即某一分數）為分類，此時應指出為何是以某一數值為標準，而不採用另一數值的理由，換言之，切截點也應有合理的論證與依據；⑹類型區分方法，除了以上述切斷點為依據之外，亦可以運用集群分析法進行類型區分，透過調查問卷回收資料，對於不同構面（面向）的分數加以計算（也有可能是幾個面向加減或加權，所形成新的指數），接著再將這些面向分數（新的指數），以集群分析進行分類；⑺在類型（風格、型態）分類之後，再對各個類型的特徵做分析，以瞭解是否與理論所預期的特徵一樣。

最後，在學校氣氛類型分類方法上，可以運用集群分析（cluster analysis）之分類方式。本章的例子係以教師行為的開放指數與校長行為的開放指數為兩個主軸，以這兩種分數的平均值區分為四種類型，所列的剛好為四個類型，以兩個主軸區分為四個象限。然而，社會現象不一定只有四個類型，有可能分為三類、五類或七類者。如果學校氣氛要分為七類，運用平均分數做為截斷點，對教師行為的開放指數及校長行為的開放指數之切割就會相當困難，而且區分出的類型無法反應學理的七個類型之特質，所以其意義不大。以本章的例子來說，如果運用集群分析法進行學校氣氛之分類，透過六個面向或是教師行為指數與校長行為指數，或許比單以一平均數為截斷點還適切。

集群分析是將社會現象的屬性進行分類的一種統計方法，此種方法將研究者納入個案在變項屬性之差距，再依這些個案在變項屬性的差距，運用群聚方法找出這些最遠差距或最近差距的分類。換言之，它以個案的變項距離做為分類依據，如果其所計算出的相對距離愈近，相似程度愈高，就有可能被歸類成同一群

組。集群分析方法可分為階層式集群法（Hierarchical Cluster Analysis）與非階層式集群法（Non-hierarchical Cluster methods），這兩種區分法請見陳順宇（1998）的著作，而統計的跑法請見張芳全（2013a）一書之介紹。以本例來說，若要以集群分析法進行分類，可以運用兩種資料形式：一是以教師行為的開放指數及校長行為的開放指數為指標；一是以教師與校長行為指數的六個面向數值。將上述資料投入 SPSS 統計軟體，並運用集群分析法分類，就可以獲得分類的結果。集群分析法有探索式及驗證式兩種，前者係指研究者對於這些受試者，並不曉得應該分幾個類群，透過統計報表呈現的 Dendrogram 之圖指數來判斷。SAS 統計軟體有立方區分標準（cubic clustering criterion, CCC）可以判讀，一筆資料在分類之後，其群聚數值是先升後降的情形，則此數值為較佳的分群數（馬信行，2000）。另一種方式是很明確地要驗證前人研究的類型，此時可以在 SPSS 統計軟體中跑集群分析，在群組設定時，填入所要的群數，即可以跑出群數，相關的內容請見張芳全（2013a）的說明。

## 三、學校經營的實務啟示

上述的學校氣氛問卷分析結果有以下啟示：首先，桃園縣國民小學氣氛在四種類型中，以封閉型氣氛最多，代表教師認為校長給予教師專業的支持程度與對教師的關懷較少，較會限制教師表現；其次，投入型氣氛最少，代表教師認為校長支持教師專業發展不多，校長對於老師有較多干涉，會給予較多額外工作，然而教師卻能追求學術與專業知能，彼此之間也能有專業與教學互動；第三，開放型氣氛對教師行為的影響力依序為關懷組織、敬業樂群、守法盡己、公私分明，這代表了學校氣氛對學校老師的行為有正面助益，學校氣氛愈好，教師展現的公民行為愈強烈，這也代表了學校氣氛對於教師在對學校的關懷、工作的敬業及處理業務的公正性都有關聯。

總之，教育、心理、社會、政治、商業管理等社會科學研究中，有很多是在探究個體的行為類型（人格的內外向）、模式（感覺型、聽覺型、視覺型）、風格（場地獨立、場地依賴）、方式（民主式、權威式、合作式）、型態的問卷調查，或者是企業與組織所形成的文化與氣氛類型。這種以組型、類型或風格為題的問卷設計有不同思維，研究者應當注意與瞭解其中問卷設計的原理。

# 問題與討論

## 一、問題

　　本章的學校氣氛分類仍有值得思考之處，尤其是問卷發放對象為教師，可能同一所學校有很多位教師填了相同問卷，對教師行為及校長行為的六個向度有不同看法，因而分析結果有可能有不同類型的學校氣氛。

## 二、討論

　　同一所學校不同教師填答後的數據不一，造成六個向度的數值不同，若再以這六個向度的數值來區分學校氣氛類型，很可能會產生同一所學校教師在最後區分學校氣氛的類型不同，即同一所學校不同教師會感受到四種類型。換言之，同一所學校，不同的教師卻感受出不同的學校氣氛。因此，吾人要思考：究竟一所學校有多少類型的氣氛呢？或許接受問卷調查的教師，工作於不同處所：教務處、總務處、輔導室、學務處，或僅是級任教師或班級導師。身處在不同情境脈絡下，有不同的學校氣氛感受是很正常的，更何況學校氣氛是一種主觀性感受，要能有一致性感受更是困難的。然而，若將學校氣氛改成較為可以反應出實體特質之構念，例如：學校文化類型等，是否也會如上述情形呢？又如：研究者要分析不同的學校文化類型在學生表現的差異，此時研究者應先區分學校文化類型，而常見的學校文化類型可以分為科層型、保守型、支持型與開放型。研究者在學校文化類型區分上，一樣設計具有信度與效度的問卷題目，接著讓 500 位教師填答，回收資料之後，再以統計方法分為四個類型。然而，一樣會有受試的教師在同一所學校中，卻反應出不同學校文化類型的問題，例如：此問卷調查的問卷發放，甲校有四位教師（A、B、C、D）接受施測，四位教師因反應出各自感受，最後分析結果發現，A、B、C、D教師各反應出科層型、保守型、支持型、開放型的學校文化。讀者可否思考，是哪一個環節出現了問題嗎？應該要由一位受試者來評量一所學校的氣氛，還是應該由更多人來評量一所學校的氣氛，再取多數意見較為客觀呢？或者要採用集群分析法來分類比較適切呢？

# CHAPTER 11 問卷設計反思

☑ 讀者閱讀到問卷設計的最後一章，有什麼啟發呢？對於問卷
設計流程、問卷擬題原則、問卷的信效度原理、問卷編製實
例等是否有啟發呢？本章會運用幾項編製問卷的重要問題，
穿插先前各章的主要概念，讓讀者省思問卷編製的問題。

## 後記

　　本書從第一章開始引入了問卷設計觀念，在第二章邀請許多位具有編製問卷
者對問卷編製提出經驗分享。為了讓讀者容易掌握問卷編製，第三章的問卷設計
流程，以深入淺出的引導讀者瞭解。在第四章將問卷主要內容一一地說明，讓讀
者瞭解一份問卷的主體。為了使研究者容易地對問卷編製上手，在第五章指出撰
擬題目原則，讓讀者可以很清楚地掌握要如何撰擬題目及掌握受訪者的重點。當
然，問卷的設計不能一偏之見，應該有專業人士參與會更好，因而在第六章說明
了專家評定問卷的重要性及如何進行的問題。如果讀者持續地閱讀前面幾章，一
定會問：所設計的問卷是否具有信度及效度呢？所設計的問卷是否為人所相信？
如果研究者設計的問卷都無法說服自己，又如何說服別人呢？因此在第七章說明
問卷的信效度原理及其檢定方式。近年來，統計方法創新，問卷信度及效度的檢
定方法也一樣推陳出新，筆者以 SEM 來說明如何檢定一份問卷的信效度，這也
就是第八章「SEM 檢定問卷」的來由。當然，為了讓讀者在讀完本書之後，對
於問卷有更完整的掌握，特別在第九章以一個實例來說明問卷的完整編製，這就
是第九章的問卷編製實例。第十章則說明了類型與風格問卷的編製方式，由於此
種方式的編製比較特殊，所以除了說明如何編製之外，也提供一個實例供讀者參
考。

　　對於上述說明，讀者一定還會有不同的思考，也就是對問卷還有一些疑問，

筆者站在讀者立場，本章提出一些對問卷設計的反思。它包括了：研究者能否設計一份具有信度與效度的問卷來進行研究？究竟要多少題目才算完整？一個向度應包括的題數、基本資料宜納入哪些變項？哪些問卷無法信度與效度分析？設計問卷就應考量資料處理？是否要先進行質性訪談再設計問卷？修改他人的問卷、拼湊的問卷、因素分析與 SEM 檢驗信效度哪一種比較適當？讓讀者進行反思，說明如下。

# 壹　設計一份具信效度問卷的條件

　　問卷編製者很可能是初次上研究所碩博士班學生，也可能是在職場上，被上司要求在一定期間內要設計一份有效度及信度的問卷，從事市場型態調查的人員。如果初次接觸或學習問卷設計，在短時間內要完成一份良好的問卷，是一項很大挑戰。主因在於研究者是否有問卷設計的專業能力來編寫問卷及進行問卷的統計分析。

　　要設計一份具有信度及效度的問卷，研究者不僅要花費一段很長的時間，而且更應具備幾項必要的能力。一份良好問卷的產生，從研究者在研究題目及目的設定之後，接續的文獻整理、理論分析、過去研究結果的整理、問卷編製、專家評定、預試之後的信度及效度分析，最後編製成正式問卷都需要時間。就一位較具經驗的研究者在此流程，也需要四個月至半年，如果沒有經驗者，或是沒有專業人士從旁指導，很可能一年也編不好一份好的問卷。問卷編製時間耗時，擬題又要思考研究構念的內涵，研究者很容易陷入不知如何下手的苦惱，所以專業的問卷編製，並非研究者任意的撰擬幾道題目，就具有信度及效度了。因此，如果要以問卷做為資料蒐集的工具，研究者應該深思。

　　問卷設計的必備能力不少，以筆者編製問卷及指導學生的經驗發現，這些基本能力應包括：第一，研究者宜有掌握調查樣本屬性的能力，包括瞭解受訪者的填答習性、受訪者的語彙能力等；第二，研究者應具有問卷編寫能力，如文字表達及對題目能有清楚敘述的能力等；第三，研究者能掌握問卷設計的流程，並能掌握各個流程大約需要投入的時間；第四，研究者能掌握問卷分析的統計技術，

如信度分析、因素分析或是SEM的統計分析能力，尤其是在因素分析的過程中，能對於資料投入電腦之後，有判斷刪除題目的選擇能力；第五，研究者能掌握一份問卷的主要內容，也就是能否對問卷的基本資料、正式題目及內容能掌握；最後，能對於問卷設計的題目在專家評定之後，能對於專家意見做有意義及有價值的整合，歸納出研究者所要的問卷內容。這些問卷設計需要的時間及能力，研究者都具備了嗎？如果沒有好好的思考應如何解決上述的問題，如何思考是否要編製問卷來完成學位論文或進行問卷調查的研究？

## 貳　多少題目才算一份完整的問卷？

　　一份具有信度及效度的問卷究竟應該多少題？並沒有確切的定論，端視研究者所設計的研究架構內容而定。筆者經驗是，如果僅是一個研究構念，例如：生活適應、組織文化、行政領導、國家發展、企業競爭力等，不含受試者基本資料欄，有些問卷僅有十多題、二十題、三十題，也有四、五、六十題者，然而，過多題目不必然就是一份具有信度及效度的研究工具；相對的，問卷題目少，也不是就沒有研究的價值，它需要依據研究架構、研究目的、研究問題及研究構念或需求而定。問卷的形成，需要經過文獻探討而來，從文獻中建立研究架構，而研究架構是依據研究問題及研究目的而來。研究問題及研究目的如果愈多項，問卷題目愈多是不可爭的事實。就如，研究架構中呈現了一個研究構念，例如：校長課程領導，在此課程領導的構念之中，它包括了：教學領導、課程領導、人際溝通、公共事務、學生關懷等五個向度，為了讓各個構面有完整內容，研究者能測量到各個向度所要測量的特質，此時問卷的題目勢必比僅以三個構面的問卷題數還要多。試想，每一個構面如有五題，五個構面就必須要有二十五題，如果僅是三個構面，就僅需要十五個題目。

　　在此強調，一份良好的問卷不在於問卷題數多寡，就代表它可以完整的測量到所要測量的特質，以及受訪者就可以反應出研究者所要研究的問題及目的。就如，一顆綜合維他命C，它的體積非常小，但是它包括很多營養素，與其要吃一大鍋的米飯，才有一顆綜合維他命 C 的營養，不如就僅吃一顆維他命 C 就好，

這個道理就可以理解為何問卷題數多，卻不一定是好的研究工具了。問卷題數愈多，會造成資訊過於龐雜，受訪者無法聚焦填寫，因而讓受訪者有填答困擾。這種困擾包括了受訪者需要花更多時間、填答意願降低、受訪者的第一印象較差，直接的就會影響到問卷回收情形。試想，一份七十題的問卷與僅三十題的問卷的信度及效度相當，後者回收情形必定比前者還高。因為回收高低將影響研究結果可靠性，以及未來研究的推論。

　　行文至此，研究者一定會問：究竟一份研究的問卷題數要多少才足夠呢？筆者還是老話，它並沒有絕對的標準。據筆者的經驗，研究者不妨在擬題階段多撰擬一些可能的題目，將最大可能的研究構念的內涵都撰擬於問卷之中，接著與專家及指導教授討論之後，可能會刪除部分的題目，當然在專家評定之後，也許也有專家會提供修改的意見，此時題目可能刪除更少。如果前述都已有部分的改善及調整，未來在進行樣本的預試，進行建構效度時，因素分析所扮演的角色就是化繁為簡，讓題數較多的問卷題目簡化，此時就可以讓問卷題數變少。

## 參 每個向度的題目要多少？

　　一份心理及教育測量的問卷，往往是從研究構念所設計。從研究構念接著來整理或分類研究構面。一份問卷的研究構面應該有幾個向度呢？應依研究者在研究中，對於理論及過去研究歸納的情形而定。假若研究構面已確定，研究者還要問，究竟一個構面中，要有幾個問卷的題目呢？這問題仍需要以研究者對於所要測量的變項及構念而定，有些構念較為困難建構，此時要能用問卷來測量出該構念的特質勢必更困難，研究者當然在設計此構念或構面的題目就要增加；相對的，如果研究者所要測量的構念較為明確，且過去研究也有很多，此時研究者設計的題目可以較少一些。

　　當然，關於一個構面的問卷題目多寡，研究者可以從擬題、預試及正式問卷的階段說起，在問卷擬題階段時，研究者不妨可以多撰擬一些與研究構面或構念有關的題目，這可以做為後續修改及調整的空間。據筆者在問卷設計的經驗，一個構面可以有八至十題的空間。而在專家評定階段，專家學者可能會對於研究者

所提出的問卷初稿提出修正，當然可能是建議增加或刪減，也可能專家評定也不一定會縮減題數，研究者在整理所有的專家建議之後，不管是增加或刪減，最好能將一個構面縮減為四至八題為宜。在預試階段，研究者可以將蒐集到的資料，運用因素分析進行刪減題目，當因素分析的因素群集的題目與預期一樣，此時就要維持專家評定後的預試題目。然而往往在因素分析後，會刪除不必要的題目，最後可能一個向度或一個因素縮減為四至八題都有可能，研究者最終選定題目，就可能是一個向度為四至八題左右。這樣的題數縮減可能還要依研究者的需要，以及研究者在預試分析之後的結果而定。

## 肆　基本資料宜納入哪些變項？

　　研究者在設計問卷時，往往會有哪些基本資料應列入的問題。研究者究竟要對基本資料設計哪些題目呢？這需要依研究者的目的及問題而定。當研究者需要瞭解不同的受訪者背景在研究構念之間的差異或是關聯程度時，此時研究者需要好好思考，這些背景變項的組成，也就是研究者關心的，究竟哪些背景變項對於研究構念有關，或是與研究構念有差異。不管是背景變項在研究構念有差異或關聯，研究者在文獻探討中，都需要將其納入論述，以便將後續分析的背景變項納入探討，這就是在研究結果產生之後，要進行深入討論的重要依據。

　　很多研究者會忽略一個重要的環節是：在文獻探討中，並沒有對背景變項與研究構念有關的發現進行討論，更沒有對這些背景變項的發現進行歸納，然而在調查問卷中卻有不少的背景變項，這種情形會讓讀者不曉得為何這些背景變項與研究構念的關係及差異。也就是說，會讓讀者有一些突兀，既然在先前的章節沒有討論背景變項的內容及其重要性，或是它們與研究構念的關聯性及重要性，若是硬將它們納入調查，會顯得格格不入。

　　因此，哪些背景變項要納入調查，需依研究目的及問題而定。倘若研究者沒有要深入地分析背景變項與研究構念的差異性及關聯程度，而是僅要做為研究樣本的描述，此時研究的樣本背景可以不用做太多的調查項目；反之，如果研究者要對不同的背景變項與研究構念之間的關係及其差異要深入分析，就需要對每一

個背景變項有深入的說明，在文獻探討一節要有深入分析，這樣更能呼應後續的研究結果。

其實，有很多的研究在執行之後，才發現所納入的背景變項與研究構念有差異或有顯著影響，對後來的研究建議無法提出深刻的解決之道。就如研究發現，男性教師的知識管理觀念高於女性教師、原住民的經濟所得低於漢族、具專業人員的家長之教育態度明顯高於無技術的工人、臺北市教師之教育工作滿意度低於澎湖縣的教師、金門縣國小校長之校長領導觀念優於宜蘭縣校長、高雄市國小家長參與校務之動機高於臺東縣家長、在花蓮縣就讀的大學生之學習動機高於臺南市等，類似這些背景變項具有顯著差異，研究者也無法提出合理的建議，來改善他們的情形。就如，「具專業人員的家長之教育態度明顯高於無技術的工人」乙項結論，研究者如果提出的建議是，沒有技術的工人要有更多的教育態度。或者在「男性教師的知識管理觀念高於女性教師」一項，就建議女生教師要有更多知識管理的研習等，諸如此類的研究建議，並無多大的意義，因為這些性別、區域、地域、職業是很難改變的事實，研究者或是政府很難去操弄它，改變它，所以這些背景變項納入調查之後，就很難有實質的建議。

## 伍 哪些問卷無法信度與效度分析？

一份好的問卷應該具備好的信度及效度與計分方式。但是有許多問卷設計情形無法進行信度及效度分析。最為明顯的現象是：研究者在一份正式的問卷中，於每一個題目的選項有明顯的不同，因此造成在估算信度及效度有困難。就如有一份問卷的題目是這樣敘寫的：

1. 您認為校長應該尊重本位課程？□同意　□不同意　□沒意見
2. 您認為校長應具備課程領導能力？□非常同意　□同意　□不同意
3. 您覺得校長瞭解老師進修需求？□瞭解　□不瞭解　□不知道
4. 您支持校長應具備教學領導的能力？□同意　□不同意
5. 您認為校長應每學期進行家長訪問？□應該　□不應該
......

　　類似上述的問卷題目，在問卷內容的每一個題目選項的意義不相同，同時有些題目的選項有二個選項，有些為三個選項。其中第一題是以「同意」、「不同意」、「沒意見」；第二題是「非常同意」、「同意」、「不同意」；第三題是「瞭解」、「不瞭解」、「不知道」，當然還有後續的題目也可能與這三題的選項不同。所以研究者如果要進行因素分析，也就是進行建構效度評估時，會面臨到研究每一道題目選項的尺度不同，就如第一及第三題的三個選項，就與第二題的選項在方向上就有明顯不同，「沒意見」、「不知道」與「不同意」的觀念是不相同的。尤其有些問卷題目在選項數也有不同，就如上述的第一至第三題是三個選項，第四至第五題為兩個選項，選項數目不同，就無法進行信度及因素分析。因此，如果將它進行因素分析，就會有錯誤的結果產生。

　　再以信度分析而言，一份問卷如果類似這些問題的組成，在計算 Cronbach's $\alpha$ 係數也會有問題，因為在它的公式中，一方面強調要有相同的等第才可以計算，一方面在上述三個題目的選項過於紛歧，無法有意義結合，這樣的問卷就無法進行信度分析。

　　當面臨到問卷的信度與效度無法進行分析時，研究者究竟該如何解決此問題呢？就上述例子來看，統計方法無法對這些問卷進行信度分析，但是研究者可以做好專家評定，以彌補上述缺失。然而，嚴謹的學術論文最好不要有此情形產生。研究者讓此份問卷邀請更多位的專家學者進行評定，從專家學者提供問卷內容的相關問題，做為問卷分析參考，這也算是對內容效度的彌補，但是確切的信效度仍缺乏。研究者從多數的專家評定來掌握，問卷的內容宜如何修改比較好，對於後續的調查會更有助益。其實，在很多研究中，很多現實例子無法進行信度及效度分析，研究者不要為這種原因，就認為問卷調查喪失公信力；研究者如能妥善的邀請專家學者進行問卷評定，提供內容修改，將問卷做有意義的調整，也可以讓問卷具有內容效度。但是研究者在進行專家評定之後，還是最好做預試，以瞭解問卷的信度與效度，這種性能可以從受訪者來瞭解問卷的文字敘述、題數及題目的說明適切性來評估。

# 陸 設計問卷就應考量資料處理？

　　一位具有經驗的研究者，如果是要運用問卷進行資料蒐集，他一定會在問卷設計的過程中，就明瞭在資料蒐集完成之後，要選用何種的資料處理方法。也就是，研究者在設計問卷的同時，就應該對於未來的資料處理具有前瞻的掌握，簡言之，在未來設計問卷之後，應該運用何種的統計方法來處理資料的能力。設計問卷，除了應考量研究的研究目的，以及從研究目的所形成的研究架構之外，更重要的是，研究者應該思考究竟在正式問卷施測，資料蒐集完成之後應如何分析，也就是研究者在設計問卷的題目時，問卷題目的選項是類別尺度、次序尺度（等級尺度）、等距尺度，或是等比尺度（比率尺度）等，研究者應該在設計問卷的開端就一併考量，以避免研究者在問卷已發放，蒐集資料之後，而無法分析的困擾。

　　研究者往往沒有統計分析的經驗，問卷設計也是初次進行，對於在問卷回收之後的統計分析方法，無法正確判斷，因而在正式問卷回收之後，常苦於無法進行資料分析，或者不曉得要選用何種統計方法。因此，不管是基本資料或是正式問卷題目的選項設計，以及選項要轉化為變項的屬性，即類別尺度、等級尺度、等距尺度及等比尺度都應先釐清。甚至研究者究竟要採用單變項的統計，或是多變項的統計處理，也應思考清楚。單變項的統計是要以類別尺度對類別尺度的卡方考驗，還是不同的兩群體（類別）檢定某一項研究構念（特質）或變項之間的差異，此時就需要選用獨立樣本平均數 $t$ 檢定。如果研究者運用多變項統計，例如多元迴歸分析，是否在多個自變項的屬性是否為連續變項，或者部分自變項為類別尺度，是否將其虛擬編碼，而依變項也是連續變項，或者研究者要使用集群分析來區分不同學生的學習風格，研究者在學習風格的測量就要以連續變項的尺度進行分析。

　　總之，如果研究者未能前瞻的掌握回收問卷之後，要運用何種的統計方法，往往在後來的資料分析草草收尾，未能達到研究目的及解決研究問題，這相當可惜。試想，研究者花了很多時間設計問卷、進行預試、正式施測及進行統計分

析，而結果卻無法如預期，對研究者的時間及研究資源浪費是可以想像的。

# 柒　拼湊而成的是好的問卷？

　　初學問卷設計通常會犯一種錯誤，也就是將不同研究使用過的問卷，拼湊為一個自我認定可以施測的問卷。研究者為了急就章地編好問卷，就將過去類似的研究所使用的問卷，東拼西湊的組織一份問卷。這樣完成的問卷，表面上看起來，是將研究者所歸納的研究構念都能涵蓋，但是實質上，它僅有表面效度，卻沒有實質的理論及研究意涵。

　　例如：研究者要研究國小學生的生活適應，最後歸納出來的研究構念包括：人際適應、生活適應及同儕適應。研究者很天真的從甲研究中找到了人際適應的問卷題目，而從乙研究中的問卷找到了生活適應的問卷題目，再從丙的研究中找到小學生同儕適應的問卷。因而把這三份研究的某一份問卷中的一小部分問卷題目整合為研究者的問卷，但是這樣的拼湊問卷的編製方式，會有不少的疑問。怎麼說呢？

　　對於甲的研究內容來說，可能人際適應是在問卷中的一個次向度而已，甲研究中的整體問卷或許還包括了學業適應、家庭適應等，至於乙與丙的研究所使用的問卷可能也是相類似。此時，研究者未能瞭解甲、乙及丙三位研究者的內涵，因此就將三位研究者的問卷，自取所需「拼湊一份問卷」，接著就進行預試施測，得到數值就進行分析，後來也獲得研究結果與發現，此時研究者產生的問題包括：第一，對於甲、乙、丙三位研究者的內涵不一定瞭解，就延用了部分的問卷題目，即使研究者進行信度及效度分析，並獲得一定的結果，但是該研究運用此問卷做為正式問卷仍相當危險。主因在於，研究者沒有理解三位研究者的理論及其內涵，就任意篩選他人的問卷題目，很容易有牛頭不對馬嘴的情形；第二，研究者未能理解三位研究工具的信度及效度，延用部分題目，就可能無法對研究者要掌握的研究內涵及其所主張的理論搭配，因而造成所拼湊出來的問題，並無法有效的對樣本施測。簡單地說，研究者本身有其納入分析的理論依據以及要調查的對象，所納入的甲、乙、丙三位研究者的施測對象屬性可能有別於研究者，

此時不僅片面拼湊題目，在研究對象的適用上也會讓人產生質疑。從這個例子可以理解，部分的加總，並不一定是總和。

## 捌 修改他人問卷還要信效度分析嗎？

研究者設計的問卷，也常有引用其他人的問卷內容在文字上做修改，或是依據他人的問卷做題數、題目內涵的修改之情形，此時研究者是否還要進行預試來掌握問卷的信效度呢？研究者如果獲得他人同意使用他人設計的問卷時，此時，不管研究者是對於他人問卷僅有文字的修改、題數調整，或是其他順序的轉換，或是計分方式的變動（如由 5 分變為 4 分），研究者還是要對於該份修正過的問卷進行預試，再進行信效度分析比較適切。

如果先前他人的問卷，一份題目共有二十四題，分為四個向度，每個向度六題。研究者可能對該問卷題目進行以下的修改：(1)對該問卷的每一個向度各刪除一題，僅剩二十題；(2)把問卷的選項調整，如由六等第調整為四等第，或五等第調整為四等第；(3)對該份問卷的文字內容略有修改，如先前的問卷有幾個題目的內容是一個題目有多個概念。就如：

1. 您認為學校的知識分享與知識儲存是重要的？□非常重要　□重要　□不重要　□非常不重要
2. 您認為學校教師會使用電腦及搜尋資訊對教學是重要的？□非常重要　□重要　□不重要　□非常不重要

類似上述的問卷，研究者瞭解一個題目不可以有二個概念或以上的敘述，此時研究者將這些題目修改為：

1. 您認為學校的知識分享是重要的？□非常重要　□重要　□不重要　□非常不重要
2. 您認為學校教師會使用電腦對教學是重要的？□非常重要　□重要　□不重要　□非常不重要

　　諸如此類現象，研究者對於先前研究的問卷進行修改，有可能是大幅度，也可能僅是文字修改，或是選項數的調整，研究者為了研究的信度及效度考量，仍需要進行預試，接續來瞭解新問卷的信度及效度。畢竟已經修改過他人的問卷，同時先前的問卷所調查對象的屬性，也不一定與研究者的研究對象相同，因此，研究者最好能重新估計問卷的信效度，對研究的品質與可信度將會提高。

　　總之，修改他人的問卷之後，都需要進行後續的測試，比較能掌握問卷的性能。一方面研究者對於問卷的文字修正，可能已有調整或改變他人問卷的內容與意義，此時就應再進行預試，來瞭解其信度與效度；另一方面如果大幅度修改他人的問卷，此時更應該要對於問卷的性能進行測試。當然，再進行一次的測試更可以掌握問卷可行性，尤其如果修改年代較久、使用對象差異大、先前的信度及效度較低，此時再次的檢定有助於問卷信度與效度的提高。

## 玖　透過第三者反應當事人意見的問卷

　　有些研究在設計問卷時，期待以第三者來反應當事人的意見、感受及知覺。這種問卷題目的設計最好不要。舉個例子來說，一位研究者要瞭解，新移民女性的教育程度、經濟收入，研究對象為國小教師，設計以下的問卷問法：

1. 老師，您認為新移民女性的教育程度不高………□同意　□不同意
2. 老師，您認為新移民女性的經濟收入較低………□同意　□不同意
3. 老師，您認為新移民女性的生活適應困難………□同意　□不同意
4. 老師，您認為新移民女性的先生家庭不完整……□同意　□不同意

　　類似上述的問題，研究者是期待透過第三者（老師）來瞭解新移民女性的一些現狀，往往這些問卷題目設計已有偏見及不客觀的因素在其中。如果要詢問這些問題，研究者應該以詢問當事人，也就是新移民女性，所獲得的資料更為可靠。換言之，直接問當事人在資料的取得是第一手資料，如果再透過第三者來知覺、感受及表達意見，將會對資訊有所扭曲，並無法獲得真實的資訊。筆者建

議，問卷如果是透過第三者的感受、知覺及意見來瞭解當事人，這樣的研究結果在推論上，將會受到嚴重的質疑。但目前在很多社會科學的問卷調查是這樣進行，如果要這樣調查，應該是考量到以「當事人」為樣本不好找尋，因此需要透過第三者來調查，這是無可厚非，但是如果樣本容易找尋、也容易進行調查，問卷回收也不會有問題，此時最好就不要用第三者的感受來回答。

上述以第三者來回答的情形，就好比一位生病的患者，並沒有自己去看醫生，而是請第三者去找醫生，醫生會診斷病人的病情再開藥方，但來的「患者」並非病患，此時醫生如果詢問該位「患者」關於病人的病情，「患者」可能無法將病人的真實感受、真正生病的原因告知醫生，此時如果醫生就依「患者」供述，開出藥方，但這藥方對真正病人來說，並不一定有益，還有可能吃了藥，病情會更惡化。又好比，吾人可以瞭解的一個接龍遊戲，一組六位學童，在第一位學童獲得某一個訊息之後，將其訊息轉達給第二位學童，接續傳達給第三位學童，依此類推，最後要將訊息轉傳給第六位學生，並要求最後一位收訊者說出第一位學童獲得的訊息，往往最後一位學童所獲得的訊息與第一位學童的訊息差距有天壤之別，就是這個道理。

## 拾　先進行質性訪談再設計問卷？

有許多的現況調查研究，或是政策問題的調查研究，或是官方委託的研究案，研究者在撰寫研究計畫，一開始並沒有很多的文獻可以參考，更遑論有理論依據。這種現況及政策問題的調查，一方面是議題較新，一方面可能過去並沒有相類似的研究工具可以參考。此時研究者應該會相當的苦惱，究竟要如何設計出一份可靠的研究工具。這種情境常發生在社會科學及研究者的身上。

如果研究者的題目沒有太多的文獻可以參考，又要以問卷調查來進行研究，此時問卷編製將會傷透腦筋。如果是這類的情境，研究者可以對所要進行的樣本群，先抽取小樣本，如五至十名進行質性的訪談。研究者可以先擬出一些與研究有關的研究問題，接著透過研究者對於個案的訪談過程中，來瞭解研究者所要納入的分析問題，在問卷內容上應該要納入哪些問題。研究者將數個個案的訪談資

料進行整理，歸納出一些較具有共識，或是值得探討的研究向度，再來進行問卷題目草擬的意見。

　　研究者以質性訪談來蒐集要設計的問卷題目，其實有很多的優點：第一，研究者可以先掌握與研究有關的研究對象，對於研究者的問題反應；第二，從個案的訪談中獲得可貴的質性資料，可以做為問卷設計及研究向度歸納依據。研究者對於新議題或過去研究比較少的文獻，在整理文獻及編擬問卷會有困難，研究者透過訪談可以瞭解個案對於研究議題的一些想法、意見或是感受，此時，研究者可以將這些意見，做為草擬初步問卷的依據；第三，研究者可以從個案論述中，來掌握究竟該研究是否值得進行。也許個案將他們所處的經驗及感受與研究者分享之後，研究者非但無法從中設計問卷，甚至可能會認為研究是不可行，因而將研究先捨棄，重新另闢一個新的研究題目，也未嘗不是件好事；最後，從個案訪談中也可以掌握研究者在此議題的重要性、可行性及價值性。研究者在訪談中，可以獲得與預期不同的意見或想法，或許從這些意見中，來調整研究內容，甚至研究方向。

## 拾壹　開放型問卷不需要專家評定？

　　讀者閱讀至此，或許會有一個疑問？也就是，開放型問卷需不需要專家學者進行評定？也就是，本書大多數在介紹如何編製問卷，問卷如何有更高的信度及效度，這都是封閉性問卷的內容。但是讀者一定會有疑問——質性訪談的大綱，以及開放型題目，是否在設計的過程，也應該掌握問卷的流程？

　　就廣義來說，開放型問卷也是問卷的一環，為了讓開放型問卷更有說服力，更能將此研究工具運用在研究者的研究內容中，此時，進行專家評定是必要的，也是重要的。簡單地說，不管是研究者所運用的研究工具為開放型題目，或者是這些開放型題目僅是在封閉型問卷中的一部分，它們也都需要經過嚴謹的設計過程，才能提出研究者所要進行的問卷大綱，或訪談大綱。

　　其實，不管是開放型或封閉性的問卷，問卷設計的流程都應包括：(1)決定研究目的；(2)選用問卷類型；(3)編擬問卷大綱；(4)草擬問卷題目；(5)修改問卷題

目；⑹專家評定；⑺問卷預試；⑻修改問卷；⑼正式實施。封閉性的問卷在本書各章節都已論及，如果運用開放型問卷進行資料的蒐集，仍然需要決定研究目的，選用了開放性問卷，當然研究者需要大量的閱讀與該研究有關的文獻、理論及研究。接著就開始草擬開放型問卷，因為開放型問卷是要讓受訪者以文字或語言來論述，此時擬出來的問卷草案，就需要更周延的思考。接著仍然要以草擬的問卷大綱與指導老師或是具經驗者討論，以修改問卷。

再來，就是將初次修改的問卷，進行專家評定，此時這個階段的評定相當的重要。因為研究者在研究中的主要工具，就是這個開放型訪談大綱或問卷，而後續並無法進行問卷的信度及效度分析，此時專家學者的意見整理就格外重要。試想，如果沒有讓專家學者進行開放型題目的評定，僅以研究者單方面的見解就以設計出來的開放型問卷進行調查，而研究者單方面的見解往往無法掌握研究問題及研究的內涵，因此就算歸納出結果，這樣的研究結果可信度也會降低。當專家學者評定之後，研究者也不要忘了，仍需要找尋一至三名的受訪者進行問卷的測試，以瞭解問卷題目的敘述是否完整，以及內容是否過於困難等。如果進行了預試，最後將預試所發現的疑問或相關問題進行修改，當然就可以成為正式的開放型問卷。

# 拾貳 因素分析與 SEM 檢驗信效度哪一種比較適當？

研究者一定還要問，究竟問卷的信度與效度的檢定，應該是運用因素分析、信度分析中的 Cronbach's $\alpha$ 係數，或是以 SEM 來檢定？關於這問題，也沒有一致性的定論。傳統上，研究者以因素分析及 Cronbach's $\alpha$ 係數的信度分析做為檢定的方法。這也是過去幾十年來社會科學的研究，如果使用問卷調查法，研究者設計問卷時，常用來檢定問卷信效度的方式。然而，1980 年代以來，SEM 的研發趨於成熟，近年來在社會科學已大量被使用。當然，以 SEM 做為資料處理方式，不全然是應用在驗證問卷的信度及效度，它還可以運用在研究資料的理論驗

證。簡單地說，SEM 驗證問卷信效度僅是一種方式而已。研究者如果對於 SEM 的統計原理能深入的掌握，並掌握其電腦語法程式，能運用 SEM 來檢定問卷的信度及效度，仍不失為一種很好的方向。畢竟，SEM 結合了因素分析的精神，也納入了多元迴歸的原理；更重要的是，SEM 又可以驗證一份研究問卷的正確性，以及研究構念之間的區別效度及建構信度等。SEM 在研究工具應用上旨在驗證式分析。如果研究者可以運用驗證式的 SEM 來分析一份問卷的內容及其信度與效度，當可以讓問卷的穩定度提高；尤其在其原理中，更可以建構區別效度、建構信度等，這是因素分析及傳統的信度分析所缺乏，如能使用 SEM，也是一種很好的嘗試。

　　總之，從上述來看，問卷的設計及編寫，除了要有理論的依據之外，更重要的是研究者的問卷設計能力，這方面的能力包括：統計方法的使用、測驗原理（信度及效度）的搭配、問卷中的語文表達能力，以及瞭解受訪者的填答心理。筆者從事問卷編擬及設計多年，指導數百位研究生的問卷設計，深刻體悟到問卷編製有其深厚的學理基礎在其中，而不是研究者隨性及任意找一些題目，未具有嚴謹的分析及檢定，就認定它是「一份問卷」。因此，期待讀者閱讀本書之後，能在問卷設計有所啟發。

# 問題與討論

## 一、問題

　　本章提供問卷設計的反思，其實在設計問卷時就應考量後續的資料分析。有很多研究未能理解題目選項的計分方式，或研究者在採用國內外大型資料庫的研究時，未能瞭解該資料庫建立的問卷調查手冊內容，因而在取得資料或問卷調查回收的資料後就直接分析，卻因此獲得錯誤的結果。怎麼會這樣呢？

## 二、討論

　　這種情形很多，因為問卷設計時對於一些反向題的選項，常在資料登錄後，沒有進行資料轉換，就直接分析。或者對於大型資料庫的問卷調查手冊，研究者沒有詳細的瞭解每一項題目的選擇項目之計分方式，致使論文資料的分析容易做白工。也就是說，研究者常把題目選項所代表的數值搞反了，自認為分數愈高，反而視為愈低，而愈低的，反而愈高，例如：一位研究者在研究高中生的補習時間與家庭收入的關係，他從臺灣教育長期資料庫（Taiwan Education Panel Survey, TEPS）蒐集到學生一週的平均補習時間：

　　1 = 4 小時以下

　　2 = 4～8 小時

　　3 = 8～12 小時

　　4 = 12～16 小時

　　5 = 16 小時（含）以上

　　6 = 沒參加／學校未提供

而家中每月的經濟收入狀況：□ 3 萬以下　　□ 3～5 萬　　□ 5～7 萬　　□ 7～9 萬　　□ 9～11 萬　　□ 11～13 萬　　□ 13～15 萬　　□ 15～17 萬　　□ 17～19 萬　　□ 20 萬以上

　　上述補習時間的計分，1 代表 4 小時以下，6 代表沒有參加或未提供，這些選項沒有依照次序，第 6 項與其他選項呈現相反狀況，在跑統計時，卻沒有將它轉換為最低分，此時統計結果會全亂，所以應該要重新編碼成為不同變數（轉換數值）。試想，研究者若不查，以為變項就是數值愈高就愈好，最後分析出來的論文，高中生的補習時間與家庭收入卻呈現負向顯著相關（$r = .50$）。研究者如果發表於學術刊物，更是會大錯特錯。上述的例子看來很簡單，但卻是很容易產生錯誤之處，尤其如果研究者是自編問卷，在這方面更應留意。

# 參考文獻

## 中文部分

王文豐（2001）。**臺北市國小學童生活壓力與其身體活動量及健康體適能關係之研究**（未出版之碩士論文）。國立臺灣師範大學，臺北市。

王秀喜（2004）。**高雄市旗津區「越南與印尼」外籍配偶生活適應與人際關係之研究**（未出版之碩士論文）。國立臺南大學，臺南市。

王鳳美（2003）。**屏東縣國民小學學童參與休閒活動之研究**（未出版之碩士論文）。國立屏東師範學院，屏東縣。

朱玉玲（2001）。**澎湖縣外籍新娘生活經驗之探討**（未出版之碩士論文）。國立嘉義大學，嘉義市。

余民寧（2006）。**潛在變項模式：SIMPLIS 的應用**。臺北市：高等教育。

余明書（2006）。**國小學童休閒阻礙和休閒參與之研究：以臺北縣一所國小為例**（未出版之碩士論文）。東吳大學，臺北市。

吳宗立（1993）。成就動機理論及其相關研究分析。**國教園地，44**，67-73。

吳怡君（2005）。**國民小學學校組織氣氛與教師自我導向學習傾向關係之研究：以臺中地區為例**（未出版之碩士論文）。國立中正大學，嘉義縣。

吳金鳳（2004）。**澎湖地區外籍新娘生活適應與政府生活輔導措施相關之研究**（未出版之碩士論文）。國立中山大學，高雄市。

吳家碧（2006）。苗栗縣國中生的休閒行為與偏差行為之相關研究。**育達人文社會學報，3**，93-117。

吳萬福（2006）。促進健康的休閒活動。**國民教育，46**（4），86-89。

吳碧娥（2006）。**新移民子女依附關係、自我概念與生活適應之研究：以臺北縣樹林市星光國小學生為例**（未出版之碩士論文）。臺北市立教育大學，臺北市。

呂有仁（2006）。**嘉義地區青少年休閒參與及情緒智力之相關研究**（未出版之碩士論文）。國立中正大學，嘉義縣。

呂美紅（2000）。**外籍新娘生活適應與婚姻滿意及其相關因素之研究：以臺灣地區東南亞新娘為例**（未出版之碩士論文）。中國文化大學，臺北市。

李三煌（2003）。**臺北市內湖國小高年級學童休閒活動之研究**（未出版之碩士論文）。臺北市立教育大學，臺北市。

李世文（2003）。**臺中市國民小學六年級學童休閒活動之調查研究**（未出版之碩士論文）。國立臺中教育大學，臺中市。

李怡慧（2003）。**東南亞籍配偶子女同儕關係類型及其相關因素初探**（未出版之碩士論文）。靜宜大學，臺中市。

李枝樺（2004）。**臺中縣市國小高年級學童休閒參與、休閒阻礙與休閒滿意度之相關研究**（未出版之碩士論文）。國立臺中教育大學，臺中市。

李玫臻（2001）。**外籍新娘的社會網絡與生活適應：民雄鄉的研究**（未出版之碩士論文）。國立中正大學，嘉義縣。

林士翔（2003）。**國小低收入戶與非低收入戶學生成就動機與生活適應之相關研究**（未出版之碩士論文）。國立屏東師範學院，屏東縣。

林永盛（2007）。**新移民子女社會支持與生活壓力之調查研究：以基隆市國民小學為例**（未出版之碩士論文）。國立臺北教育大學，臺北市。

林伯伸（2006）。**國民中學休閒教育之研究：以雲林縣為例**（未出版之碩士論文）。國立彰化師範大學，彰化市。

林佑隆（2006）。**彰化地區國小學童休閒運動參與及滿意度之研究**（未出版之碩士論文）。大葉大學，彰化縣。

林秀燕（1996）。**國民中學技藝教育班學生自我概念、成就動機和職業決策行為相關之研究**（未出版之碩士論文）。國立高雄師範大學，高雄市。

林金城（2005）。**國中資優班與普通班學生休閒活動之比較研究**（未出版之碩士論文）。國立彰化師範大學，彰化縣。

林梅鳳（2001）。焦慮與壓力。載於毛家舲（主編），**心理衛生**（頁13-36）。臺北市：華杏。

林清山（1995）。**多變項分析統計法**。臺北市：東華。

林貴芬（2005）。**高雄市國民小學本位管理、組織氣氛和學校效能關係之研究**（未出版之碩士論文）。國立中山大學，高雄市。

林詩琴（2007）。**基隆市新住民子女家庭環境與資訊素養調查**（未出版之碩士論文）。國立臺北教育大學，臺北市。

林維彬（2007）。**基隆市新移民與本國籍子女的家長教養信念、教育期望與成就動機之調查研究**（未出版之碩士論文）。國立臺北教育大學，臺北市。

林璣萍（2003）。**臺灣新興的弱勢學生：外籍新娘子女學校適應現況之研究**（未

出版之碩士論文）。國立臺東大學，臺東市。

邱皓政（2003）。**結構方程模式：LISREL 的理論、技術與應用**。臺北市：雙葉。

邱皓政（2006）。**量化研究與統計分析**。臺北市：五南。

施雅薇（2003）。**國中生生活壓力、負向情緒調適、社會支持與憂鬱情緒之關聯**（未出版之碩士論文）。國立成功大學，臺南市。

柯淑慧（2004）。**外籍母親與本籍母親之子女學業成就差異：以基隆市國小一年級為例**（未出版之碩士論文）。國立臺北師範學院，臺北市。

柯麗貞（2006）。**新移民子女家庭教養與生活適應之相關研究：以三峽鎮為例**（未出版之碩士論文）。臺北市立教育大學，臺北市。

段秀玲（2002）。**壓力管理**。臺北市：楷達文化。

胡金枝（1994）。**國小資優生的學習動機、批判思考與其國語科學業成就之關係**（未出版之碩士論文）。國立臺中師範學院，臺中市。

胡信吉（2003）。**花蓮地區青少年休閒活動現況與休閒阻礙因素之研究**（未出版之碩士論文）。國立臺灣師範大學，臺北市。

翁明國（2008）。**金門縣國民中小學校長遴選問題及其爭議**（未出版之碩士論文）。國立臺北教育大學，臺北市。

馬信行（2000）。**教育科學研究法**。臺北市：五南。

國立成功大學人類研究倫理治理架構（2014）。**常見問題**。2014 年 5 月 1 日，取自 https://rec.chass.ncku.edu.tw/faq。

張芳全（2013a）。**統計就是要這樣跑**（第三版）。臺北市：心理。

張芳全（2013b）。**論文就是要這樣寫**（第三版）。臺北市：心理。

張春興（1994）。**教育心理學**。臺北市：東華。

張耿介、陳文長（2004）。**休閒社會學**。臺北市：新文京。

張紹勳（2007）。**研究方法**。臺中市：滄海。

張毓芳（2002）。**臺北縣市國民小學校長轉型領導與學校組織氣氛關係之研究**（未出版之碩士論文）。國立臺北師範學院，臺北市。

張維中（2005）。**外籍配偶國小高年級兒童父母教養態度、同儕關係及自我效能之研究**（未出版之碩士論文）。中國文化大學，臺北市。

梁曉毅（2005）。**國民中學學生教導型組織理念與成就動機與助人行為之研究**（未出版之碩士論文）。國立東華大學，花蓮縣。

莊玉秀（2002）。**東南亞籍跨國婚姻婦女在臺文化適應與其參與教育活動關係之**

研究（未出版之碩士論文）。國立高雄師範大學，高雄市。

莊楹蕷（2008）。**新竹縣新移民子女課後休閒活動調查之研究**（未出版之碩士論文）。國立臺北教育大學，臺北市。

許健基（2005）。**桃園縣國中學生休閒活動現況調查之研究**（未出版之碩士論文）。國立彰化師範大學，彰化縣。

許顏輝（2004）。**國民中學學習型組織、學校組織氣氛與學校效能關係之研究：以中部地區為例**（未出版之碩士論文）。國立彰化師範大學，彰化縣。

郭生玉（1986）。**心理與教育研究法**。臺北市：精準。

郭生玉（1997）。**心理與教育測驗**。臺北市：精華。

陳李愛月（2002）。**高雄市外籍新娘婚姻與家庭生活之研究**（未出版之碩士論文）。國立中山大學，高雄市。

陳明利（2004）。**跨國婚姻下：東南亞外籍新娘來臺生活適應與教養子女經驗之研究**（未出版之碩士論文）。臺北市立師範學院，臺北市。

陳冠惠（2003）。**青少年生活型態、休閒態度與休閒參與之相關研究**（未出版之碩士論文）。國立雲林科技大學，雲林縣。

陳美惠（2001）。**彰化縣東南亞外籍新娘教養子女經驗之研究**（未出版之碩士論文）。國立嘉義大學，嘉義縣。

陳若欽（2003）。**文化適應與自我認同：以臺灣的越南新娘為例**（未出版之碩士論文）。淡江大學，新北市。

陳順宇（1998）。**多變量分析**。臺北市：華泰。

陳筱瑄（2003）。**臺中縣某國中學生內外控人格特質、主觀生活壓力、因應行為與自覺身心健康之相關研究**（未出版之碩士論文）。國立臺灣師範大學，臺北市。

陳萬結（2003）。**國中學生休閒活動之研究：以彰化縣為例**（未出版之碩士論文）。國立彰化師範大學，彰化縣。

陳碧容（2004）。**外籍新娘子女家庭環境與學校生活適應之相關研究：以臺灣地區東南亞新娘為例**（未出版之碩士論文）。國立臺北護理學院，臺北市。

彭偉峰（2004）。**國小高年級學童人格特質、父母管教方式對生活壓力影響之研究：以中部地區為例**（未出版之碩士論文）。國立臺中師範學院，臺中市。

彭淑纓（2005）。**越南女性配偶國小子女同儕關係之影響因素研究**（未出版之碩士論文）。靜宜大學，臺中市。

黃秀霜（1987）。**教育行政人員成就動機、工作特性與組織承諾之相關研究**（未

出版之碩士論文）。國立政治大學，臺北市。

黃叔建（2009）。**桃園縣國民小學學校氣氛與組織公民行為關係之研究**（未出版之碩士論文）。國立臺北教育大學，臺北市。

黃宛瑩（2007）。**我國大學生認知中的大學競爭力：以獲頒頂尖大學計畫之十二所大學為例**（未出版之碩士論文）。國立臺北教育大學，臺北市。

黃芳銘（2004）。**社會科學統計方法學：結構方程模式**。臺北市：五南。

黃芳銘（2006）。**結構方程程模式：理論與應用**。臺北市：五南。

黃惠惠（2005）。**情緒與壓力管理**。臺北市：張老師文化。

黃綺君（2005）。**新竹市國民小學新移民子女學習態度與學習成就之研究**（未出版之碩士論文）。國立新竹教育大學，新竹縣。

黃輝雄（1999）。**國民小學教師班級領導風格與學生成就動機關係之研究**（未出版之碩士論文）。國立屏東師範學院，屏東縣。

黃麗蓉（2002）。**桃園縣市國中學生休閒活動參與現況之相關研究**（未出版之碩士論文）。國立臺灣師範大學，臺北市。

葛倫珮（2007）。**新住民子女自我概念與學習風格之關係探討：以桃園縣國小高年級學生為例**（未出版之碩士論文）。國立臺北教育大學，臺北市。

詹沛繪（2008）。**基隆市新移民與本國籍子女知覺教育期望與生活壓力之研究**（未出版之碩士論文）。國立臺北教育大學，臺北市。

劉玉琛（1993）。**標點符號用法**。臺北市：國語日報社。

劉佑星（1985）。**國民小學視覺障礙學生自我觀念、成就動機與生活適應之研究**（未出版之碩士論文）。國立高雄師範大學，高雄市。

蔡嘉慧（1998）。**國中生的社會支持、生活壓力與憂鬱傾向之相關研究**（未出版之碩士論文）。國立高雄師範大學，高雄市。

謝天助（2003）。**休閒導論**。臺北市：歐語。

蘇瓊慧（2004）。**臺北縣國中生休閒參與及情緒調整之相關研究**（未出版之碩士論文）。國立臺灣師範大學，臺北市。

## 英文部分

Allison, M. T., Berg, E. C., Schneiaer, I. E., & Trost, M. (2001). Dyadic exploration of relationship of leisure saticfaction, leisure time, and gender to relationship saticfaction. *Leisure Science, 23*, 35-46.

Atkinson, J. W., & Feather, N. T. (1966). *A theory of achievement motivation*. New York, NY: John Wiley & Sons.

Bagozzi, R. P., & Yi, Y. (1988). On the evaluation of structural equation models. *Academic of Marketing Science, 16*, 76-94.

Beard, J. G., & Ragheb, M. G. (1980). Measuring leisure satisfaction. *Journal of Leisure Research, 12*, 20-33.

Bentler, P. M. (1982). Confirmatory factor analysis via non-iterative estimation: A fast inexpensive method. *Journal of Marketing Research, 19*, 417-424.

Bentler, P. M., & Bonett, D. G. (1980). Significance tests and goodness of fit in the analysis of covariance structures. *Psychological Bulletin, 88*, 588-606.

Bollen, K. A. (1989). *Structural equation modeling with latent variables*. New York, NY: John Wiley & Sons.

Churchill, G. A. Jr. (1979). A paradigm for developing better measures of marketing constructs. *Journal of Marketing Research, 16*, 64-73.

Devellis, R. F. (1991). *Scale development theory and applications*. London, UK: Sage.

Feinstein, L., Bynner, J., & Duckworth, K. (2006). Young people's leisure contexts and their relation to adult outcomes. *Journal of Youth Studies, 9*(3), 305-327.

Gay, L. R. (1992). *Educational research competencies for analysis and application*. New York, NY: Macmillan.

Gronlund, N. E. (1976). *Measurement and evaluation in teaching* (3rd ed.). NY: Macmillan.

Halpin, A., & Craft, D. (1963). *The organizational climate of schools*. Chicago, IL: University of Chicago.

Hoy, W. K., & Clover, S. I. R. (1986). Elementary school climate: A revision of the OCDQ. *Educational Administration Quarterly, 22*, 93-110.

Hoy, W., & Miskel, C. (2001). *Educational administration: Theory, research, and practice* (4th ed.). New York, NY: Random House.

Humbert, M. L., Rehman, T. A., & Thompson, A. M. (2005). Factors influencing the physically active leisure of children and youth: A qualitative study. *Leisure Science, 27*, 421-438.

Jöreskog, K. G., & Sörbom, D. (1993). *LISEL 8: Structural equation modeling with the SIMPLIS command language*. US: Scientific Software International, Inc.

Kline, R. B. (1998). *Principles and practice of structural equation modeling*. New York, NY: The Guilford Press.

Marsh, H. W., & Hocevar, D. (1985). A new more powerful method of multitrait-multimethod analysis. *Journal of Applied Psychology, 73*, 107-117.

McDonald, R. P., & Marsh, H. M. (1990). Choosing a multivariate model: Noncentrality and goodness-of-fit. *Psychological Bulletin, 107*, 247-255.

Mulaik, S. A., James, L. R., Van Altine, J., Bennett, N., & Stilwell, C. D. (1989). Evaluation of goodness-of-fit indices for structural equation models. *Psychological Bulletin, 105*, 430-445.

Nunnally, J. C. (1978). *Psychometric theory* (revised ed.). New York, NY: McGraw-Hill.

Price, J. H. (1985). A model for explaining adolescent stress. *Journal of Health Education, 16*(3), 36-40.

Shannon, C. S. (2006). Parents' messages about the role of extracurricular and unstructured leisure activities: Adolescents' perceptions. *Journal of Leisure Research, 38* (3), 398-421.

Spitzmüller, C., Glenn, D. M., Sutton, M. M., Barr, C. D., & Rogelberg, S. G. (2007). Survey nonrespondents as bad soldiers: Examining the relationship between organizational citizenship and survey response behavior. *International Journal of Selection & Assessment, 15*(4), 449-459.

Steunenberg, B., Braam, A. W., Beekman, A. T. F., Deeg, D. J. H., & Kerkhof, J. F. M. (2009). Evidence for an association of the big five personality factors with recurrence of depressive symptoms in later life. *International Journal of Geriatric Psychiatry, 24*, 1470-1477.

Weiner, B. (1985). An attribution analysis of achievement motivation. *Journal of Personality and Social Psychology, 15*(1), 1-20.

# 附錄

## 附錄 1　專家評定問卷

### 新竹縣新移民子女課後休閒活動現況之研究問卷

（專家效度評定問卷）

敬愛的教授、教育先進們：您好！

　　本問卷旨在瞭解國中階段新移民子女於平日課後（週一到週五）的休閒狀況。希望藉由此調查問卷結果，提供相關單位在教育政策規劃上的參考。敬請各位教授、教育先進能惠賜寶貴意見，使本研究得以順利進行，謝謝您的鼎力支持與不吝指正。

　　祝　平安喜樂

國立臺北教育大學教育政策與管理研究所

指導教授：張芳全　博士

研　究　生：莊楹薔　敬上

## 第一部分　基本資料

填答說明：

1. 此部分題目由研究者依研究需要設計。

2. 煩請教授及教育先進，在需要修正之題項下惠予您寶貴的建議。

1. 年級：(1)□七年級　(2)□八年級　(3)□九年級

　　修正意見：□不修改　□修改

　　改成＿＿＿＿＿＿＿＿＿＿＿＿＿＿＿＿＿＿＿＿＿＿＿＿＿

2. 每週的零用錢：(1)□無零用錢　(2)□1 元～500 元　(3)□501 元～1000 元

　　(4)□1001 元以上

　　修正意見：□不修改　□修改

　　改成＿＿＿＿＿＿＿＿＿＿＿＿＿＿＿＿＿＿＿＿＿＿＿＿＿

3. 陪伴你參與休閒活動時間**最多**的夥伴（**單選**）：⑴□父母親　⑵□兄弟姐妹　⑶□同學　⑷□一般朋友

　修正意見：□不修改　□修改

　改成＿＿＿＿＿＿＿＿＿＿＿＿＿＿＿＿＿＿＿＿＿＿＿＿＿

4. 爸爸教育程度：⑴□國中（包含以下）　⑵□高中職　⑶□大學　⑷□碩士以上

　修正意見：□不修改　□修改

　改成＿＿＿＿＿＿＿＿＿＿＿＿＿＿＿＿＿＿＿＿＿＿＿＿＿

5. 媽媽教育程度：⑴□國中（包含以下）　⑵□高中職　⑶□大學　⑷□碩士以上

　修正意見：□不修改　□修改

　改成＿＿＿＿＿＿＿＿＿＿＿＿＿＿＿＿＿＿＿＿＿＿＿＿＿

6. 家中每月平均經濟收入：⑴□10,000元以下　⑵□10,001元～20,000元　⑶□20,001元～30,000元　⑷□30,001元以上

　修正意見：□不修改　□修改

　改成＿＿＿＿＿＿＿＿＿＿＿＿＿＿＿＿＿＿＿＿＿＿＿＿＿

7. 爸爸的職業是：＿＿＿＿＿＿＿＿＿（如沒有工作請填「無」）

　修正意見：□不修改　□修改

　改成＿＿＿＿＿＿＿＿＿＿＿＿＿＿＿＿＿＿＿＿＿＿＿＿＿

8. 媽媽的職業是：＿＿＿＿＿＿＿＿＿（如沒有工作請填「無」）

　修正意見：□不修改　□修改

　改成＿＿＿＿＿＿＿＿＿＿＿＿＿＿＿＿＿＿＿＿＿＿＿＿＿

第一部分　專家綜合意見：

## 第二部分　休閒活動參與時間量

　　本研究所稱休閒活動參與是指研究對象**上課日（週一至週五）放學後**，扣除每天例行活動（吃飯、睡覺、念書……等）所剩餘之自由時間，依個人興趣喜好，主動參與室內及室外各項活動，以達身心靈放鬆之目的，並獲得自我成長與滿足。休閒活動類型包含體能運動類、知性藝文類、社交服務類、消遣逸樂類等四大部分；休閒活動時間分為「未滿 1 小時」、「1 至 2 小時」、「2 至 3 小時」、「3 小時以上」共四個等第。

*依實際參與的項目中勾出實際參與之時間*（**若無參加則不用勾**）

填答說明：

1. 本研究係參酌相關文獻及論文，兼具理論與實務經驗自行編製而成。
2. 如您認為此題目適合放在本問卷之該類別中請在「合適」欄中打「∨」；如不適合，則請在「不合適」欄中打「∨」；如屬文字用字修正，則請在「修正後合適」欄中打「∨」，並惠予指正。

## 一、體能運動類

　　（本向度包括 1～17 題，依其合適度，於右邊進行勾選）

|  | 合適 | 不合適 | 修正後合適 |
|---|---|---|---|
| 1.游泳　修正意見＿＿＿＿＿＿＿＿ | ☐ | ☐ | ☐ |
| 2.登山　修正意見＿＿＿＿＿＿＿＿ | ☐ | ☐ | ☐ |
| 3.籃球　修正意見＿＿＿＿＿＿＿＿ | ☐ | ☐ | ☐ |
| 4.排球　修正意見＿＿＿＿＿＿＿＿ | ☐ | ☐ | ☐ |

|  | 合<br><br>適 | 不<br>合<br>適 | 修<br>正<br>後<br>合<br>適 |
|---|---|---|---|
| 5. 棒球 | ☐ | ☐ | ☐ |
| 修正意見＿＿＿＿＿＿＿＿＿＿＿＿＿＿＿＿＿ | | | |
| 6. 羽毛球 | ☐ | ☐ | ☐ |
| 修正意見＿＿＿＿＿＿＿＿＿＿＿＿＿＿＿＿＿ | | | |
| 7. 有氧舞蹈 | ☐ | ☐ | ☐ |
| 修正意見＿＿＿＿＿＿＿＿＿＿＿＿＿＿＿＿＿ | | | |
| 8. 街舞 | ☐ | ☐ | ☐ |
| 修正意見＿＿＿＿＿＿＿＿＿＿＿＿＿＿＿＿＿ | | | |
| 9. 撞球 | ☐ | ☐ | ☐ |
| 修正意見＿＿＿＿＿＿＿＿＿＿＿＿＿＿＿＿＿ | | | |
| 10. 熱舞 | ☐ | ☐ | ☐ |
| 修正意見＿＿＿＿＿＿＿＿＿＿＿＿＿＿＿＿＿ | | | |
| 11. 溜直排輪 | ☐ | ☐ | ☐ |
| 修正意見＿＿＿＿＿＿＿＿＿＿＿＿＿＿＿＿＿ | | | |
| 12. 騎腳踏車 | ☐ | ☐ | ☐ |
| 修正意見＿＿＿＿＿＿＿＿＿＿＿＿＿＿＿＿＿ | | | |
| 13. 散步 | ☐ | ☐ | ☐ |
| 修正意見＿＿＿＿＿＿＿＿＿＿＿＿＿＿＿＿＿ | | | |
| 14. 慢跑 | ☐ | ☐ | ☐ |
| 修正意見＿＿＿＿＿＿＿＿＿＿＿＿＿＿＿＿＿ | | | |
| 15. 攀岩 | ☐ | ☐ | ☐ |
| 修正意見＿＿＿＿＿＿＿＿＿＿＿＿＿＿＿＿＿ | | | |
| 16. 武術 | ☐ | ☐ | ☐ |
| 修正意見＿＿＿＿＿＿＿＿＿＿＿＿＿＿＿＿＿ | | | |
| 17. 跆拳道 | ☐ | ☐ | ☐ |
| 修正意見＿＿＿＿＿＿＿＿＿＿＿＿＿＿＿＿＿ | | | |

## 二、知性藝文類

（本向度包括 18～24 題，依其合適度，於右邊進行勾選）

|  | 合適 | 不合適 | 修正後合適 |
|---|:---:|:---:|:---:|
| 18.閱讀書報 | ☐ | ☐ | ☐ |
| 　修正意見＿＿＿＿＿＿＿＿＿＿＿＿＿＿＿ | | | |
| 19.參觀展覽 | ☐ | ☐ | ☐ |
| 　修正意見＿＿＿＿＿＿＿＿＿＿＿＿＿＿＿ | | | |
| 20.參加學藝活動 | ☐ | ☐ | ☐ |
| 　修正意見＿＿＿＿＿＿＿＿＿＿＿＿＿＿＿ | | | |
| 21.寫書法 | ☐ | ☐ | ☐ |
| 　修正意見＿＿＿＿＿＿＿＿＿＿＿＿＿＿＿ | | | |
| 22.製作手工藝品 | ☐ | ☐ | ☐ |
| 　修正意見＿＿＿＿＿＿＿＿＿＿＿＿＿＿＿ | | | |
| 23.攝影 | ☐ | ☐ | ☐ |
| 　修正意見＿＿＿＿＿＿＿＿＿＿＿＿＿＿＿ | | | |
| 24.彈奏樂器 | ☐ | ☐ | ☐ |
| 　修正意見＿＿＿＿＿＿＿＿＿＿＿＿＿＿＿ | | | |

## 三、社交服務類

（本向度包括 25～28 題，依其合適度，於右邊進行勾選）

|  | 合適 | 不合適 | 修正後合適 |
|---|:---:|:---:|:---:|
| 25.拜訪親友 | ☐ | ☐ | ☐ |
| 　修正意見＿＿＿＿＿＿＿＿＿＿＿＿＿＿＿ | | | |
| 26.參與社區活動 | ☐ | ☐ | ☐ |
| 　修正意見＿＿＿＿＿＿＿＿＿＿＿＿＿＿＿ | | | |
| 27.聊天 | ☐ | ☐ | ☐ |
| 　修正意見＿＿＿＿＿＿＿＿＿＿＿＿＿＿＿ | | | |
| 28.志工參與 | ☐ | ☐ | ☐ |
| 　修正意見＿＿＿＿＿＿＿＿＿＿＿＿＿＿＿ | | | |

| | 合<br><br>適 | 不<br>合<br>適 | 修<br>正<br>後<br>合<br>適 |
|---|---|---|---|

**四、消遣逸樂類**

（本向度包括 29～35 題，依其合適度，於右邊進行勾選）

29. 看電視

　　修正意見＿＿＿＿＿＿＿＿＿＿＿＿＿＿＿＿＿＿＿　□　□　□

30. 看電影

　　修正意見＿＿＿＿＿＿＿＿＿＿＿＿＿＿＿＿＿＿＿　□　□　□

31. 逛街

　　修正意見＿＿＿＿＿＿＿＿＿＿＿＿＿＿＿＿＿＿＿　□　□　□

32. 聽音樂

　　修正意見＿＿＿＿＿＿＿＿＿＿＿＿＿＿＿＿＿＿＿　□　□　□

33. 下棋

　　修正意見＿＿＿＿＿＿＿＿＿＿＿＿＿＿＿＿＿＿＿　□　□　□

34. KTV 唱歌

　　修正意見＿＿＿＿＿＿＿＿＿＿＿＿＿＿＿＿＿＿＿　□　□　□

35. 玩線上遊戲

　　修正意見＿＿＿＿＿＿＿＿＿＿＿＿＿＿＿＿＿＿＿　□　□　□

## 第三部分　休閒滿意度

以下問題是想瞭解研究對象在參與休閒活動後，自身主觀所知覺到的滿度程度。包含心理性、教育性、社交性、生理性等四大部分。

填答說明：

1. 本研究係參酌相關文獻及論文，兼具理論與實務經驗自行編製而成。

2. 本問卷問題共有十六題，以「非常滿意」、「滿意」、「不滿意」、「非常不滿意」共四個等第做為休閒滿意度的勾選。

3. 如您認為此題目適合放在本問卷之該向度中請在「合適」欄中打「∨」；如不適合，則請在「不合適」欄中打「∨」；如屬文字用字修正，則請在「修正後合適」欄中打「∨」，並惠予指正。

|  | 合<br><br>適 | 不<br>合<br>適 | 修<br>正<br>後<br>合<br>適 |
|---|---|---|---|

**心理性層面**：1～4 題

1. 參與休閒活動可以調整我不愉快的情緒
　修正意見＿＿＿＿＿＿＿＿＿＿＿＿＿＿＿＿＿　　□　　□　　□

2. 參與休閒活動可以紓解我的壓力
　修正意見＿＿＿＿＿＿＿＿＿＿＿＿＿＿＿＿＿　　□　　□　　□

3. 參與休閒活動可以讓我心理感到放鬆
　修正意見＿＿＿＿＿＿＿＿＿＿＿＿＿＿＿＿＿　　□　　□　　□

4. 參與休閒活動讓我獲得內心喜悅
　修正意見＿＿＿＿＿＿＿＿＿＿＿＿＿＿＿＿＿　　□　　□　　□

**教育性層面**：5～8 題

5. 參與休閒活動能讓我增長知
　修正意見＿＿＿＿＿＿＿＿＿＿＿＿＿＿＿＿＿　　□　　□　　□

6. 參與休閒活動讓我學得新的技能
　修正意見＿＿＿＿＿＿＿＿＿＿＿＿＿＿＿＿＿　　□　　□　　□

7. 參與休閒活動會讓我增廣見聞
　修正意見＿＿＿＿＿＿＿＿＿＿＿＿＿＿＿＿＿　　□　　□　　□

8. 參與休閒活動讓我獲得別人的肯定
　修正意見＿＿＿＿＿＿＿＿＿＿＿＿＿＿＿＿＿　　□　　□　　□

**社交性層面**：9～12 題

9. 參與休閒活動可以拓展我的人際關係
　修正意見＿＿＿＿＿＿＿＿＿＿＿＿＿＿＿＿＿　　□　　□　　□

10. 參與休閒活動可以讓我和朋友間情感更加融洽
　修正意見＿＿＿＿＿＿＿＿＿＿＿＿＿＿＿＿＿　　□　　□　　□

11. 參與休閒活動可以讓我瞭解別人
　修正意見＿＿＿＿＿＿＿＿＿＿＿＿＿＿＿＿＿　　□　　□　　□

12. 參與休閒活動有助於自我瞭解
　修正意見＿＿＿＿＿＿＿＿＿＿＿＿＿＿＿＿＿　　□　　□　　□

|  | 合適 | 不合適 | 修正後合適 |
|---|---|---|---|

**生理性層面**：13～16題

13. 參與休閒活動可以增加我的體能　　　□　□　□

　　修正意見＿＿＿＿＿＿＿＿＿＿＿＿＿＿＿＿＿

14. 參與休閒活動讓我的身體變得強壯　　□　□　□

　　修正意見＿＿＿＿＿＿＿＿＿＿＿＿＿＿＿＿＿

15. 參與休閒活動可以讓我恢復體力　　　□　□　□

　　修正意見＿＿＿＿＿＿＿＿＿＿＿＿＿＿＿＿＿

16. 參與休閒活動保持身體健康　　　　　□　□　□

　　修正意見＿＿＿＿＿＿＿＿＿＿＿＿＿＿＿＿＿

（本問卷到此結束，萬分感激您的協助與指正）

## 附錄 2　學者專家審查意見彙整表

| 代號 | 任職單位 | 代號 | 任職單位 |
|---|---|---|---|
| B 教授 | 國立臺灣師範大學 | F 教授 | 國立暨南國際大學 |
| C 教授 | 國立新竹教育大學 | G 教授 | 淡江大學 |
| D 教授 | 輔仁大學 | H 教授 | 臺北市立教育大學 |
| E 教授 | 國立編譯館 | I 教授 | 臺北市立教育大學 |

各題的意見整理如下：

## 第一部分　基本資料

| | |
|---|---|
| 原始題目 | 1.年級：⑴七年級　⑵八年級　⑶九年級 |
| 專家建議 | 無需修正 |
| **最後修正** | **1.年級：⑴七年級　⑵八年級　⑶九年級** |

| | |
|---|---|
| 原始題目 | 2.每週的零用錢：⑴無零用錢　⑵1 元～500 元　⑶501 元～1000 元　⑷1001 元以上 |
| D 建議 | 以 500 元為區分差距會不會太大，其標準及考量為何？ |
| G 建議 | 1～500 元距離可能太大，新移民子女若大部分家境不佳，則零用錢較少，故可縮短差距 |
| I 建議 | 差異太大，請與指導教授斟酌 |
| **最後修正** | **增列一題：「每週的零用錢有多少元？」供受試者自由填答** |

| | |
|---|---|
| 原始題目 | 3.陪伴你參與休閒活動時間**最多**的夥伴（**單選**）：⑴父母親　⑵兄弟姐妹　⑶同學　⑷一般朋友 |
| E 建議 | 建議⑷一般朋友可再區分為親戚、鄰居，或是其他（註明：＿＿＿） |
| F 建議 | 建議增列祖父母 |
| G 建議 | 須讓答填學生在填此題目時，瞭解問卷中休閒活動的意義與範圍 |
| **最後修正** | **⑴父母親　⑵兄弟姐妹　⑶同學　⑷一般朋友（如：親戚、鄰居……等）　⑸其他＿＿＿** |

| 原始題目 | 4.爸爸教育程度：(1)國中（包含以下）　(2)高中職　(3)大學　(4)碩士以上 |
|---|---|
| E 建議 | 題目改為爸爸的學歷(1)改成國小或國中　(2)高中或高職　(3)專科或大學 (4)碩士或博士，建議少用以上、以下等階段性字眼 |
| F 建議 | 增列專科 |
| 最後修正 | **爸爸的學歷是：(1)國中（包含以下）　(2)高中或高職　(3)專科或大學(4) 碩士或博士** |

| 原始題目 | 5.媽媽教育程度：(1)國中（包含以下）　(2)高中職　(3)大學　(4)碩士以上 |
|---|---|
| E 建議 | 題目改為媽媽的學歷(1)改成國小或國中　(2)高中或高職　(3)專科或大學 (4)碩士或博士，建議少用以上、以下等階段性字眼 |
| F 建議 | 增列專科 |
| 最後修正 | **媽媽的學歷是：(1)國中（包含以下）　(2)高中或高職　(3)專科或大學 (4)碩士或博士** |

| 原始題目 | 6.家中每月平均經濟收入：(1) 10,000 元以下　(2) 10,001 元～20,000 元 (3) 20,001 元～30,000 元　(4) 30,001 元以上 |
|---|---|
| B 建議 | (1)刪除　(4)改成 40,000 元以上 |
| D 建議 | 小孩可能不知道 |
| E 建議 | 題目改為「家中每月平均總收入」，30,000 元以上均視為同一級，請考慮是否妥適，或有無文獻支持 |
| F 建議 | 級距是否太少 |
| I 建議 | 選項改成(1) 20,000 元以下　(2) 20,001 元～40,000 元　(3) 40,001 元～60,000 元　(4) 60,001 元以上。或與教授討論，因是家庭非個人 |
| 最後修正 | **家中每月平均經濟收入：(1) 20,000 元以下　(2) 20,001 元～40,000 元 (3) 40,001 元～60,000 元　(4) 60,001 元以上** |

| 原始題目 | 7.爸爸的職業是：＿＿＿＿＿＿（如沒有工作請填「無」） |
|---|---|
| E 建議 | 應舉例，以免填答者不知如何界定「職業」，並可避免以進行後續分析 |
| G 建議 | 如屬開放性填答，研究者要有通學的歸納分級架構或系統 |
| H 建議 | 不好填 |
| 最後修正 | **爸爸的工作是（如：工程師、小販……請自行填答）：＿＿＿＿＿＿（若沒 有工作請填「無」）** |

| 原始題目 | 8.媽媽的職業是：＿＿＿＿＿＿＿（如沒有工作請填「無」） |
|---|---|
| E 建議 | 應舉例，以免填答者不知如何界定「職業」，並可避免以進行後續分析 |
| G 建議 | 如屬開放性填答，研究者須有通學的歸納分級架構或系統 |
| H 建議 | 不好填 |
| 最後修正 | 媽媽的工作是（如：保險員、護士……請自行填答）：＿＿＿＿＿＿（若沒有工作請填「無」） |

## 第二部分　休閒活動參與時間量

| 原始題目 | 第一類：體能運動類包括 1～17 項活動 |
|---|---|
| B 建議 | 街舞與熱舞很接近 |
| D 建議 | 有些活動有動詞開頭，有些沒有 |
| E 建議 | 1.建議體能運動類有所歸類，可參照現行普高體育課綱之分類方式<br>2.有氧舞蹈、街舞、熱舞三項合併或再分類<br>3.騎腳踏車、散步、慢跑三項以此等方式上下學，是否視為休閒？<br>4.有武術、跆拳道，那空手道、柔道、合氣道……為何未列？<br>5.「登山」此選項不適合。 |
| F 建議 | 「登山」相關的活動是否包括？ |
| I 建議 | 1.「登山」改成「爬山」<br>2.「街舞」和「熱舞」合併即可<br>3.「散步」和「慢跑」合併即可 |
| 最後修正 | **1.**「登山」改成「爬山」<br>**2.**「街舞」和「熱舞」；「散步」和「慢跑」維持原案 |

| 原始題目 | 第二類：知性藝文類包括 18～24 題活動 |
|---|---|
| E 建議 | 1.本向度 18～24 題似乎無法涵蓋所有藝文活動？<br>2.「參觀展覽」和「參加學藝活動」有所不同，需更明確<br>3.「製作手工藝品」是否要舉例？ |
| H 建議 | 「參加學藝活動」是指何？ |
| I 建議 | 「閱讀書報」改成「閱讀」 |
| 最後修正 | 「參加學藝活動」改成「參加才藝活動」 |

| 原始題目 | 第三類：社交服務類包括 25～28 題活動 |
|---|---|
| C 建議 | 「志工參與」改成「擔任志工」 |
| E 建議 | 1.「參與社區活動」應更明確 |
| | 2.「拜訪親友」和「聊天」彼此重疊性頗高，「聊天」如何聊？與誰聊？ |
| | 3.「參與社區活動」和「志工參與」彼此重疊性頗高 |
| G 建議 | 1.「拜訪親友」這算是休閒嗎？ |
| | 2.此類活動歸為休閒，應在文中有較多說明 |
| H 建議 | 「參與社會活動」是指何？ |
| I 建議 | 「聊天」改為「聊天或 MSN」，但這不是社交 |
| 最後修正 | **1.「志工參與」改成「擔任志工」** |
| | **2.在「聊天」項目中註明如：即時通、MSN** |

| 原始題目 | 第四類：消遣逸樂類包括 29～35 題活動 |
|---|---|
| D 建議 | 可增列「其他」讓學生填寫 |
| E 建議 | 「看電影」電視上播的電影算嗎？ |
| F 建議 | 應包括其他 video game 如：Wii、PS2、Xbox、NDS 等 |
| 最後修正 | **1.「玩線上遊戲」加註如 Wii、PS2、Xbox、NDS 等** |
| | **2.增列第 36 題「其他」供受試者自由填答** |

## 第三部分　休閒滿意度

| 原始題目 | 心理性：1.參與休閒活動可以調整我不愉快的情緒 |
|---|---|
| E 建議 | 參與休閒活動可以緩和我不愉快的情緒 |
| 最後修正 | **心理性：1.參與休閒活動可以緩和我不愉快的情緒** |

| 原始題目 | 心理性：2.參與休閒活動可以紓解我的壓力 |
|---|---|
| 建議 | 無需修正 |
| 最後修正 | **心理性：2.參與休閒活動可以紓解我的壓力** |

| 原始題目 | 心理性：3.參與休閒活動可以讓我心理感到放鬆 |
|---|---|
| C 建議 | 參與休閒活動可以讓我感到身心放鬆 |
| E 建議 | 參與休閒活動可以放鬆我的心情 |
| 最後修正 | **心理性：3.參與休閒活動可以放鬆我的心情** |

| 原始題目 | 心理性：4.參與休閒活動讓我獲得內心喜悅 |
|---|---|
| D 建議 | 參與休閒活動可讓我獲得內心的喜悅 |
| 最後修正 | 心理性：**4.**參與休閒活動可讓我獲得內心的喜悅 |

| 原始題目 | 教育性：5.參與休閒活動能讓我增長知 |
|---|---|
| B 建議 | 「參與……增長知」題意不清？ |
| C 建議 | 參與休閒活動能讓我增長知識 |
| D 建議 | 「參與……增長知」題意不清？ |
| E 建議 | 參與休閒活動能讓我增長知識 |
| G 建議 | 「參與……增長知」題意不清？ |
| I 建議 | 參與休閒活動能讓我增長知識 |
| 最後修正 | 教育性：**5.**參與休閒活動能讓我增長知識 |

| 原始題目 | 教育性：6.參與休閒活動讓我學得新的技能 |
|---|---|
| 建議 | 無需修正 |
| 最後修正 | 教育性：**6.**參與休閒活動讓我學得新的技能 |

| 原始題目 | 教育性：7.參與休閒活動會讓我增廣見聞 |
|---|---|
| H 建議 | 參與休閒活動讓我增廣見聞 |
| 最後修正 | 教育性：**7.**參與休閒活動會讓我增廣見聞 |

| 原始題目 | 教育性：8.參與休閒活動讓我獲得別人的肯定 |
|---|---|
| I 建議 | 與教育性無關 |
| 最後修正 | 教育性：**8.**參與休閒活動讓我獲得別人的肯定 |

| 原始題目 | 社交性：9.參與休閒活動可以拓展我的人際關係 |
|---|---|
| 建議 | 無需修正 |
| 最後修正 | 社交性：**9.**參與休閒活動可以拓展我的人際關係 |

| 原始題目 | 社交性：10.參與休閒活動可以讓我和朋友間情感更加融洽 |
|---|---|
| D 建議 | 參與休閒活動可以讓我和朋友間的情感更加融洽 |
| 最後修正 | 社交性：**10.**參與休閒活動可以讓我和朋友間的情感更加融洽 |

| 原始題目 | 社交性：11.參與休閒活動可以讓我瞭解別人 |
|---|---|
| E 建議 | 參與休閒活動可以讓我更瞭解別人 |
| **最後修正** | **社交性：11.參與休閒活動可以讓我更瞭解別人** |

| 原始題目 | 社交性：12.參與休閒活動有助於自己瞭解 |
|---|---|
| B 建議 | 參與休閒活動有助於瞭解自己 |
| C 建議 | 參與休閒活動有助於瞭解自己，或「自我瞭解」 |
| D 建議 | 參與休閒活動有助於瞭解自己 |
| E 建議 | 參與休閒活動有助於自我瞭解 |
| I 建議 | 非「社交」性 |
| **最後修正** | **社交性：12.參與休閒活動有助於瞭解自己** |

| 原始題目 | 生理性：13.參與休閒活動可以增加我的體能 |
|---|---|
| B 建議 | 參與休閒活動可以增進我的體能 |
| **最後修正** | **生理性：13.參與休閒活動可以增進我的體能** |

| 原始題目 | 生理性：14.參與休閒活動讓我的身體變得強壯 |
|---|---|
| D 建議 | 參與休閒活動讓我的身體變得更強壯 |
| E 建議 | 參與休閒活動讓我的身體變得更強壯 |
| **最後修正** | **生理性：14.參與休閒活動讓我的身體變得更強壯** |

| 原始題目 | 生理性：15.參與休閒活動可以讓我恢復體力 |
|---|---|
| 建議 | 無需修正 |
| **最後修正** | **生理性：15.參與休閒活動可以讓我恢復體力** |

| 原始題目 | 生理性：16.參與休閒活動保持身體健康 |
|---|---|
| B 建議 | 參與休閒活動可以保持身體健康 |
| D 建議 | 參與休閒活動可以讓我保持身體健康 |
| E 建議 | 參與休閒活動可以讓我保持身體健康 |
| H 建議 | 參與休閒活動可以保持身體健康 |
| **最後修正** | **生理性：16.參與休閒活動可以讓我保持身體健康** |

## 第三部分　「休閒滿意度」合適度彙整表

| 題目＼學者 | B | C | D | E | F | G | H | I | 合適 |
|---|---|---|---|---|---|---|---|---|---|
| 題目 1 | ✓ | ○ | ✓ | ○ | ✓ | ✓ | ✓ | ✓ | **6** 位 |
| 題目 2 | ✓ | ✓ | ✓ | ✓ | ✓ | ✓ | ✓ | ✓ | **8** 位 |
| 題目 3 | ✓ | ○ | ✓ | ○ | ✓ | ✓ | ✓ | ✓ | **6** 位 |
| 題目 4 | ✓ | ✓ | ○ | ✓ | ✓ | ✓ | ✓ | ✓ | **7** 位 |
| 題目 5 | ○ | ○ | ○ | ✓ | ✓ | ○ | ✓ | ○ | **3** 位 |
| 題目 6 | ✓ | ✓ | ✓ | ✓ | ✓ | ✓ | ✓ | ✓ | **8** 位 |
| 題目 7 | ✓ | ✓ | ✓ | ✓ | ✓ | ✓ | ✓ | ✓ | **8** 位 |
| 題目 8 | ✓ | ✓ | ✓ | ✓ | ✓ | ✓ | ✓ | X | **7** 位 |
| 題目 9 | ✓ | ✓ | ✓ | ✓ | ✓ | ✓ | ✓ | ✓ | **8** 位 |
| 題目 10 | ✓ | ✓ | ○ | ✓ | ✓ | ✓ | ✓ | ✓ | **7** 位 |
| 題目 11 | ✓ | ✓ | ✓ | ○ | ✓ | ✓ | ✓ | ✓ | **7** 位 |
| 題目 12 | ○ | ○ | ○ | ○ | ✓ | ✓ | ✓ | X | **3** 位 |
| 題目 13 | ○ | ✓ | ✓ | ✓ | ✓ | ✓ | ✓ | ✓ | **7** 位 |
| 題目 14 | ✓ | ✓ | ○ | ✓ | ✓ | ✓ | ✓ | ✓ | **7** 位 |
| 題目 15 | ✓ | ✓ | ✓ | ✓ | ✓ | ✓ | ✓ | ✓ | **8** 位 |
| 題目 16 | ○ | ✓ | ○ | ✓ | ✓ | ✓ | ✓ | ✓ | **6** 位 |

註：✓代表「合適」、○代表「修正後合適」、X 代表「不合適」。

## 第二、三部分綜合意見

| 學者代號 | 意見 |
|---|---|
| E 建議 | 1. 第二部分：分類不均勻，建議以大分類為題，小分類為例（如：戶外活動：登山、自行車、直排輪。） |
| | 2. 第三部分：問題同質性過高，應再求具體明確，以利提高各題之特殊性。 |
| | 3. 整份問卷之題目似乎有變異性過小的問題，此對未來的統計分析而言，可能不易達到顯著。 |
| F 建議 | 可以透過對學生之調查獲得初步的問卷題目。 |
| G 建議 | 第三部分題目的題幹大致合宜，但答題採「非常滿意……」之方式恐不妥適，如答題改為「非常符合……」，且在指導中修正說明。如此修正，則研究變項恐兆參與滿意度，兩數偏向參與效果之探討，這是我的想法您可參酌，如您留原題型，也未曾不可。 |

## 附錄 3　預試問卷

### 新竹縣新移民子女課後休閒活動現況之研究問卷

親愛的同學您好：

　　這份問卷主要是想瞭解您平日課後（週一到週五）的休閒狀況，以做為學術研究之用，所以非常需要您提供意見。這不是考試，沒有標準答案，只需依照自己的實際狀況回答就可以囉！每一題都要完成作答，您所填的任何資料是絕對保密，請放心填答吧！謝謝您的協助。

　　祝　健康快樂　學業進步

國立臺北教育大學教育政策與管理研究所

指導教授：張芳全　博士

研　究　生：莊楹蘡　敬上

## 第一部分　基本資料

說明：請在適當的 □ 內打勾

1. 性別：(1)□男生　(2)□女生

2. 年級：(1)□七年級　(2)□八年級　(3)□九年級

3. 每週的零用錢：(1)□無零用錢　(2)□1 元～500 元　(2)□501 元～1000 元
(3)□1001 元以上

4. 每週的零用錢有多少呢？_____元（請自己填入，如果沒有則不用填）

5. 陪伴你參與休閒活動時間**最多**的夥伴（**單選**）：(1)□父母親　(2)□兄弟姐妹
(3)□同學　(4)□一般朋友（如：親戚、鄰居……等）　(5)□其他_____

6. 爸爸的學歷是：(1)□國中（包含以下）　(2)□高中或高職　(3)□專科或大學
(4)□碩士或博士

7. 媽媽的學歷是：(1)□國中（包含以下）　(2)□高中或高職　(3)□專科或大學
(4)□碩士或博士

8. 爸爸的工作是（如：工程師、小販……請自行填答）：_____（若沒有工作請填「無」）

9. 媽媽的工作是（如：保險員、護士……請自行填答）：_____（若沒有工作請填「無」）

10. 家中（雙親）每月平均經濟收入：(1)□16,000 元以下　(2)□16,001 元～32,000 元　(3)□32,001 元～48,000 元　(4)□48,001 元以上

## 第二部分　休閒活動參與時間量

> 說明：本研究所稱休閒活動參與是指**上課日（週一至週五）放學後**，扣除每天例行活動（吃飯、睡覺、念書……等）所剩餘之自由時間，並依個人興趣喜好，主動參與室內及室外各項活動，以達身心靈放鬆之目的，並從中獲得自我成長與滿足。
>
> **請在您實際參與的項目中勾出實際參與之時間**（**若無參加則不用勾**）

| | 一週平均約 | | | | | 一週平均約 | | | |
|---|---|---|---|---|---|---|---|---|---|
| | 未滿1小時 | 1至2小時 | 2至3小時 | 3小時以上 | | 未滿1小時 | 1至2小時 | 2至3小時 | 3小時以上 |
| 1.游泳 | □ | □ | □ | □ | 2.爬山 | □ | □ | □ | □ |
| 3.籃球 | □ | □ | □ | □ | 4.排球 | □ | □ | □ | □ |
| 5.棒球 | □ | □ | □ | □ | 6.羽毛球 | □ | □ | □ | □ |
| 7.有氧舞蹈 | □ | □ | □ | □ | 8.街舞 | □ | □ | □ | □ |
| 9.撞球 | □ | □ | □ | □ | 10.熱舞 | □ | □ | □ | □ |
| 11.溜直排輪 | □ | □ | □ | □ | 12.騎腳踏車 | □ | □ | □ | □ |
| 13.散步 | □ | □ | □ | □ | 14.慢跑 | □ | □ | □ | □ |

| | 一週平均約 | | | | | 一週平均約 | | | |
|---|---|---|---|---|---|---|---|---|---|
| | 未滿1小時 | 1至2小時 | 2至3小時 | 3小時以上 | | 未滿1小時 | 1至2小時 | 2至3小時 | 3小時以上 |
| 15.攀岩 | ☐ | ☐ | ☐ | ☐ | 16.武術（如：柔道……等） | ☐ | ☐ | ☐ | ☐ |
| 17.跆拳道 | ☐ | ☐ | ☐ | ☐ | 18.閱讀書報 | ☐ | ☐ | ☐ | ☐ |
| 19.參觀展覽 | ☐ | ☐ | ☐ | ☐ | 20.參加才藝活動 | ☐ | ☐ | ☐ | ☐ |
| 21.寫書法 | ☐ | ☐ | ☐ | ☐ | 22.製作手工藝品 | ☐ | ☐ | ☐ | ☐ |
| 23.攝影 | ☐ | ☐ | ☐ | ☐ | 24.彈奏樂器 | ☐ | ☐ | ☐ | ☐ |
| 25.拜訪親友 | ☐ | ☐ | ☐ | ☐ | 26.參與社區活動 | ☐ | ☐ | ☐ | ☐ |
| 27.聊天（如：即時通） | ☐ | ☐ | ☐ | ☐ | 28.擔任志工 | ☐ | ☐ | ☐ | ☐ |
| 29.看電視 | ☐ | ☐ | ☐ | ☐ | 30.看電影（片） | ☐ | ☐ | ☐ | ☐ |
| 31.逛街 | ☐ | ☐ | ☐ | ☐ | 32.聽音樂 | ☐ | ☐ | ☐ | ☐ |
| 33.下棋 | ☐ | ☐ | ☐ | ☐ | 34.KTV 唱歌 | ☐ | ☐ | ☐ | ☐ |
| 35.玩線上遊戲（如：Wii、PS2、Xbox……等） | ☐ | ☐ | ☐ | ☐ | 36.其他＿＿＿（自由填答） | ☐ | ☐ | ☐ | ☐ |

## 第三部分　休閒滿意度

說明：以下問題是想瞭解您對於休閒活動參與的滿度程度，請依自己的想法在□內打勾，**每題答案只有一個唷**！

|  | 非常滿意 | 滿意 | 不滿意 | 非常不滿意 |
|---|---|---|---|---|
| 1.參與休閒活動能讓我增長知識 …………………… | □ | □ | □ | □ |
| 2.參與休閒活動可以緩和我不愉快的情緒 ………… | □ | □ | □ | □ |
| 3.參與休閒活動可以紓解我的壓力 ………………… | □ | □ | □ | □ |
| 4.參與休閒活動可以拓展我的人際關係 …………… | □ | □ | □ | □ |
| 5.參與休閒活動可以讓我和朋友間的情感更加融洽 ………… | □ | □ | □ | □ |
| 6.參與休閒活動可以放鬆我的心情 ………………… | □ | □ | □ | □ |
| 7.參與休閒活動可以增進我的體能 ………………… | □ | □ | □ | □ |
| 8.參與休閒活動讓我學得新的技能 ………………… | □ | □ | □ | □ |
| 9.參與休閒活動讓我增廣見聞 ……………………… | □ | □ | □ | □ |
| 10.參與休閒活動讓我獲得別人的肯定 …………… | □ | □ | □ | □ |
| 11.參與休閒活動讓我的身體變得更強壯 ………… | □ | □ | □ | □ |
| 12.參與休閒活動可讓我獲得內心的喜悅 ………… | □ | □ | □ | □ |
| 13.參與休閒活動可以讓我恢復體力 ……………… | □ | □ | □ | □ |
| 14.參與休閒活動可以讓我保持身體健康 ………… | □ | □ | □ | □ |
| 15.參與休閒活動可以讓我更瞭解別人 …………… | □ | □ | □ | □ |
| 16.參與休閒活動有助於瞭解自己 ………………… | □ | □ | □ | □ |

再檢查一遍是否每題都完成填答了！

再次感謝您的協助，祝您學業進步！別忘了把小禮物帶走唷！

## 附錄 4　正式問卷

### 新竹縣新移民子女課後休閒活動現況之研究問卷

親愛的同學您好：

　　這份問卷主要是想瞭解您平日課後（週一到週五）的休閒狀況，以做為學術研究之用，所以非常需要您提供意見。這不是考試，沒有標準答案，只需依照自己的實際狀況回答就可以囉！每一題都要完成作答，您所填的任何資料是絕對保密，請放心填答吧！謝謝您的協助。

　　祝　健康快樂　學業進步

國立臺北教育大學教育政策與管理研究所

指導教授：張芳全　博士

研 究 生：莊楹薐　敬上

班級：_____姓名：_____（自由填答）

## 第一部分　基本資料

說明：請在適當的□內打勾

1.　性別：(1)□男生　(2)□女生

2.　年級：(1)□七年級　(2)□八年級　(3)□九年級

3.　每週的零用錢：(1)□無零用錢　(2)□1 元～500 元　(3)□501 元～1000 元
　　(4)□1001 元以上

4.　陪伴你參與休閒活動時間**最多**的夥伴（**單選**）：(1)□父母親　(2)□兄弟姐妹
　　(3)□同學　(4)□一般朋友（如：親戚、鄰居……等）　(5)□其他_____

5.　每週的零用錢有多少呢？_____元（請自己填入，如果沒有則不用填）

6.　爸爸的學歷是：(1)□國中（包含以下）　(2)□高中或高職　(3)□專科或大學
　　(4)□碩士或博士

7.　媽媽的學歷是：(1)□國中（包含以下）　(2)□高中或高職　(3)□專科或大學
　　(4)□碩士或博士

8. 爸爸的工作是（如：工程師、小販……請自行填答）：＿＿＿＿（若沒有工作請填「無」）

9. 媽媽的工作是（如：保險員、護士…請自行填答）：＿＿＿＿（若沒有工作請填「無」）

10. 家中每月平均經濟收入：(1)□20,000 元以下　(2)□20,001 元～40,000 元
    (3)□40,001 元～60,000 元　(4)□60,001 元以上

## 第二部分　休閒活動參與時間量

> 說明：本研究所稱休閒活動參與是指**上課日（週一至週五）放學後**，扣除每天例行活動（吃飯、睡覺、念書……等）所剩餘之自由時間，並依個人興趣喜好，主動參與室內及室外各項活動，以達身心靈放鬆之目的，並從中獲得自我成長與滿足。
>
> **請在您實際參與的項目中勾出實際參與之時間**（若無參加則不用勾）

| | 一週平均約 | | | | | 一週平均約 | | | |
|---|---|---|---|---|---|---|---|---|---|
| | 未滿1小時 | 1至2小時 | 2至3小時 | 3小時以上 | | 未滿1小時 | 1至2小時 | 2至3小時 | 3小時以上 |
| 1.游泳 | □ | □ | □ | □ | 2.爬山 | □ | □ | □ | □ |
| 3.籃球 | □ | □ | □ | □ | 4.排球 | □ | □ | □ | □ |
| 5.棒球 | □ | □ | □ | □ | 6.羽毛球 | □ | □ | □ | □ |
| 7.有氧舞蹈 | □ | □ | □ | □ | 8.街舞 | □ | □ | □ | □ |
| 9.撞球 | □ | □ | □ | □ | 10.熱舞 | □ | □ | □ | □ |
| 11.溜直排輪 | □ | □ | □ | □ | 12.騎腳踏車 | □ | □ | □ | □ |

| | 一週平均約 | | | | | 一週平均約 | | | |
|---|---|---|---|---|---|---|---|---|---|
| | 未滿1小時 | 1至2小時 | 2至3小時 | 3小時以上 | | 未滿1小時 | 1至2小時 | 2至3小時 | 3小時以上 |
| 13.散步 | ☐ | ☐ | ☐ | ☐ | 14.慢跑 | ☐ | ☐ | ☐ | ☐ |
| 15.攀岩 | ☐ | ☐ | ☐ | ☐ | 16.武術（如：柔道……等） | ☐ | ☐ | ☐ | ☐ |
| 17.跆拳道 | ☐ | ☐ | ☐ | ☐ | 18.閱讀書報 | ☐ | ☐ | ☐ | ☐ |
| 19.參觀展覽 | ☐ | ☐ | ☐ | ☐ | 20.參加才藝活動 | ☐ | ☐ | ☐ | ☐ |
| 21.寫書法 | ☐ | ☐ | ☐ | ☐ | 22.製作手工藝品 | ☐ | ☐ | ☐ | ☐ |
| 23.攝影 | ☐ | ☐ | ☐ | ☐ | 24.彈奏樂器 | ☐ | ☐ | ☐ | ☐ |
| 25.拜訪親友 | ☐ | ☐ | ☐ | ☐ | 26.參與社區活動 | ☐ | ☐ | ☐ | ☐ |
| 27.聊天（如：即時通） | ☐ | ☐ | ☐ | ☐ | 28.擔任志工 | ☐ | ☐ | ☐ | ☐ |
| 29.看電視 | ☐ | ☐ | ☐ | ☐ | 30.看電影（片） | ☐ | ☐ | ☐ | ☐ |
| 31.逛街 | ☐ | ☐ | ☐ | ☐ | 32.聽音樂 | ☐ | ☐ | ☐ | ☐ |
| 33.下棋 | ☐ | ☐ | ☐ | ☐ | 34.KTV 唱歌 | ☐ | ☐ | ☐ | ☐ |
| 35.玩線上遊戲（如：Wii、PS2、Xbox……等） | ☐ | ☐ | ☐ | ☐ | 36.其他＿＿＿（自由填答） | ☐ | ☐ | ☐ | ☐ |

## 第三部分　休閒滿意度

> 說明：以下問題是想瞭解您對於休閒活動參與的滿度程度，請依自己的想法
> 在□內打勾，**每題答案只有一個唷**！

|  | 非常滿意 | 滿意 | 不滿意 | 非常不滿意 |
|---|---|---|---|---|
| 1.參與休閒活動可以緩和我不愉快的情緒 | □ | □ | □ | □ |
| 2.參與休閒活動可以紓解我的壓力 | □ | □ | □ | □ |
| 3.參與休閒活動可以放鬆我的心情 | □ | □ | □ | □ |
| 4.參與休閒活動可讓我獲得內心的喜悅 | □ | □ | □ | □ |
| 5.參與休閒活動可以拓展我的人際關係 | □ | □ | □ | □ |
| 6.參與休閒活動讓我學得新的技能 | □ | □ | □ | □ |
| 7.參與休閒活動讓我增廣見聞 | □ | □ | □ | □ |
| 8.參與休閒活動讓我獲得別人的肯定 | □ | □ | □ | □ |
| 9.參與休閒活動可以讓我更瞭解別人 | □ | □ | □ | □ |
| 10.參與休閒活動有助於瞭解自己 | □ | □ | □ | □ |
| 11.參與休閒活動可以增進我的體能 | □ | □ | □ | □ |
| 12.參與休閒活動讓我的身體變得更強壯 | □ | □ | □ | □ |
| 13.參與休閒活動可以讓我保持身體健康 | □ | □ | □ | □ |

再檢查一遍是否每題都完成填答了！

再次感謝您的協助，祝您學業進步！別忘了把小禮物帶走唷！

## 附錄 5　基隆市新移民與本國籍子女知覺教育期望與生活壓力問卷

親愛的同學：

　　這份問卷主要是想瞭解您對於教育期望與生活壓力的感覺，這不是考試，沒有標準答案，您所填的任何資料是絕對保密，絕對不會給其他老師看，請放心填答吧！請您按照順序填完這份問卷所有題目，每一題都要作答喔！

　　祝　健康快樂

國立臺北教育大學教育政策與管理研究所

指導教授：張芳全　博士

研　究　生：詹沛繪　敬上

## 第一部分　基本資料　＿＿＿＿國小＿＿年＿＿班　姓名＿＿＿＿＿（請填寫）

【說明】：請在 □ 內打勾

1. 性別：□男生　　□女生

2. 父親國籍：□臺灣　　□其他（請填寫）＿＿＿＿＿

3. 母親原始國籍：□中華民國　　□東南亞（包含越南、印尼、泰國、菲律賓、束埔寨、緬甸等）　　□中國大陸（包含香港、澳門）　　□其他（請填寫）
＿＿＿＿＿

4. 爸爸的最高學歷是：□國中小　　□高中職　　□大專校院　　□碩博士

5. 媽媽的最高學歷是：□國中小　　□高中職　　□大專校院　　□碩博士

6. 爸爸的職業是（如：工程師、小販、業務人員……請自行填答）：＿＿＿＿＿
（若為待業中請填「無」）

7. 媽媽的職業是（如：保險員、護士、家庭主婦……請自行填答）：＿＿＿＿＿
（若為待業中請填「無」）

8. 家中每月平均收入大約是：□20,000 元以下　　□20,001 元～40,000 元
□40,001 元～60,000 元　　□60,001 元以上

## 第二部分　教育期望問卷

【說明】：以下問題是你對父母期望、教師期望及對自己期望的感覺，請依自己的想法在□內打勾，**每題答案只有一個唷！**

| | 非常符合 | 符合 | 不符合 | 非常不符合 |
|---|:---:|:---:|:---:|:---:|

我覺得……

1. 爸媽會為我準備與學校課業有關的參考書 …………… □ □ □ □
2. 爸媽常鼓勵我向功課好的同學看齊 ……………………… □ □ □ □
3. 爸媽在意我平常在學校的表現行為 …………………… □ □ □ □
4. 爸媽相當關心我和班上同學的相處情形 ……………… □ □ □ □
5. 老師會主動關心我的課業表現 …………………………… □ □ □ □
6. 當我有好的表現時，老師會讚美我 …………………… □ □ □ □
7. 老師相當關心我和同學的相處情形 …………………… □ □ □ □
8. 老師常會在課堂上叫我回答問題 ……………………… □ □ □ □
9. 我會認真地完成各項作業 ………………………………… □ □ □ □
10. 我會盡力準備學校的各種考試 …………………………… □ □ □ □
11. 我希望我的成績可以再更好一點 ……………………… □ □ □ □
12. 只要努力，我就可以克服許多困難的事 ……………… □ □ □ □
13. 當我訂出目標後，我會努力實現這個目標 …………… □ □ □ □

## 第三部分　生活壓力問卷

【說明】：以下問題是要瞭解你對家庭生活、學校生活與對自己的壓力感受，請
　　　　　依自己的想法在□內打勾，**每題答案只有一個唷！**

| | 非常符合 | 符合 | 不符合 | 非常不符合 |
|---|---|---|---|---|

我覺得……

1. 爸媽不瞭解我的想法 …………………………………………… □ □ □ □
2. 爸媽對我的成績要求太高了 ……………………………… □ □ □ □
3. 家裡的經濟情況不太好 …………………………………… □ □ □ □
4. 我的零用錢很少 …………………………………………… □ □ □ □
5. 爸媽對我不公平 …………………………………………… □ □ □ □
6. 爸爸時常和媽媽吵架 ……………………………………… □ □ □ □
7. 我不喜歡別人跟我談到我的媽媽 ………………………… □ □ □ □
8. 我聽不懂老師上課的內容 ………………………………… □ □ □ □
9. 學校的功課常多到讓我受不了 …………………………… □ □ □ □
10. 我常常擔心成績表現不好 ………………………………… □ □ □ □
11. 我不喜歡讓別人知道我的考試成績 ……………………… □ □ □ □
12. 老師不太喜歡我 …………………………………………… □ □ □ □
13. 同學常會取笑我說話的口音 ……………………………… □ □ □ □
14. 我會擔心我在班上的人緣不夠好 ………………………… □ □ □ □
15. 我有煩惱卻不知道要找誰說 ……………………………… □ □ □ □
16. 我睡覺的時間總是不太夠 ………………………………… □ □ □ □
17. 就算我努力讀書，成績也不會變好 ……………………… □ □ □ □
18. 我常常感到身體不舒服（如頭暈、頭痛、胃痛等） …… □ □ □ □
19. 我的外表（如身材、長相等）比不上別人 ……………… □ □ □ □
20. 我是一個常常被罵的人 …………………………………… □ □ □ □
21. 我常常心情不好 …………………………………………… □ □ □ □

【再檢查一遍，每題都填好了嗎？不要忘記帶走小禮物喔～】

## 附錄6 我國大學生對大學競爭力之知覺調查問卷

敬啟者：

　　本研究主要目的，在調查臺灣地區大學生對大學競爭力之知覺現況，懇請您撥冗填寫。對於　您所提供之資料，僅作本研究分析之依據，並予保密，請安心做答。懇請　您的支持與協助。謝謝　您！

　　敬祝　學業順利　萬事如意。

國立臺北教育大學教育政策與管理研究所

指導教授：張芳全　博士

研　究　生：黃宛瑩　敬上

## 壹、基本資料

請您（依實際情況）在□處勾選下列各項資料：

| 性別 | □男　□女 |
|---|---|
| 學校性質 | □公立　□私立 |
| 年級 | □大一　□大二　□大三　□大四　□其他 |
| 就讀系科類組 | □第一類組　□第二、三類組　□第四類組 |

## 貳、問卷內容

填答說明：此一問卷是想瞭解您對「大學競爭力」相關問題的看法。請您就個人觀點，分別評估以下每一項目，依照您認為應符合的重要程度作勾選。
例如：

|  | 極為重要 | 重要 | 不甚重要 | 極不重要 |
|---|---|---|---|---|
| 學校科系選擇豐富 | □ | □ | □ | □ |

|  |  | 極為重要 | 重要 | 不甚重要 | 極不重要 |
|---|---|:---:|:---:|:---:|:---:|
| 1 | 系所多樣化 ……………………………………………… | □ | □ | □ | □ |
| 2 | 課程多元豐富 …………………………………………… | □ | □ | □ | □ |
| 3 | 健全的課程規劃機制 …………………………………… | □ | □ | □ | □ |
| 4 | 學生對課程意見之回饋機制 …………………………… | □ | □ | □ | □ |
| 5 | 完整的教學設備 ………………………………………… | □ | □ | □ | □ |
| 6 | 學生自由選修課程比率（含跨校選課）……………… | □ | □ | □ | □ |
| 7 | 上課時間的安排符合學生需求 ………………………… | □ | □ | □ | □ |
| 8 | 以就業競爭力作考量的課程 …………………………… | □ | □ | □ | □ |
| 9 | 強化學生實務操作能力的實習課程 …………………… | □ | □ | □ | □ |
| 10 | 多樣態的通識課程 ……………………………………… | □ | □ | □ | □ |
| 11 | 產學合作課程 …………………………………………… | □ | □ | □ | □ |
| 12 | 師生比 …………………………………………………… | □ | □ | □ | □ |
| 13 | 專任教師比例 …………………………………………… | □ | □ | □ | □ |
| 14 | 教師擁有博士學位比例 ………………………………… | □ | □ | □ | □ |
| 15 | 教師教學經驗完備 ……………………………………… | □ | □ | □ | □ |
| 16 | 教師專業教學科目與其個人學術研究領域相結合的情形 | □ | □ | □ | □ |
| 17 | 教師教學工作負擔 ……………………………………… | □ | □ | □ | □ |
| 18 | 教師教學專業成長管道 ………………………………… | □ | □ | □ | □ |
| 19 | 獎勵教師卓越教學表現之機制 ………………………… | □ | □ | □ | □ |
| 20 | 每位教師開設學分數 …………………………………… | □ | □ | □ | □ |
| 21 | 教學方式多元 …………………………………………… | □ | □ | □ | □ |
| 22 | 學生入學成績（大一新生在大學聯招平均最低入學標準） | □ | □ | □ | □ |
| 23 | 退學制度（如：二一制、雙二一制）………………… | □ | □ | □ | □ |
| 24 | 外國學生占學校學生總人數比率 ……………………… | □ | □ | □ | □ |
| 25 | 學校學生重修率 ………………………………………… | □ | □ | □ | □ |
| 26 | 學校學生畢業率 ………………………………………… | □ | □ | □ | □ |
| 27 | 獎勵學生出國進修辦法 ………………………………… | □ | □ | □ | □ |
| 28 | 學校提供完善圖書資源（包括：每生圖書數、期刊數、光碟數、閱讀室、藏書量等）……………………… | □ | □ | □ | □ |

問卷 就是要 這樣 編

| | 極為重要 | 重要 | 不甚重要 | 極不重要 |
|---|---|---|---|---|
| 29　學校電腦網路設備 | ☐ | ☐ | ☐ | ☐ |
| 30　每生平均可使用樓地板面積 | ☐ | ☐ | ☐ | ☐ |
| 31　學校活動中心的設備 | ☐ | ☐ | ☐ | ☐ |
| 32　學校運動設施 | ☐ | ☐ | ☐ | ☐ |
| 33　學校衛生設施 | ☐ | ☐ | ☐ | ☐ |
| 34　學生住宿環境（包括數量、居住環境、管理與輔導程度） | ☐ | ☐ | ☐ | ☐ |
| 35　學校設有多元化附屬設施（如學校餐廳、商店交誼廳等） | ☐ | ☐ | ☐ | ☐ |
| 36　學校建築景觀 | ☐ | ☐ | ☐ | ☐ |
| 37　無障礙空間設施 | ☐ | ☐ | ☐ | ☐ |
| 38　學校周圍環境生活機能 | ☐ | ☐ | ☐ | ☐ |
| 39　學校所在地點的交通 | ☐ | ☐ | ☐ | ☐ |
| 40　行政人員能提供適切的生活協助 | ☐ | ☐ | ☐ | ☐ |
| 41　行政人員能提供適切的服務 | ☐ | ☐ | ☐ | ☐ |
| 42　行政人員的服務態度親切 | ☐ | ☐ | ☐ | ☐ |
| 43　行政人力工作負擔 | ☐ | ☐ | ☐ | ☐ |
| 44　教師教學熱忱 | ☐ | ☐ | ☐ | ☐ |
| 45　學生社團活動選擇度 | ☐ | ☐ | ☐ | ☐ |
| 46　學校校規執行情形 | ☐ | ☐ | ☐ | ☐ |
| 47　學生意見表達及回應機制 | ☐ | ☐ | ☐ | ☐ |
| 48　校內獎助學金工讀機會 | ☐ | ☐ | ☐ | ☐ |
| 49　學校輔導各系所學生會運作 | ☐ | ☐ | ☐ | ☐ |
| 50　學生生涯規劃諮詢服務 | ☐ | ☐ | ☐ | ☐ |
| 51　學校提供特別服務與課程（如：暑期或夜間特別課程） | ☐ | ☐ | ☐ | ☐ |
| 52　學校醫藥保健服務 | ☐ | ☐ | ☐ | ☐ |
| 53　多元性校園藝文活動 | ☐ | ☐ | ☐ | ☐ |
| 54　學校有相關特殊專案（如：大一不分系、就業培力系統） | ☐ | ☐ | ☐ | ☐ |
| 55　提供校內各系所跨領域合作協助 | ☐ | ☐ | ☐ | ☐ |
| 56　學校創新育成與研發等相關中心或組織（學校是否結合科技產業，建立校內研發團隊） | ☐ | ☐ | ☐ | ☐ |

| | 極為重要 | 重要 | 不甚重要 | 極不重要 |
|---|---|---|---|---|
| 57　教師參與產學服務機制……………………………………… | ☐ | ☐ | ☐ | ☐ |
| 58　學校與產業界的人力交流機制…………………………… | ☐ | ☐ | ☐ | ☐ |
| 59　學校與產業界有就業進修合作關係…………………… | ☐ | ☐ | ☐ | ☐ |
| 60　校內提供學生參與產學合作方案…………………… | ☐ | ☐ | ☐ | ☐ |
| 61　與產業界有技術移轉輔導措施………………………… | ☐ | ☐ | ☐ | ☐ |
| 62　學校的國際學術交流合作情形………………………… | ☐ | ☐ | ☐ | ☐ |
| 63　學校與其他大學間的合作關係………………………… | ☐ | ☐ | ☐ | ☐ |
| 64　學校來自企業資金的資助占營運成本的比例…… | ☐ | ☐ | ☐ | ☐ |
| 65　學校來自研究的收入占營運成本的比例………… | ☐ | ☐ | ☐ | ☐ |
| 66　教師研究風氣……………………………………………… | ☐ | ☐ | ☐ | ☐ |
| 67　學校參與國內和國際學術創新活動狀況………… | ☐ | ☐ | ☐ | ☐ |
| 68　教師申請研究計畫獎補助情形………………………… | ☐ | ☐ | ☐ | ☐ |
| 69　教授的學術研究成果……………………………………… | ☐ | ☐ | ☐ | ☐ |
| 70　師生研究論文被引用次數……………………………… | ☐ | ☐ | ☐ | ☐ |
| 71　學校校園文化……………………………………………… | ☐ | ☐ | ☐ | ☐ |
| 72　學校興學理念明確………………………………………… | ☐ | ☐ | ☐ | ☐ |
| 73　學校歷史背景……………………………………………… | ☐ | ☐ | ☐ | ☐ |
| 74　學校發展重點領域科系………………………………… | ☐ | ☐ | ☐ | ☐ |
| 75　校內認同感（向心力）………………………………… | ☐ | ☐ | ☐ | ☐ |
| 76　學術界對學校評價………………………………………… | ☐ | ☐ | ☐ | ☐ |
| 77　校友對學校評價…………………………………………… | ☐ | ☐ | ☐ | ☐ |
| 78　教育部對學校的評鑑報告……………………………… | ☐ | ☐ | ☐ | ☐ |
| 79　社會各界對學校的評價………………………………… | ☐ | ☐ | ☐ | ☐ |
| 80　校友的校外工作表現…………………………………… | ☐ | ☐ | ☐ | ☐ |
| 81　學校獲得社會資源的多寡……………………………… | ☐ | ☐ | ☐ | ☐ |

**【問卷作答至此結束，再次感謝您的幫忙與協助。】**

國家圖書館出版品預行編目（CIP）資料

問卷就是要這樣編／張芳全著. -- 二版.
-- 臺北市：心理, 2014. 07
面； 公分. --（社會科學研究系列；81225）

ISBN　978-986-191-607-1（平裝）

1. 社會調查　2.研究方法

540.153　　　　　　　　　　　　103011678

社會科學研究系列 81225

# 問卷就是要這樣編（第二版）

作　　　者：張芳全
責任編輯：郭佳玲
總 編 輯：林敬堯
發 行 人：洪有義
出 版 者：心理出版社股份有限公司
地　　　址：231026 新北市新店區光明街 288 號 7 樓
電　　　話：(02) 29150566
傳　　　真：(02) 29152928
郵撥帳號：19293172 心理出版社股份有限公司
網　　　址：https://www.psy.com.tw
電子信箱：psychoco@ms15.hinet.net
排 版 者：辰皓國際出版製作有限公司
印 刷 者：辰皓國際出版製作有限公司
初版一刷：2008 年 7 月
二版一刷：2014 年 7 月
二版六刷：2023 年 9 月
Ｉ Ｓ Ｂ Ｎ：978-986-191-607-1
定　　　價：新台幣 350 元